- 教育部人文社会科学研究青年项目
  "牟宗三'生命的学问'研究"(19YJC720015)资助成果
- 湖南省教育厅科研项目
  "儒家'生命的学问'研究"(20A328)资助成果
- 教育部人文社会科学重点研究基地湖南师范大学道德文化研究中心项目
  中国特色社会主义道德文化省部共建协同创新中心项目
  "中国道德话语研究"（19XTCX001）资助成果

# 牟宗三"生命的学问"研究

黄泰轲 著

湖南师范大学出版社

## 图书在版编目（CIP）数据

牟宗三"生命的学问"研究／黄泰轲著 . —长沙：湖南师范大学出版社，2022.9
ISBN 978 - 7 - 5648 - 4729 - 6
Ⅰ. ①牟…　Ⅱ. ①黄…　Ⅲ. ①牟宗三（1909—1995）—哲学思想—研究　Ⅳ. ①B261.5
中国版本图书馆 CIP 数据核字（2022）第 179269 号

## 牟宗三"生命的学问"研究
Mouzongsan "Shengming de Xuewen" Yanjiu

黄泰轲　著

◇出 版 人：吴真文
◇责任编辑：李　彬　莫　华
◇责任校对：张晓芳
◇出版发行：湖南师范大学出版社
　　　　　　地址／长沙市岳麓区　邮编／410081
　　　　　　电话／0731 - 88873071　88873070　传真／0731 - 88872636
　　　　　　网址／https：//press. hunnu. edu. cn
◇经销：湖南省新华书店
◇印刷：天津画中画印刷有限公司
◇开本：710 mm × 1000 mm　1/16 开
◇印张：16.75
◇字数：290 千字
◇版次：2022 年 9 月第 1 版
◇印次：2024 年 8 月第 2 次印刷
◇书号：ISBN 978 - 7 - 5648 - 4729 - 6
◇定价：58.00 元

# 序

王泽应

牟宗三被港台学术界誉为"智者型的哲学家",与唐君毅被誉为"仁者型的哲学家"交相辉映。作为熊十力的得意门生,他继承并发展了熊十力哲学的原创性品格,在扎根中国哲学深厚土壤的同时兼采西方哲学的合理因素,并对现实或时代问题予以深度关注,创造性地提出一系列颇具真知灼见的哲学命题和观点,积淀成以圆教与圆善、治道与政道、道统学统政统、心体与性体为主要内容的道德理想主义和道德形上学的思想体系,成为20世纪"现代新儒家"的集大成者。

牟宗三的哲学思想注重中西哲学思想的比较研究,并主张在此基础上作创造性的推扩、转化和创新。他在长期且深度的比较哲学研究中意识到西方哲学以"自然"为首出,以理智把握自然为神圣使命,呈现出一个"智"的学问系统;中国哲学以"生命"为首出,以德性润育生命为价值追求,表现出一个"仁"的学问系统。同时他也强调,中国哲学尤其是儒家哲学虽然也有对智的重视并有仁智合一的理想性预制,但是一以贯之的重点和核心则落在道德理性的直觉或道德形上学的建构上,凸显了以做人和做一个道德的人和文明的人的终极关怀。

基于以上认知,牟宗三明确指出:"中国文化生命之首先把握'生命',而讲正德利用厚生以安顿生命,由之以点出仁义之心性，一方面客观地开为礼乐型教化系统，一方面主观地开为心性之学，综合起来名曰内圣外王，成为道德政教的文化系统"（《道德的理想主义》，台湾学生书局1985年版，第249页）。牟宗三认为，以生命为出发点的中国哲学，表现为一种不同于西方哲学"分解的尽理之精神"的"综合的尽理之精神"，这种"综合的尽理之精神"即是孟子的尽心尽性和荀子的尽伦尽制及其他精神元素的有机结合。在牟宗三看来，中国哲学和文化之所以没有像其他文明那样"断灭周期"，根本原因在于自己的哲学和文化是生命型的，儒家尽心尽性的心性之学赋予了一代又一代华夏子孙的生命意识和继往开来的神髓或精神血脉，使其以承前作为启后的基础并以启后作为承前的发展方向，由此确证着"周虽旧邦，其命维新"的国性和民族文化的德性。

牟宗三思想的一个中心工作和一个重大贡献就是"激活中华文化生命力"。他自述六十余年只做一件事，即反省中国文化生命以不断开新。面对欧风美雨、市场经济、科技发展以及文化运动等带来的冲击，他常有中华文化"花果飘零"之感慨，常怀使中华文化"返本开新"之责任，这使他有一腔护爱中华文化的热血。不论身处大陆还是港台，乃至走向生命的终点，他的这腔热血从未冷却，他总是说"我个人与朱子都是在同一民族生命、文化生命中生长出来的"，他严厉批判那些去历史化、去价值化的言行是"浅薄的理智主义"。通过疏通中华文化的智慧传统与发展症结，牟宗三旨在使现时代的中国人提高历史文化意识，在现代化过程中汲取民族文化智慧、提升民族文化自信、增强做中国人的骨气和底气。

牟宗三通过"激活中华文化生命力"构建的"生命的学问"，令人印象最为深刻的地方有三：一是强调人之德性生命的价值优先性，把修身修己视为个体生命的重要基点；二是强调个体生命与民族生命的相通相连，主张以个体生命去担纲和新造民族生命；三是强调支撑民族生命生生不息的是民族文化，推崇在弘扬和新造民族文化中成就个体的生命价值。牟宗三认为，只要民族文化精神畅通弯曲、保持活力，中华民族和中华文明就会获致振兴的价值动能，中华儿女的个人生命就会得到丰厚的精神滋养和物质保障。

通读泰轲所著《牟宗三"生命的学问"研究》（以下简称该著），再次加深了我对牟宗三思想的上述印象。该著是泰轲所承担的教育部课题的研究成果，也是其对博士学位论文作了较大篇幅修改完善的最终成果。品读该著，我亦获得些生命触动和智慧启发，觉得有以下几点"展现"值得向大家推荐。

第一，展现出一种用生命精神深入研究生命学问、以生命学问深化支撑生命精神的"德业双修"的为学自觉。舜居深山，与鹿豕游，闻一善言，若决江河，沛然莫御。这里面就体现人区别于动物的生命精神。简而言之，生命精神是一种不安于现状而不断超越自己的精神。从该著的字里行间可以看出，作者是带着一种渴望自己不断趋好向善的生命精神和生命激情撰写本书的。他从自己的生命体悟和生命困惑出发，对生命的本质做了周全考察，对哲学伦理学与生命的关系做了细致解读，对中华文化中的生命关切做了深度掘发。同时，他较为准确地抓住了现时代人的生命问题，将对生命义理的探讨成果应用到思考如何引导现时代人纾解生命困惑、坚守生命价值、弘扬生命精神上，旨在使现时代人生命有一种正大日新而不堕落败坏的踏实感、奋进感。以身证道，以道润身，将生命精神与生命学问双向灌注、互相印证是该著最为鲜明的特色，体现了作者对古人所强调的仁智合一、德业双修的生命气度和学问格局的努力追求。正因为有这种追求，该著读起来有温度、有深度、有态度，与你我生命不隔。该著值得每一个追求生命价值和生命意义的人用心一读。

第二，展现出一个简捷方便、准确深入地把握牟宗三思想全貌的创新性研究路径。作为"现代新儒家"的集大成者，牟宗三著述逾一甲子，思想博大精深。该著认为，"提高人的历史文化意识，点醒人的真实生命"是牟宗三思想的中心观念，牟宗三思想的精神主旨和价值关怀落在生命哲学和生命伦理学（精神性的生命伦理学）上，读懂了牟宗三关于生命特别是文化生命、道德慧命、精神性命的相关论述，也就打开了一扇通向牟宗三思想体系的天窗。围绕着上述中心观念，该著以厘清个体自然生命、个体德性生命、国家生命、民族生命、民族文化生命等概念及其关系为经，以考察熊十力、梁漱溟及至宋明新儒学、孔孟经典儒学的生命哲学要义，并将之与西方文化中的生命哲学、生命伦理学相比较为纬，较为精准地把握了牟宗三的思想精髓。这为我们简捷方便、准确深入地把握牟宗三思想全貌提供了一个新的研究路径。该著亦值得研究牟宗三思想的学人一读。

第三，展现出对德智关系问题的独到认知和深入思考。该著认为厘清德智关系是架构"生命的学问"的关键。通过对中国哲学史上德智之辨的全面考察，该著整体上既肯定德性之知的重要性，同时又肯定见闻之知对于扩展生命、提升生命的意义，并由此探讨了如何在现代化的今天由德开智的问题，还关注了现代人因"浅薄的理智主义"而导致德性生命枯萎颓废的问题。基于从理论上对德智关系的深入把握、从现实上对德智脱节的敏锐观察，该著总结出穷智见德、德坎为智、德智双彰、摄智归德等四点认知。站在马克思主义与中华优秀传统文化相结合的立场上看，上述认知不仅为新时代人们干事创业提供了智及仁守的智慧，还为我们坚持德才兼备、以德为先的用人标准提供了合理论证。

第四，展现出对中华传统文化批判继承、超越创新的研究立场和方法。有关对新儒家的一般研究，长期存在的一个问题是"同情地理解有余，批判地超越不足"。这里面有方法问题，也有立场问题。该著不只是对牟宗三思想文本进行简单诠释，而是在"马魂，中体，西用"的研究范式指引下，对牟宗三思想进行了多维度的对比研究和深层次的分析审视。整体来看，该著是以唯物辩证法和历史逻辑统一法以及比较研究法、价值分析法为研究方法的，故此对牟宗三"生命的学问"的研究体现出了"是其所当是，非其所当非"的研究原则和立场，既不是对牟宗三"生命的学问"的简单肯定或崇仰，也不是对其粗暴地批判或否定，而是将其置于中国哲学和中国文化史的长河中予以整体观照，置于与马克思主义、自由主义的对话中予以评价分析，对其合理因素予以有分析的继承，对其糟粕予以批判性的抵制，这种批判继承、超越创新的研究立场和方法是难能可贵的。从这个角度讲，该著对研究中华传统文化的学人也有重要的参考价值。

泰轲是我指导的伦理学专业的博士生，博士毕业后跨学科做马克思主义理论的博士后研究工作，出站后经过学校严格的考察和评审，安排到我们道德文化研究院工作，又成为我的同事。迄今他已在我身边学习、工作了八年有余。从他入学时有生命困惑到产生研究牟宗三"生命的学问"的想法，再到顺利完成博士论文并获评湖南省优秀博士论文，又到加深研究推出博士论文的专著，一路走来，既有不容易的坚守和不懈怠的奋斗，也有成长的喜悦和不断攀越的收获。作为老师，我不仅看到他的生命成长，也看到他的学问成长，而且还看到他能遵循古人"道不远人"的教导，将生命与学问融为一体，使生命在学问中闪光，使学问增加生命的厚度、高度和质量，这是让我感到十分愉悦的事情，或者说，是"乐莫大焉"的事情。

犹记得在博士论文答辩会上，时任答辩委员会主席的中国伦理学会会长、清华大学人文学院院长的万俊人教授说泰轲"是块做学问的料"。我们研究院的老院长和学科带头人唐凯麟先生对泰轲的学术研究亦多有指导性帮助和鼓励性评价。这些体现了伦理学人奖掖帮扶后学的高贵品质。张载有诗云："愿学新心养新德，旋随新叶起新知。"朱熹亦有诗云："旧学商量加邃密，新知培养转深沉。"这都在肯定学术创新的伦理意义和价值。思贵专精，学贵独创。期待泰轲以师长的鼓励和期待自勉，争取做出更好的学问来充溢自己的生命，报效伟大的国家、时代和人民！

是为序。

（王泽应系中央"马工程"教材《伦理学》第一版和第二版首席专家，湖南师范大学教学督导委员会主任、道德文化研究院暨公共管理学院教授，湖南省首届青年社会科学优秀专家、第五届优秀社会科学专家、第一届智库领军人才。）

# 目 录

绪　论　生命的问题及其学问 …………………………………………（1）

**第一章　时代问题与人生感受：牟宗三"生命的学问"之缘起** ………（13）
　第一节　时代的状况及中国人的生命处境 ……………………………（13）
　　一、"无体，无力，无理"的时代 ……………………………………（14）
　　二、近代中国人的生命处境 ……………………………………………（19）
　第二节　牟宗三的生命发展体悟 ………………………………………（23）
　　一、"混沌"的生命 …………………………………………………（23）
　　二、"离其自己"的生命 ………………………………………………（26）
　　三、呼唤"有本有根"的生命 …………………………………………（30）
　第三节　在熊十力的"狮子吼"中嗅到生命与学问的"真味"
　　 ……………………………………………………………………（33）
　　一、熊十力"真生命"的提振 …………………………………………（33）
　　二、熊十力"真学问"的启示 …………………………………………（37）

**第二章　内容、讲法、传统：牟宗三对"生命的学问"的甄辨** ………（44）
　第一节　"生命的学问"内容之确证 …………………………………（44）
　　一、敬以直内：个人修养之事 …………………………………………（44）
　　二、义以方外：人文世界之事 …………………………………………（51）
　　三、内外有别：德性生命的优先性 ……………………………………（56）

第二节 中西哲学中"生命的学问"讲法之评议 ………………… (60)
　　一、西方哲学中的"生命的学问" …………………………… (60)
　　二、中国哲学中的"生命的学问" …………………………… (68)
第三节 中国"生命的学问"传统之断续 ………………………… (73)
　　一、中国"生命的学问"传统的断绝 ………………………… (73)
　　二、重开中国"生命的学问"的尝试 ………………………… (77)

## 第三章 德智关系与牟宗三"生命的学问"之架构 …………… (83)

第一节 "穷智"与"见德" ……………………………………… (83)
　　一、智识之学与生命美感 ……………………………………… (83)
　　二、在"认识心之批判"中显见道德 ………………………… (87)
第二节 德智之辨与德坎为智 …………………………………… (92)
　　一、中国哲学中德智关系之考察 ……………………………… (92)
　　二、良知自我坎陷开出知识论 ………………………………… (97)
第三节 在"仁智双彰，摄智归仁"中架构"生命的学问" …… (102)

## 第四章 生命"外化"的学问：牟宗三"生命的学问"之展开（一）
……………………………………………………………………… (107)

第一节 贞定民族精神，安顿调护生命 ………………………… (107)
　　一、由个体生命外视民族文化生命 …………………………… (107)
　　二、民族文化生命的不同形态 ………………………………… (112)
　　三、中国历史文化在"安顿生命，调护生命"上的展开 …… (115)
第二节 中国文化生命的现代化 ………………………………… (121)
　　一、民主与科学是文化生命现代化之关键 …………………… (122)
　　二、民主与科学未在中国历史发达之故 ……………………… (124)
　　三、民主与科学硕果之开出 …………………………………… (130)
第三节 "三统并建"与"道德的理想主义" ………………… (134)
　　一、三统并建："生命的学问"之发展内容 ………………… (134)

二、道德的理想主义："生命的学问"之坚守立场…………(139)

**第五章　生命"内转"的学问：牟宗三"生命的学问"之展开（二）**
……………………………………………………………………(144)
　第一节　生命平面化之批判……………………………………(144)
　　一、民主、科学泛化与生命平面化……………………………(145)
　　二、本着自己的文化生命以新生………………………………(152)
　第二节　生命虚无化之对治……………………………………(157)
　　一、虚无：致死之疾病…………………………………………(157)
　　二、回到生命"慧根觉情之自身"……………………………(161)
　第三节　儒释道"生命的学问"之光彩…………………………(167)
　　一、释道生命学问之光彩………………………………………(167)
　　二、儒家生命学问之光彩………………………………………(172)

**第六章　"圆善"的实现与牟宗三"生命的学问"的圆成**…………(176)
　第一节　"圆善"问题及其解决…………………………………(176)
　　一、"圆善"问题：德福一致…………………………………(176)
　　二、康德对"圆善"问题的解决………………………………(180)
　第二节　"圆教"之判别与"圆善"之实现……………………(185)
　　一、"圆教"的判别……………………………………………(185)
　　二、"圆善"在中国哲学中的实现……………………………(191)
　第三节　牟宗三"生命的学问"的圆成…………………………(193)
　　一、真善美的"分别说"与"合一说"………………………(194)
　　二、生命在乐境中圆成…………………………………………(197)

**第七章　牟宗三"生命的学问"的定位、批评与继承**…………(202)
　第一节　20世纪中国伦理思潮中的"生命的学问"……………(202)
　　一、20世纪中国三大伦理思潮的交流与激荡…………………(203)

二、牟宗三"生命的学问"在20世纪中国伦理思想史上的地位 …………………………………………………………（206）
第二节　牟宗三"生命的学问"之批判 ……………………（211）
　　一、牟宗三"生命的学问"自身的理论问题 …………（211）
　　二、牟宗三"生命的学问"遭遇现实的问题 …………（218）
第三节　牟宗三"生命的学问"的继承与发展 ……………（224）
　　一、对牟宗三"生命的学问"的继承 …………………（225）
　　二、牟宗三"生命的学问"的发展路向 ………………（231）

**结　语** ……………………………………………………（239）

**参考文献** …………………………………………………（251）

**后　记** ……………………………………………………（254）

# 绪　论
## 生命的问题及其学问

《红楼梦》中有两句诗："富贵不知乐业，贫穷难耐凄凉。"人不想过那种食不果腹、衣不蔽体的穷日子，但在富足之后，比如身处如今的"丰裕社会"，许多人还是觉得日子"没意思"，依旧被各种苦恼、烦闷缠绕。有一项针对欧美人的调查显示："用铅笔和方格纸绘制一张第二次世界大战以来欧美民众生活变化的线图，你会发现所绘制的曲线多呈向上的走势。可以说几乎每一项体现社会福利的客观指数，如人均收入、'实际'收入水平、人均寿命、住房面积、小汽车的人均拥有量、每年拨打的电话次数、每年旅行的次数、所获得的最高学位、智商分数等都在提高……然而，当我们转至人们的内心，你会发现所制曲线不再能保持一贯的上扬。幸福指数在近60年来没有任何增长，认为自己'非常幸福'的人口比例自20世纪40年代以来一直在下降……欧美人拥有的一切都在增多，只有幸福除外。几乎所有的一切都变得越来越好，但人们却没有觉得更幸福……此外，最突出的变化是抑郁症患者增多。"① 物质生活越来越好，幸福感受越来越低，这是很多欧美人的体悟，同时，也可以说是身处"丰裕社会"的现代人所感受到的生命悖论。

人之生存，既要寻求物欲之满足，也要寻求精神之安乐，还要寻求处理两者之关系，以有德福一致之"圆善"。对人而言，这些问题都不是能很好解决的问题，可谓是生命的难题，终其一生，人皆需为其劳神费力。许

---

① ［美］格雷戈·伊斯特布鲁克. 美国人何以如此郁闷：进步的悖论［M］. 喻文中，黄海燕，译. 北京：中国商务出版社，2005：121-122.

多先贤圣哲在这些问题上有过深入的思考，形成了精彩纷呈的"生命的学问"。

当然，对有关生命的上述问题，我们皆应照顾，但不能等量齐观。首先，我们要抓住生命的"根本"，或者说，要"先立其大"。我们承认，人之饱暖之需，使他亦成为动物界之一员，但在精神需求尤其是在价值追求上，人与动物拉开了距离。孟子曰："人之所以异于禽兽者几希，庶民去之，君子存之。"① 康德说："人属于感觉世界；人的理性当然有一个无可否定的感性层面的使命，即照顾感性的关切……但是，人毕竟不是那种彻头彻尾的动物……倘若理性仅仅有利于人达到本能在动物那里所达到的目的，那么在价值方面这就完全没有使人升华到纯粹的动物性之上。"② 在孟子看来，"由仁义行"是人禽之辨的关键，在康德看来，拥有追求价值的实践理性使人从动物界中独立出来。这些表明，"生命的学问"绝对不能等同为"猪的学说"。古今中外的大部分哲学家皆认为，生命的根本还应落在对精神价值的追求上。所以，克尔凯郭尔才说："人的基本概念是精神，不应当被人也能用双脚行走这一事实所迷惑。"③ 穆勒也说："作一个不满足的人总比作一个满足的猪要好些，作一个不满足的苏格拉底，总比作一个满足的傻子要好些。"④ 苏格拉底之"不满足"，主要是在人之追名逐利之外的灵魂的关切上，在苏格拉底看来，操心灵魂远比口腹之欲、金钱之事重要。苏格拉底对自己同时也经常对雅典人说："只要我还有生命和气力，我将永不停止哲学的实践和教诲，劝勉我所遇到的任何一个人，照我的方式对他说：你，我的朋友，伟大、强盛而且智慧的城市雅典的一个公民，像你这样只注意金钱名位，而不注意智慧、真理和改进你的心灵，你不觉得羞耻吗？"⑤ 苏格拉底的"不满足"激发了他对精神生命的追求，正是在"认识你自己"上，苏格拉底抓住了生命的根本，获得了生命的快乐，虽死不悔。

---

① 《孟子·离娄下》.
② [德]康德.实践理性批判[M].韩水法，译.北京：商务印书馆，2010：66.
③ [丹]克尔凯郭尔.颤栗与不安：克尔凯郭尔个体偶在集[M].阎嘉，等译.天津：天津人民出版社，2007：46-47.
④ 周辅成.西方伦理学名著选辑：下卷[M].北京：商务印书馆，1987：255.
⑤ 北京大学哲学系.古希腊罗马哲学[M].北京：北京三联书店，1957：148-149.

"行行重行行"，"认识你自己"可谓是"道路阻且长"。道路之"长"，表明生命可以行得远；道路之"阻"，显示生命往往行得艰。先说这个"长"。浩生不害问孟子乐正子是一个怎样的人，孟子答曰善人、信人，浩生不害又问何谓善、何谓信，孟子答曰："可欲之谓善，有诸己之谓信，充实之谓美，充实而有光辉之谓大，大而化之之谓圣，圣而不可知之之谓神。"① 由此看来，人能超越于动物的，绝不仅仅是一丁点，善、信、美、大、圣、神，一步步，一层层，人离动物性越来越远，离神性越来越近。在西方哲学看来，人性可以无限地趋向神性，在中国哲学看来，人性皆有达至神性之可能。儒家之成圣、佛家之成佛、道家之成仙，均告知我们，只要不断地学而不厌、勇猛精进、斋戒坐忘，生命便可以达"至善"之境。"认识你自己"即要认识到生命的"至善"层，只有认识到并接近这一层，我们才说"不枉此生"。

　　再说这个"阻"。如果说"长"是人自己发宏愿、行远路，以使生命悠远、博大的话，那么"阻"就是那些使得我们成圣成佛成仙之心愿难遂的外界因素。在"认识你自己"的过程中，我们会碰到许多的阻碍，比如说家室之拖累、他人之烦扰、社会之动荡、国家之混乱等。像苏格拉底、李贽等，为了生命境界之提升，皆抛家弃子而不顾。为做"第一流"的人和学问，熊十力也喜欢离妻别子而独处，他曾对学生说："做学问，不能甘居下游，要做学问就要立志，当第一流的学者，没有这个志向，就不要做学问。做学问，要像战场上拼杀一样，要义无反顾，富贵利禄不能动心，妻子儿女也不能兼顾。"② 在西方哲学史上，那些陶醉于自我生命完善而选择不成家不立业的哲学家可以列出一串长长的名单来。由家室之拖累进说一层，即是他人之烦扰。借剧中人之口，萨特说："地狱，就是他人。"③ 在"存在主义"哲学家们看来，"庸众""常人"等他人无助于我们生命之完善，相反，我们还要时刻用心提防着被他们利用、倾轧，与他们"共在"，我们甚少能用心来完善自己，故而克尔凯郭尔选择做一个"个体的人"，独

---

① 《孟子·尽心下》。
② 郭齐勇. 存斋论学集：熊十力生平与学术 [M]. 北京：三联书店，2008：135.
③ [法] 让-保尔·萨特. 萨特文集：戏剧卷1 [M]. 沈志明，艾珉，译. 北京：人民文学出版社，2000：146-147.

自面对上帝以完善自己,尽管他如同悬崖边上的一棵树那般孤独。由他人之烦扰再说一层,即是社会之动荡、国家之混乱对个体生命完善的戕害。一个动荡不安的社会,比如近代中国,"连一张安静的书桌都放不下",生活其中,谈何生命完善?一个集权专制、不讲人道的国家,如奥威尔《一九八四》中由"老大哥"控制的国家,生活其中,谈何生命追求?苏格拉底追求自己灵魂之善的决心极大,为了"至善",他远离家人、他者、城邦,不营私业、不顾饥寒、立于旷野、上下求索。可结果呢?得到的却是悍妻的责骂、他人的诬陷与城邦的审判。在一定意义上可以说,苏格拉底的生命发轫于"认识你自己",终结于他者与国家。

从消极的一面看,家人、他者、社会、国家皆是生命完善的阻碍因素,皆需刊落,正如耶稣所说"凡是追随我,但不恨恶他的父母妻儿、兄弟姐妹的、不恨恶自我生命的,都成不了我的门徒。"① 不过,这里又有一个问题,即阻碍或伤害之相互性。人们通常认为,雅典人对苏格拉底犯了重罪,他人与城邦是苏格拉底"认识你自己"的阻碍或伤害因素,反过来想,苏格拉底对他人与城邦就没有阻碍或伤害么,苏格拉底之死就谈不上一点"罪有应得"么?苏格拉底所处的时代,城邦之间互相征伐,共同体的凝聚力十分重要,但是苏格拉底把主要的精力放在对自己生活的沉思上,"政治性的活动对于他是比较偶然的,他做这些事不过是尽一个公民的一般责任罢了,他没有主动地把这些国家事务看作他自己的主要事业,也不想去营求高官显爵,他一生的真正事业是与他所遇见的每一个人讨论伦理哲学……他的哲学并不是真正的思辨哲学,而依然是一种个人的行为。而且它的内容也是关于个人行为的真理。他的哲学的实质和目的,就是把个人的个别行为化为一种有普遍意义的行为"②,苏格拉底经常独自站在旷野倾听自身内在的声音,而且他还经常教导青年人要注意自己个人的灵魂问题,正是在这种"个人行为"的道路上越走越远,苏格拉底越来越不被雅典人理解、接纳,事实上,这种"个人行为"也伤害了雅典人对公共团结和社

---

① [法]勒内.耶稣传[M].张小稳,译.北京:华文出版社.2012:205.
② [德]黑格尔.哲学史讲演录:第二卷[M].贺麟,王太庆,等译.北京:商务印书馆,2017:50.

会凝聚的期望，雅典人因而认为，苏格拉底因对城邦的损害行为而应该受到处罚。

在自我完善的过程中，我们并不能完全忽略个体之外的其他因素的存在，至少，不应该阻碍或伤害到他们的存在，否则，把自己的快乐（无论是肉体享受的快乐还是精神成长的快乐）建立在他人的痛苦之上，这样的自我完善是不道德的。事实上，倘若从积极的一面看，个体存在之外的那些因素又皆可成为"送我上青云"的遒劲好风。比如，儒家哲学以为，在走向个体完美的过程中，他人、社会、国家等都不是阻碍，相反，它们皆得安顿后，个体生命之完善才有"潮平两岸阔，风正一帆悬"的顺进局面。做到"各美其美，美人之美，美美与共，天下大同"，生命即是"大美"。杜维明说："在许多伟大的精神传统中，以人系恋此世显示出来的与人类相关性被认为是对人的宗教性有害的……除非在根本上改变这种主要源自人与人类各种处境有害接触中产生出的自我观念，否则真实的精神飞跃是不可能取得的……然而儒学的进路却本质上与此不同，它认为社会性不仅是人们向往的基础，而且是最高的人生境界的显著特点……人并不是借使自己从弥漫人际关系的世界中摆脱出来，乃是借树立与他人的和谐关系的真诚意愿，来完成他对自己存在的证实。"① 在儒家看来，一个显而易见的事实是，人不能只谈精神，他还有物欲上的需求，芸芸众生是没有办法单独为自己解决生活需求的，我们需要一个社会网络，需要很好地处理与他人、社会、国家之关系，在这个关系网络中，人借助他人满足生活之需，同时，也帮助他人满足生活之需，在这样一个"己欲立而立人"的过程中，人才能完善自己。在《青年在选择职业时的考虑》一文中，马克思也表达了一个与上述观点相同的观点：不应该认为自身的完美与人类的幸福是相对立的，人只有为他人的完美和人类的幸福而工作，自己才能达到完美。

正是看到了苏格拉底在"认识你自己"的过程中被他人与城邦所阻碍、所伤害，同时，也清醒地警惕到了苏格拉底对他人、对城邦的阻碍、伤害，黑格尔在其伦理学理论中格外强调家庭、市民社会、国家的重要性。当然，当这种强调过头的时候，势必又会成为个体追求自我完善的桎梏，故而，

---

① 杜维明. 一阳来复［M］. 上海：上海文艺出版社，1997：159-160.

克尔凯郭尔又起而批判黑格尔，说在他那里没有"个体的人"，因而他没有真正的"伦理学"①。由克尔凯郭尔肇其端，"存在主义"哲学掀起了一股追求个体完美的旋风。"存在主义"过分追求人之"神性"而相对忽略人之"生物性"与"社会性"的做法，引起了杜威的反对。在杜威看来，必须把人牢牢地置放于他的生物学与社会学的场景中，任何超越这一场景而对"人的至深的中心点"的考察，都会使哲学沿着神学的方向前进而离开自然太远②。我们看到，在西方哲学中，对人之"神性"一面与人之"社会性"一面的追求，各有其拥护者。他们在人之"神性"一面的追求上，向我们展示了生命的至高至远；在人之"社会性"一面的追求上，向我们展示了生命的至广至大。问题是，"圆善"的生命应该涵括生命的至高至远、至广至大，那么，该如何把这两者统合起来呢？有意于在克尔凯郭尔与杜威之间架起一座桥梁的美国哲学家罗蒂便认为，对人之生命而言，其问题与义务有二：一是他自己想成为一个怎样的人，这指向了他对自身的义务；一是他自己想生活在一个怎样的社会、国家，这指向了他对社会、国家的义务③？我们认为，对"想成为一个怎样的人"的思考，必会激发我们追求孟子所谓的善、信、美、大、圣、神等生命层次，而对"想生活在一个怎样的社会"的重视，必会引导我们去建设一个安全、富裕、和谐的国家，而这又有助于我们去追求生命的更高层次。问题是，如何统一人的这两个追求与义务呢？这是一个生命难题。

总结以上系列论述，我们可知：（1）生命的核心问题是：一个人在自我完善，更确切地说，在精神追求上能走多高多远？（2）与这个问题息息相关的另一个关键问题是：我们该建设一个怎样的社会、国家，保障、拓展个体对生命完善的追求？这个问题又可以从消极和积极两方面说：最低的，不能因为社会、国家的动乱不安使个体生命朝不保夕、沉沦至死，如

---

① ［美］J. 史都华. 克尔凯郭尔对黑格尔体系中伦理学缺失的批判［J］. 王齐，译. 世界哲学，2006（3）.

② ［美］威廉·巴特雷. 非理性的人：存在主义哲学研究［M］. 段德智，译. 上海：上海译文出版社，1992：21.

③ ［美］理查德·罗蒂. 偶然、反讽与团结［M］. 徐文瑞，译. 北京：商务印书馆，2003：译者导言5.

郁达夫之小说中所谓的:"祖国呀祖国,我的死是你害我的!"① 期待的,借着社会、国家的富裕、正义、和谐,个体生命各得其所、各遂其性,如舒婷之诗歌中所谓的,是富饶的祖国母亲"喂养了迷惘的我、深思的我、沸腾的我"②。(3)还有一个难题是:我们又该如何把自我完善与对他人及国家的贡献与义务,或者说如何把生命的至高至远与至广至大统合起来?对上述生命的核心问题及其相关的关键问题、难题的追问与思考,即成为"生命的学问"。

之所以将对上述问题的思考称为"生命的学问"是有考究的。不可否认,与"生命"有关的问题及诠释这些问题的"知识"还很多。比如谈人体基因问题,这涉及"生命科学",谈感冒的成因与对治问题,这涉及"生命医学",谈人在安乐死中的尊严与权利问题,这涉及"生命伦理学"。不过,我们很难将上述"知识"称之为"学问",一般地,我们更多是从"学科"的角度去看待上述"知识"。"知识"可能有助于我们征服自然、改善健康、鼓起钱包,但蒙田认为,"学问"主要是"给漆黑一团的心灵带来光明",是"要人的思想弄明白",是对人"进行塑造与锻炼"的东西③。中国古代思想家更多谈"学问"而非"知识"。孟子讲"学问之道无他,求其放心而已矣。"④ 荀子说"不闻先王之遗言,不知学问之大也。"⑤ 汉代贾山说"学问至于刍荛者,求善无餍也。"⑥ 可见,中西思想家更多是从"求善""新民"的角度来谈"学问"的。南怀瑾追问什么是"学问"时说:"大家不要搞错了,以为知识就是学问,事实上学问并不是知识,知识最多只能算是学问中的一部分。我看大学毕业的人,硕士也好,博士也好,只是专业训练的一种学位而已,只表示已具有了某项专门知识,但并不见得就有了学问。文章写得好,只是文学好;诗作得好也只是诗好;绘画好也只是绘画艺术好,不算是学问。一字不识的人,他做人做得对,做事做得

---

① 郁达夫. 郁达夫短篇小说集[M]. 长沙:湖南文艺出版社,1997:57.
② 洪子诚,程光炜. 朦胧诗新编[M]. 武汉:长江文艺出版社,2004:174.
③ [法]蒙田. 蒙田论人生[M]. 马振骋,译. 上海:上海人民出版社,2011:135.
④ 《孟子·告子章句上》.
⑤ 《荀子·劝学》.
⑥ 《汉书·贾山传》.

对，这就是真学问。学学问问，问问学学，如孔子在《论语》中说的：学问以人格行为为基础。所以中国几千年来的教育，古今有一共同目的，就是养成完美的人格，以人格教育为第一，这才是学问的道理。"① 是故，需要强调的是，"生命的学问"是站在哲学尤其是中国哲学的立场和高度去审视生命的核心问题、关键问题而形成的一些思想性的东西，它旨在使人之为人的东西挺立起来、光大起来，使人的生命得以维持、畅达、光彩，让人"活出人样""活得精彩"。

我们认为，儒家的"内圣外王"其实就是"生命的学问"。"内圣"之学启发我们不断地提升精神境界，抓住了生命的根本问题。"外王"之学努力地从经济、政治等方面造就一个生产发展、秩序井然的社会，以满足我们的物欲之需，进而保障我们的精神追求，抓住了生命的关键问题。而"内圣"之学与"外王"之学又"一条鞭地自然贯通"在"格物、致知、诚意、正心、修身、齐家、治国、平天下"这"八目"之中，就解决了统合个体双重义务的生命难题。

一切看起来皆很美好，但仍避免不了问题的存在。儒家"生命的学问"问题就出在这"一条鞭地自然贯通"上。儒家将"八目"很自然地糅合在一起，至于说为什么能够糅合，又是怎样糅合的，向来语焉不详。这个也好理解。在儒家看来，抓住了"德性"这一生命的根本问题，便是先立其大，便可一了百了，至于其他的问题，皆不成其为问题。因而，在历史发展过程中，儒家有重内轻外的倾向或传统。一方面，儒家给我们描绘了很好的生命之悠远、博大的场景，在这样的场景中，人皆尧舜，生命至高至远；另一方面，遗憾的是，儒家不能以一正义、富裕的社会、国家来保障、拓展我们对悠远、博大生命之追求，儒家反倒认为，只要有圣君贤相之"德风"，人皆受其吹拂而必然走向生命之善。问题是，圣君贤相是可遇而不可求的。面对社会动乱、君主专制以及百姓食不果腹、朝不保夕的现实，儒家大多束手无策，或独善其身，或说上一句"陛下心安，则天下安"，或成气节之士，令人悲恸。

不在"外王"事业上彻底地下番功夫，人皆尧舜的生命目标尽管很诱

---

① 南怀瑾. 孟子七讲：下册 [M]. 北京：东方出版社，2015：436.

人，但缺乏助推其实现的有力的、坚实的支撑力量，依旧是空中楼阁。这如同波普尔所谓的"唯美主义、完善主义、乌托邦主义"，怀揣一个建立美好世界的梦想，却放弃了对社会、国家和谐正义秩序的理性设计，而"代之以对政治奇迹的孤注一掷的希望"，最终走向的必是动乱和暴政①。儒家寄希望于圣君贤相不断涌现这一政治奇迹，结果却是"苛政猛于虎"接二连三的出现，改朝换代的不断上演。儒家怀抱建立人间天堂的美好愿望，但最终面对的却是封建君主只顾自己享乐、不管他人死活的"悲惨世界"。

近代以来，中国人之生命场景尤为惨烈。鸦片战争后，在西方坚船利炮的一番番轰击下，中国人原本就脆弱不堪的经济、政治等"外王"事业轰然倒塌，没有好的经济、政治的支撑，中国人的生命便"挂了空"。在西方文化、科学的一轮轮冲刷下，中国人原本尚存自信的"内圣"传统几频灭绝，"打倒孔家店""把线装书统统扔进茅厕去"的口号一声高过一声，没有传统文化的提撕，中国人的生命便"失了根"。"落了空"的生命无依靠无保护，只能被"城头变幻大王旗"裹挟、驱使，食不果腹、朝不保夕。"失了根"的生命无根基无滋润，只能自食那"抛却自家无尽藏"的苦果，随着别人走，遭人奚落。一方面，长期的战乱及社会的动荡，民主、科学进步缓慢，使得中国人常有生活贫苦之感，另一方面，对传统文化的一再否定使得中国人常怀价值迷失之痛，总而言之，失了根挂了空，中国人的生命不能立起、不能充实、飘荡疲软、苦不堪言。历史上，中国人是顶天立地、威名远播的"巨人"，到了近代，中国人是一个身体羸弱、心灵脆弱却又常受欺凌的"小男孩"。如何成长为孔武有力、自信自立的"男子汉"，是中国人必须思考的生命问题。

身处近代中国，牟宗三自然也感受到了中国人生命之疲软无力、迷茫无主的状态。辛亥革命后，民主建国未能实现，中国战乱不断，在时局的影响下，从离家外出上学开始，牟宗三就孑然一身、四处飘零，或无家庭的温暖，或无生活工作的保障，这就是生命之"挂空"。欧风美雨给近代中国带来了一浪又一浪的西化思潮，在时代风气的感染下，年轻的牟宗三对

---

① [英]卡尔·波普尔. 开放社会及其敌人：第一卷[M]. 陆衡，等译. 北京：中国社会科学出版社，1999：314-315.

西方的智识之学情有独钟并刻苦钻研，但他旋即发现，西方的智识之学与自己仍旧有隔，智识之学虽给生命带来物质上的充实之美，但它并不能很好地安顿自己那毕竟"与朱子都是在同一民族生命文化中生长出来的"生命之痛痒，未能延续祖祖辈辈传承下来的文化血脉，未能激起对民族文化的爱与恨、伤与痛，这就是生命之"失根"。"挂空"的生命无依靠，"失根"的生命无维系，这样的生命是"天地的弃儿"，极易"离其自己"而误入歧途。牟宗三自身也有过这样的生命沉沦历程。他为之痛苦不堪。直到遇见熊十力，他才嗅上真正的"生命的学问"的味道。自此后，如何使生命补空置根，成了他为人为学的方向。牟宗三自谓其六十余年仅做一事，即"反省中国之文化生命"①。在牟宗三的著作中，也多显示一中心观念，即"提高人的历史文化意识，点醒人的真实生命"②。

牟宗三为什么要"点醒人的真实生命"，又为什么要"反省中国之文化生命"呢？回答这个问题对理解牟宗三的"生命的学问"至关重要。牟宗三认为，谈生命的存在，必须要契入几个维度，首先是人的肉体生命或自然生命维度，其次是人的精神生命或德性生命维度，还有，是人所属于的国家生命、民族文化传统生命维度。这种理解是符合人的存在的"二重性"（肉体/精神；个体/集体）的。之所以要"点醒人的真实生命"，很明显不是点醒人的肉体生命或自然生命（肉身未死无需点醒，肉身已死无法点醒），而是使人意识到其作为人的德性不能死、精神不能死。对中国人而言，要想其身为中国人的德性不死、精神不死，关键在中国道德文化传统不能中断且还生生不息、跳动有力，但是到了近代，在封建势力歪曲利用、欧风美雨冲刷、一些人"全盘西化"等多重力量的打击下，中国道德文化传统的生命"脉动"出了些问题，所以牟宗三强调要"反省中国之文化生命"，主要是反省如何使中国传统文化得以保存传统并能够顺应时代发展变化的要求。在牟宗三看来，只要中华民族道德文化传统不至中断且还生机勃勃，那么国家就会有"国魂"，就会自我强大、走向发达，中国人个体的德性生命就会有源源不断的活水养护，自然生命就会得到来自德性的滋润

---

① 蔡仁厚. 牟宗三先生学思年谱 [M]. 台北：联经出版社，2003：75.
② 蔡仁厚. 牟宗三先生学思年谱 [M]. 台北：联经出版社，2003：171.

和来自国家的保护。

　　在牟宗三看来，真正的"生命的学问"应该是人之德性生命、自然生命俱得满足的学问。经过对中西文化中各种生命学问的甄辨，牟宗三认为，"生命的学问"可在对儒家学问传统的继承和开新上发展出来。说继承，因为儒家重点讲"内圣"，先立其大，抓住了生命的根本，这样一来，生命就"置了根"。说开新，因为儒家并未在"外王"事业上下过一番扎实苦功，并且，儒家也没有较为详细地讲清楚"内圣"与"外王"的统合关系，而只有妥善开出了"外王"诸事业，生命才"落了实"。牟宗三认为，面对现时代中国人的生命实际，所建构的"生命的学问"应该是仁智双彰、以仁摄智的学问。立此逻辑架构后，牟宗三便着重从两个方面为其"生命的学问"的高楼大厦添砖加瓦：一方面，牟宗三汲取西方智识之学的营养，续上晚明顾黄王诸先生以求发展事功之心志，在民主与科学上充实了"外王"之学；另一方面，牟宗三继承中国德性之学的传统，疏释儒释道三教之义理，在儒家"道德的形上学"上再次高扬了中国的"内圣"之道。待到"外王"事业得以开出，"内圣"之学得以高扬，牟宗三又费尽心思，将"外王"这一生命之关键嵌套到"内圣"这一生命之根本中，以"无限智心"将内外合一，从而解决了德福一致这一生命难题，生命达至"圆善"之境。最后的一步工作，牟宗三将真善美放在一起说，生命在即真即善即美中获得一种逍遥和快乐，牟宗三亦在"乐境"中求得了"生命的学问"之圆成。当然，牟宗三"生命的学问"是否圆成、圆在何处，这是可以讨论的。在这种讨论中，我们亦可以更加深刻地认识到牟宗三"生命的学问"的价值和局限所在。

　　在以上理解和认识的基础上，本书拟对牟宗三"生命的学问"展开较为全面、系统的研究。全书共分七章。第一章主要介绍牟宗三"生命的学问"的形成背景。第二章主要介绍牟宗三对中西哲学各种生命学问讲法的考察。第三章主要研究牟宗三"生命的学问"的逻辑架构。第四章、第五章主要分析牟宗三"生命的学问"如何在"外化"、"内转"两个方向的具体展开。第六章主要研究牟宗三是如何实现"生命的学问"的圆成的。第七章对牟宗三"生命的学问"的价值局限、继承发展等问题作一思考。

本书是国内第一部研究牟宗三"生命的学问"的专著。① 作为现代新儒家的集大成者的牟宗三，其思想可谓博大精深。我们认为，"生命的学问"是牟宗三思想的主题或主线，抓住这一主线对牟宗三思想展开研究，区别于以往常见的对牟宗三思想中概念（如道德的形上学）、问题（如圆善问题）、领域（如历史哲学）的研究，有助于我们从整体上把握牟宗三的思想。本书的另一个学术价值在于对中华传统文化中的生命关切资源做了比较系统的掘发和阐释，从而凸显了中华优秀传统文化在生命关怀上的精义和价值。另外，围绕人之德性生命和自然生命两方面的需求与矛盾，本书对德智关系问题做了比较深入的考察。最后，本书秉持"马魂，中体，西用"的研究立场，采用对比分析、价值分析等研究方法，在一定程度上从"批判地超越"维度推进了对现代新儒学的研究。

牟宗三的"生命的学问"是其证苦证悲证觉的结果，充满人生智慧、时代感悟和家国情怀。因而，我们还想揭示出对其展开研究所蕴含的现实意义：（1）通过对中西各种生命学问的甄辨，牟宗三告诉了我们何谓真生命、真学问，这启发了我们为人为学的方向；（2）消费社会，人心外逐，紧贴物欲，根本顿失，虚无渐生，生命遂陷入平面化、虚无化之困境，牟宗三对道德的重视，强调道德对个人、民族的"擎天柱"作用，使人回到人之为人的正道，有效对治了现代人的生命平面化、虚无化之症候；（3）牟宗三所主张的"坎陷论"，为"外王"事业的开拓提供了一种思路，至少，提供了一种坦诚不足、让开一步、不瞎折腾、老实发展的态度，这种态度对我们今天的现代化建设仍有启发意义；（4）通过对古今中外主流哲学的疏解与会通，牟宗三明确指出了中国尤其是儒家伦理文化的精彩处，极大地振拔了国人的民族精神与文化自信。民族复兴的一个重要标志便是中国人的人文理想、价值理念能被世界认同，牟宗三不遗余力地挺立中国伦理文化之精华，势必会给我们的文化建设乃至民族复兴起到建设性的启示与推动作用。

---

① 在专门性、直接性研究牟宗三"生命的学问"方面，学界有一些论文成果，比如蔡家和的《牟宗三先生论"生命的学问"》、李明辉的《牟宗三与"生命的学问"》、程志华的《生命的学问——牟宗三论儒学之特征》，但迄今为止未见有系统性的研究专著出现。

# 第一章
# 时代问题与人生感受：牟宗三"生命的学问"之缘起

在 20 世纪相当长的一段时间内，中国人的生命于物质、家国上无以依侍，于精神、传统上难得安顿，处于一种"挂空""失根"的状态。生活在 20 世纪，牟宗三切实感受到了中国人的生命之苦。不过，牟宗三并没有如祥林嫂般自怨自怜，他以一种哲人的悲天悯人的情怀，将自己所体悟到的苦闷化为对生命何以如此、家国何以如此、文化何以如此的追问，在这种追问中，牟宗三深切地呼唤生命之"大本大根"。遇见熊十力是牟宗三生命中的一件大事。经过熊十力的振拔，牟宗三找到了为人为学的方向，开启了对"生命的学问"的追寻。

## 第一节 时代的状况及中国人的生命处境

时代的大问题产生大学问。牟宗三的"生命的学问"是其用心感受时代问题的结果。牟宗三认为，我们所处的时代，人们过于迷信科技进步，过于追求物质享受，对形而上的东西、人生价值与意义的东西予以淡忘处理或根本闭口不谈，呈现出"无体，无力，无理"的时代面貌。身处这样的时代，近代中国国家民族的独立自主、民主科学的发展进步、传统伦理文化的继承传承皆成问题，因为物质生活的贫穷落后、传统文化的风雨飘摇，近代中国人处于"吊空""失根"的生命状态，无所依靠，无所滋润，可谓悲苦交集。

## 一、"无体，无力，无理"的时代

哲学是时代精神的精华，任何一种哲学理论、流派或思潮，都从不同角度、不同方式和不同程度上反映了时代的要求，都是时代的产物。牟宗三的哲学亦是如此。见证过 20 世纪前半叶的两次世界大战、后半叶的世界各民族独立与经济腾飞以及中国近百年的历史变迁，高寿八十有六的牟宗三，在叙说自己学思经过的时候说："我这一生，是处在中华民族大变动的时期。我是民国前三年，也就是宣统元年出生，中间经过辛亥革命、袁世凯称帝（国号洪宪）、张勋复辟、北洋军阀以及民国十七年北伐成功、八年对日抗战、至民国三十八年共产党渡江、国民政府撤离台湾，及至于今又是四十年……总之中华民族最动荡不安的近百年，我是亲眼见到的。这一百年变动的经过，到底问题出在哪里？而我个人亲身经历、感受这个时代，在思考时应如何把握这个时代，如何了解、领导这个时代？我思考的经过，虽出自个人，但却和整个时代有关。"① 时代的状况及家国的遭遇，使得牟宗三对"生命"感受尤深，也刺激了他对"生命的学问"的追求。对这个时代，牟宗三仿佛有说不完的话，在其所著《时代与感受》及《时代与感受续编》两书中，我们可以看到牟宗三对时局问题、自由问题、民主问题、文化问题的高度关注。在牟宗三那里，这些问题又都归结为一个大问题，那就是："在中国文化危疑的时代里"如何探寻"生命之途径"，或说，如何安身立命。

牟宗三认为，我们现在所处的是一个"混乱而出了毛病的时代"，包括中国人在内的整个人类"处于迷乱危机之中"，"处于此一奇特的大变局之中"，"没有人能够支配自己的命运，因而可说完全是在'事不由己'之中"，在时代的"动荡恐怖之中"，"大家内心都有痛苦的症结"，有"一种莫大的不安与无家可归的感触"。牟宗三带有总结性地说："一般庸俗的生活，可说已成了今日世界的特征，并显出无体、无理、无力的近代精神。"② 两次世界大战的接连爆发及第三次世界大战的随时引爆，被美苏争霸所卷

---

① 牟宗三. 时代与感受续编 [M]. 台北：联经出版社，2003：401.
② 牟宗三. 时代与感受续编 [M]. 台北：联经出版社，2003：151-154.

人的东西方世界的冷战，科学技术造就的由声光色电所构成的物质世界以及人类对它的迷信和依赖，人们追逐财富利益的狂热和相互倾轧，现代化过程中人类精神世界的无所寄托无所傍依等，从 20 世纪人类军事、政治、科技、经济、文化等各个方面来看，我们认为，牟宗三用"混乱""动荡""大变局"等词来把握时代并非危言耸听。

牟宗三的上述这些话，讲出了人类生命危机的表现及原因。首先说人类生命危机的表现：迷乱痛苦、不由自己、无家可归、庸俗不堪。这不是牟宗三的一家之言。"存在主义"哲学家们对现代人的生命危机亦有同感。克尔凯郭尔①、海德格尔、雅斯贝斯、萨特等人广泛运用恐惧、畏、烦、虚无、群氓、常人、庸众等概念来揭示现代人的生命体验。克尔凯郭尔的如下一段话就很形象地表现了现代人生命的劳苦虚无、不由自主和庸俗单调。他说："将会发生什么？未来将带来什么？我不知道，我毫无预感。当一只蜘蛛把自己从一个固定的点往下抛进自己结的网中时，它看见自己面前是一个空荡荡的空间，它在其中找不到任何立足点，而它却劳累过度。我的情形也与它一样；我面前仍是一片空荡荡的虚空，我却被自己身后的一个结果推动着。这种生活周而复始，令人惊骇，不可忍受。"② 现代人就是这样，终日劳累，但是仍有挥之不去的虚无之感，找不到生命的依靠支点。

牟宗三认为，当然，上述"存在主义"哲学家们也同样认为，现代人的生命危机主要是精神方面的危机。那么，这一危机又是怎样酿成的呢？在牟宗三看来，今日之时代，好比庄子笔下的战国时代，人们把所有的智

---

① 克尔凯郭尔（Soren Aabye Kierkegaard，1813—1855）被誉为是"存在主义之父"。牟宗三对这位丹麦哲学家极为欣赏，他甚至说他的思想能够刺激我们"回头见父"，他说："契氏思想之出现，实一眼看到西方近代思想末世衰微之倾向，非人格的倾向，非立体的倾向，故一反其传统而主往里收，即重归自己之主体，肯定人格个性，以另开辟出一光明之源，透露一真生命之机，吾人顺契氏之学回到自己来接中国学问，当能有一番新意思。"（牟宗三. 人文讲习录 [M]. 长春：吉林出版集团，2015：180.）在汉语学界，Kierkegaard 的译名一直未能统一，刘小枫说："早在五四新文化运动之前，尼采和克尔凯郭尔都已进入汉语文化界，但汉语知识人很快就亲近尼采，诠译尼采者趋之若鹜，对 Kierkegaard 一直陌生，未见过有哪位文化名人亲近过他，甚至迄今此人之名的汉译乃显无措：克尔凯郭尔、基尔克加德、基尔克哥、祁克果、齐克果，不知何是。"（[丹] 克尔凯郭尔：致死之疾病 [M]. 张祥龙，王建军，译. 北京：中国工人出版社，1997：总序2.）牟宗三译 Kierkegaard 为契尔克迦德，本书采用"克尔凯郭尔"的译名，但在引注中，为尊重其他译者，不以己之标准对 Kierkegaard 之译名强作统一。这一情况，下文不再一一说明。

② [丹] 基尔克果. 或此或彼：上卷 [M]. 阎嘉，译. 北京：华夏出版社，2007：28.

慧与精力都用来追逐外物、勾心斗角、机关算尽、不能自拔，其结果必然是"终身役役而不见其成功，苶然疲役而不知其所归"①。牟宗三比较说，中世纪人不像现时代人那样充满着生命的虚无感，这是因为，中世纪人"两眼看上帝"，精神向上提，文艺复兴之后，人的心思"落下来看"并且呈"堕落"之势。"落下来看"的心灵活动，察照出了政治上、社会上的种种毛病，创造了民主、科学及民族国家建立等方面的成就，这是有价值的好事，但是呈"堕落"之势的心灵只是耽于享受这些成就而"不思上进"，最终"民族国家之建立固是每一民族之佳事，而因缘附会，演变而为帝国主义，则国家亦适为近人诟诋之对象。科学之发展固是知识上之佳事，然人之心思为科学所吸住，转而为对于价值德性学问之忽视，则亦正是时代之大病。自由民主之实现固是政体上之佳事，然于一般生活上亦易使人之心思益趋于社会（泛化）、庸俗化，而流于真实个性、真实主观性之丧失，真实人格、创造灵感之丧失，则亦是时代精神下低沉之征象"②。在牟宗三看来，现代人只知道在民主中活、在科学中活、在物质享受中活、在个性张扬中活，认为一切皆很好，有问题的话，民主、科学总能帮我们化险为夷，不需要什么价值德性，也不用空谈什么道德理想，这样的心态使得现代人再无作好之力，生命就疲软下来。

前资本主义之前的社会，人们在经济生活、政治生活、道德生活、文化生活、宗教信仰等诸多方面大致能有一个平衡。农业社会，分农闲和农忙，不忙的时候，人们祭祀、朝拜、听戏、访友，以求精神需求及人际交往之满足。但是资本主义制度"使人和人之间除了赤裸裸的利害关系，除了冷酷无情的'现金交易'，就再也没有任何别的联系了。它把宗教虔诚、骑士热忱、小市民伤感这些情感的神圣发作，淹没在利己主义打算的冰水之中。它把人的尊严变成了交换价值"③。如此一来，现代人满眼里满脑海只有物质利益和个人权益，对于"价值德性学问"自然就忽视了。没有道德滋润和信仰，精神不向上提振，人生的价值和意义又去哪里寻呢？人生

---

① 《庄子·齐物论》.
② 牟宗三. 道德的理想主义 [M]. 长春：吉林出版集团, 2015：序 1.
③ 中共中央编译局. 马克思恩格斯文集：第二卷 [M]. 北京：人民出版社, 2009：34.

又怎么会有充实感和幸福感呢？

德国诗人荷尔德林很早就注意到了时代的虚无，他将虚无的时代称为"上帝隐退"的时代，尼采干脆称之为"上帝死亡"的时代。牟宗三认为：上帝无所谓隐退与死亡，说隐退与死亡，显得上帝不再来了，不再理我们了，这有些悲观；其实，一直都在"当值"的上帝只是"闭关"或者"归寂"罢了，之所以这样做，乃是上帝不喜欢人太黏连自己，中世纪的教会下，人与上帝的距离拉得太紧太近，结果人残忍愚昧，陷入幽冥，执虚为实，生命不能向外开拓而变得僵滞，为了改变这种状况，也为了廓清自己，上帝后退一步，以使人类向外看、向下看，近代以来，我们所取得的民主与科学方面的成就，实则是上帝澄清他自己同时也帮助我们厘清人间世的结果；但是"在向外开向下趋的过程中，虽有近代的许多成就（所以也有其精神表现，不能只单纯地说堕落），然开到现在，趋到现在，可以说是已经达到了清一色的自然与物质之平面层的境地。所以上帝也算归寂到了极点，而人间的向外开向下趋亦算到了极点"①，就是说到今天，人过于向外向下倾注于自然与物质，乃至忘记了仍然"当值"的上帝，没有上帝，就没有精神、意义、价值的东西，在清一色的物质世界中，人们难免有"无家性"之感受。

牟宗三借用华严宗的佛教术语认为，人所生活的世界既有"事法界"，亦有"理法界"，前者是自然、物质的世界，后者是价值、意义的世界，现代人向外向下到了极点，以致沉醉于"事法界"的探求而遗忘了"理法界"的存在，这种遗忘是人们将"理法界"推远的结果，这种推远又是人们对"理法界"进行概念澄清之结果。现代人普遍认为，"理法界"是不能通过经验与逻辑而被证实的，依赖"理法界"而存在的一些概念，如"本体""神秘的力""形而上学上的理"等虚妄不实，不仅说不清道不明，反而还迷惑人干扰人，都可以用"奥卡姆剃刀"剃去。牟宗三认为，这样做，虽保证了对"事法界"认识的干净利落、客观科学，但世界也变成"无体，无力，无理"了。

牟宗三认为，"上帝归寂"的时代同时也是"爱因斯坦到来"的时代，

---

① 牟宗三. 道德的理想主义[M]. 长春：吉林出版集团，2015：147.

爱因斯坦的时代就是"无体,无力,无理"的时代,因为其基本精神就是认识"事法界"而不是"理法界"。牟宗三说:"相对论的物理世界是无体,无力,而只充满了一堆一堆的事件之移来移去。一堆一堆起绉绉现弯曲的'事件'与'场'之任运而转。把现象后面那些带保证性而却是虚妄不实的,带圆满整齐性而却是一套一套的枷锁的概念,一齐刬去而全部把现象世界浮现上来,只是事件之如是如是:不要往后面'推想',只要向上面观察。"① 当然,于科学来说,经验观察比苦思冥想所得的知识更为干净、成熟,但是,因为追求知识的干净、成熟而拒斥对"理法界"的关注,这就显得有些得不偿失了。

事实上,站在"事法界"的角度拒斥"理法界",已成为现时代的一种时髦,现代西方哲学出现的"拒斥形而上学"运动即是明证。卡尔纳普在其《通过语言的逻辑分析清除形而上学》一文中得出"全部形而上学都是无意义的"的结论,他甚至认为,形而上学只是一种情感和态度的表达,并且这种表达还不如艺术来得好,因为至少艺术家表达态度的方式不是晦涩的概念论证,艺术家也不像形而上学家那样唯我独尊。卡尔纳普说:"艺术是表达基本态度的恰当手段,形而上学是不恰当的手段……形而上学家是没有音乐才能的音乐家。相反,他们有的是在理论环境里工作的强烈爱好,是联结各种概念和思想的强烈爱好。但是形而上学家既不在科学领域里发挥这种爱好,又不能满足用艺术表达的要求,倒是混淆了这两个方面,创造出一种对知识既无贡献、对人生态度的表现又不相宜的结构。"② 卡尔纳普的这段话典型地反映了现代人对依托于"理法界"存在的那些概念的不重视、不喜欢。

扫清形而上学后,人们全身心投入对"事法界"的追求但又不能控制这种追求所带来的副作用。有学者对此忧思道:"科学像是文化体内的癌瘤,它的增殖威胁到要破坏整个文化的生命。问题在于我们能否统治科学和控制其发展,或者说,我们是否将被奴役。在仅仅一百五十年间,科学已经从鼓舞西方文化的源泉降为一种威胁。它不仅威胁人的物质存在,而

---

① 牟宗三. 道德的理想主义 [M]. 长春:吉林出版集团,2015:148-149.
② 洪谦. 逻辑经验主义:上卷 [M]. 北京:商务印书馆,1982:34-35.

且更狡猾的是，它还威胁着要破坏最深的扎根于我们的文化生活中的传统和经验。"①

牟宗三对"理法界"有冷静而客观的认识。他认为，因为进入路径的不同，"理法界"中的诸多概念存在着虚幻性和戏论的地方，这是难免的，也是可以改进的，但不能因为存在上述缺陷便根本否认"理法界"的存在，划清界限可以，然而抹杀之却不可。只有进入到"理法界"，我们才能意识到价值、意义的存在，而只有价值、意义才能提撕着我们的生命不断地向内转向上翻，生命才能"致广大而尽精微，极高明而道中庸"，变得立体、多彩、辽阔、悠远。牟宗三说："对于这种向上翻所成的理法界的认识，若根本予以截断，予以抹杀，而不予以理会，则终堵塞慧根，窒息生命。因为若只停驻于事法界而不进，则理法界必日就荒凉阴暗，必不能畅达生生之机，开辟价值之源。所谓'天地闭，贤人隐'是也。"②

有学者认为，在牟宗三看来，现代人对"理法界"的封闭与窒息，是悲惨无比与最可哀号的"断根"之劫，在这一劫运中，世界、社会、人生失去了支撑而破碎，完满已不复存在，意义或价值消失，一切皆暗淡无光，因而引发时代精神的危机③。我们认为，时代精神的危机贯注到个体生命上就成了个体生命的危机，即个体挥之不去的生命虚无感。

## 二、近代中国人的生命处境

在牟宗三看来，"上帝归寂"是上帝的有意之举，上帝后退一步，为的是帮助人类把处于幽冥虚妄之中的生命开化出去，使之有依附、有活力。近代以来，人类所取得的民主与科学等方面的成就是上帝所喜的，但是，人类心灵在开化出去的过程中呈"堕落"之势，最终精神只专注于自然与物质，并且，只在这个平面层上打旋转，对其余的东西无察觉、无理会，以"死亡"来看待上帝的"归寂"，这样，人类与上帝的距离越来越远，黏

---

① ［比］伊·普里戈金，伊·斯唐热. 从混沌到有序：人与自然的新对话［M］. 曾庆宏，沈小峰，译. 上海：上海译文出版社，2005：65.
② 牟宗三. 道德的理想主义［M］. 长春：吉林出版集团，2015：152-153.
③ 王兴国. 契接中西哲学之主流：牟宗三哲学思想渊源探要［M］. 北京：光明日报出版社，2006：16.

附在自然与物质一层的生命提不起来而呈软弱衰败之相,生命的软弱、衰败又使现代人产生挥之不去的虚无之感。

上帝不喜与人类拉得太近太紧,也不喜与人类拉得太远太松。太近太紧如中世纪,人类胶着上帝,生命陷入僵滞,死气沉沉,上帝也厌倦不堪;太远太松如现时代,人类忘却上帝,生命陷入虚无,软弱衰败,上帝亦痛心不已。对生命而言,如何保持与上帝的关系,更具体说来,如何处理"向上看"(提起精神)与"向下看"(开出物质)的关系,是一门学问。中国人虽无上帝之信仰,但不缺乏生命之观照。"是故形而上者谓之道,形而下者谓之器。化而裁之谓之变,推而行之谓之通,举而错之天下之民谓之事业。"① 在中国人看来,只有形而上与形而下的道器合一,生命才谓之变通。陶渊明种豆南山、采菊东篱,在解决基本的温饱问题后把生命提起一层,"开卷有得,便欣然忘食。见树木交荫,时鸟变声,亦复欢然有喜。常言五六月中,北窗下卧,遇凉风暂至,自谓是羲皇上人"②。像陶渊明这样的有所欲有所乐的"羲皇上人"的生活是大多数中国人的理想生活。可是,自鸦片战争始,中国屡遭列强侵略,落后挨打中,不仅"羲皇上人"的生活不可能实现,就连"羲皇上人"的迷梦也遭到清算。

在帝国主义侵略"天朝上国"的隆隆炮声中,我们意识到,我们的自然与物质一层的文化远不如人,因而我们开始了向西方学习的历程。有学者详细梳理了近代中国向西方学习的八次思潮③:第一次思潮发生在鸦片战争之后,林则徐、魏源等"睁眼看世界",倡导引进西方的国防技术;第二次思潮发生在第二次鸦片战争之后,皇帝被英法联军赶出了北京城,朝野震动,为了富国强兵,从官方到知识界,都兴起了向西方学习的运动,曾国藩、李鸿章、张之洞等官方代表及冯桂芬、郑观应、王韬等知识界代表是第二次向西方学习热潮的中坚力量,这次热潮遭到了一些保守人士的抵制,最终确立了"中体西用"的学习原则;第三次思潮发生在甲午战争之后,蕞尔小邦日本打败老大帝国的事实让"保国、保种、保教"成为焦点,

---

① 《易传·系辞上》.
② 陶渊明. 陶渊明集[M]. 逯钦立,校. 北京:中华书局,1979:188.
③ 何爱国,孙娜. 自信与他信:近代中国向西方学习的思潮的重新反思[J],历史教学问题,2015(2).

知识界开始反思中国文化的整体危机并形成了一场维新运动，虽然都主张保教，但不管是康有为、梁启超这样的维新激进派对纲常伦理的抨击，还是张之洞、陈宝箴这样的维新渐进派对纲常伦理的重新诠释，均不同程度地动摇了儒家思想的地位；第四次思潮发生在义和团运动之后，八国联军把中国人通过义和团同西方抵抗的最后自信击得粉碎，清政府的出逃与《辛丑条约》的签订使中国人的民族危机感空前强烈，自此后，中国人向充分西化、全盘西化转化，中国文化的主体性不再存在；第五次思潮发生在辛亥革命之后，辛亥革命的成功使得中国人向西方学习信心十足，但革命成功之后，中国人在向西方哪一国学习的问题上分歧较大，最终酿成帝国主义支持的军阀统治及混战；第六次思潮即"新文化运动"，一些知识分子认为，辛亥革命后之所以形成军阀统治及混战的局面，民国之所以立不起来，乃是因为中国人的思想道德觉悟不够，因而必须"打倒孔家店"，全盘接受具有现代性与世界性的西方文化；第七次思潮发生在国民政府成立之后，国民政府建立之后，推行了新生活运动、尊孔读经运动、本位文化建设运动等一系列旨在复兴中国文化的运动，这激起了胡适、陈序经等西化派知识分子的强烈反感，他们发起了全盘西化运动，主张一心一意的现代化、充分的世界化；第八次思潮发生在抗日战争之后，中国为了依托英美抗战到底，再次掀起向西方学习的热潮，尤其是一些民主党派人士，对西方的自由民主思想甚是迷恋，梦想在中国走"中间道路"，二战及国共内战结束后，这股思潮被新中国"全面学习苏联"的浪潮所冲淡。

我们看到，近代中国向西方学习是落后挨打下的无奈选择，学习的内容涵盖军事、经济、政治、文化等多个方面，学习的对象有英、日、美、俄等多个国家，学习的目标经历了以商立国与议会政治、民主共和和计划经济、以工立国与社会主义三者的相继转换，学习的方法也经历了从中体西用到中西会通，进而到全盘西化的变化。"总的来看，近代中国，人们对西方文化采取的态度是一种逐渐认同、肯定的态度。近代中国在向西方学习的过程中，逐渐丧失了对中国文化的自信力，而有了一种万事不如人，必须依赖西方文化才能拯救中国的他信力。"① 这种"他信力"在甲午战

---

① 何爱国，孙娜.自信与他信：近代中国向西方学习的思潮的重新反思［J］.历史教学问题，2015（2）.

争、义和团运动、新文化运动以及20世纪30年代的中西文化论战时的向西方学习的思潮中表现得尤为突出。胡适让我们接受这样一个事实,即我们在技术上、制度上、道德上乃至艺术与身体上皆"百事不如人"①。正是在这样的心态下,近代中国向西方学习的过程中出现了打倒传统、全盘西化这样的激化与异化的情景。

经过一波波向西方学习浪潮的冲刷,近代中国人的处境是:自然与物质一面不如人,虽然引入了民主与科学,但辛亥革命后,洪宪帝制、张勋复辟、军阀割据、抗日战争、国共分裂相继上演,民主建国一直没有实现,科学发展也裹足不前;精神一面原本有自己的悠久传统,这个传统给予中国人一个和谐有机的价值体系,在这个价值体系中,中国人有较为清晰的人生方向,但这一传统不断地遭到西化思潮的冲击,存续岌岌可危,价值迷失的中国人不仅不能为自己定一个人生方向,无家可归,也不能为民主建国的迂回、曲折、扭曲、变质作疏导,"整个中国传统的世界观崩溃了,就是我们几千年来存在的那个世界已经破灭不见了。我们被抛在一个完全陌生的世界中,造成我们形上世界的迷失,价值的迷失……整个传统世界观崩溃了,中国人有如天地的弃儿,在人间流浪,而无家可归,造成我们存在的迷失,不晓得该何去何从"②。这样,"上帝隐退"或《易经·系辞》里形上形下道器合一所启发的人类生命"向下开"和"向上看"的两个方面,近代中国都没有很好地展现出来。换句话说,近代中国人之生命,在物质层面继续一穷二白,在精神方面益发自卑迷茫,下不挨地,上不顶天,处于"吊挂"的状态。在牟宗三看来,近代中国人之生命"缺乏陪衬""拔了根,挂了空""都在游离中",因而"太苦了"③。

牟宗三以怀乡来比喻现代中国人的生命状况:"而要怀乡,也必是其生活范围内,尚有足以起怀的情愫。自己方面先有起怀的情愫,则可以时时与客观方面相感通,相粘贴,而客观方面始有可怀处。虽一草一木,亦足兴情。"④ 也就是说,人们怀乡,首先要对故乡有感情,觉得故乡总有一种

---

① 胡适. 胡适论学近著:第一集 [M]. 济南:山东人民出版社,1998:503.
② 牟宗三. 时代与感受 [M]. 台北:联经出版社,2003:导言3.
③ 牟宗三. 生命的学问 [M]. 桂林:广西师范大学出版社,2005:2.
④ 牟宗三. 生命的学问 [M]. 桂林:广西师范大学出版社,2005:2.

好,即便这种好说不清道不明,但总让自己向往,其次故乡还要有值得自己回去瞧一瞧的人或物的存在,比如与自己有关系的某一个亲戚朋友、陪伴自己成长的某一栋房子,假如与自身生命有关系的那人那物那山那水统统不存在,故乡只会慢慢地从我们的记忆中消失。以怀乡说回到生命体悟上来,从客观方面讲,少了民主与科学,中国人的生命没有依托,这就是"挂了空",如同怀乡时没有可怀的、陪衬我们成长的、具体存在的一草一木一样;从主观方面看,没有了津津乐道的传统,中国人的生命得不到滋养,不能被激起,这就是"拔了根",如同怀乡时故乡虽有那陪衬我们成长的一草一木,但是我们提不起怀乡的兴趣一样。

总之,我们学习西方各个方面,学遍西方主要大国,没有学个花样不说,还把自己赖以安身立命的那点根本也丢了,可谓是"抛却自家无尽藏,沿门持钵效贫儿",变成了一个十足的"流浪的弃儿"。牟宗三认为,对"拔了根"的生命而言,我们要"置根",对"挂了空"的生命而言,我们要"落实"。如何让中国人的生命落实、生根,不再有游离飘荡之感,是牟宗三思考的大问题。

## 第二节 牟宗三的生命发展体悟

时代之动荡往往会表现在个体生命之不安上。除感受时代之悲苦外,牟宗三对自身生命发展之痛痒亦有深切的感受。如何挠自身生命的痛痒,这是需要学问启示的。牟宗三"生命的学问"即是被自身生命痛痒"逼"出来的。

### 一、"混沌"的生命

牟宗三,字离中,1909年夏历四月二十五日出生于山东栖霞牟家疃。牟家疃处在县城以南四十华里的环山平原里,自十五岁进入县城的县里中学之前,牟宗三一直生活在这里。他与这里的山水草木混沌为一。春光明媚的季节,溪水清流、平沙细软、杨柳依依、绿桑成行,牟宗三伴兄妹去采桑,在沙滩上翻筋斗,在鸟鸣水流声中悠悠睡去,无拘无束;初夏时节,小麦已黄,大人们午饭后打盹休息,牟宗三不知疲倦,东钻西跑,挖土坑、攀树枝、穿墙角、捉迷藏、钓池鱼,高兴极了;秋收之时,人皆忙碌而愉悦,牟宗三也经常去帮大人扛抬挑负,感受劳作收获的趣味;冬天来了,牟宗三喜欢玩溜冰、踢毽、拍球、打瓦等一切泼皮的玩艺,夜晚向火取暖,听长工讲故事,白天农闲,去乡下野台边看戏。牟宗三喜欢武打戏,这些角色矫健洒脱,没有宽袍大袖,不会拖泥带水。一个风雪飘零的日子,村中来了一个马戏团,牟宗三被其中一个十三四岁的小女孩的矫健身段、红红皮色、清秀面孔吸引。对这样的生命风采,牟宗三顿生爱怜之意。

牟宗三的生命随故乡的四时而动,春种、夏长、秋收、冬藏,因而他不伤春,亦不悲秋。不仅与故乡的四季与山水无隔阂,与故乡的风俗人情,牟宗三也无隔阂。牟氏的祖茔在村后,牟宗三经常随长辈去扫墓祭祀。在砖墙围砌、范围广大、白杨萧萧、苔痕点点的祖茔里,牟宗三从未感到恐惧、迷茫,也从未听到过嚎哭、啜泣,他感受到的是顺适、恬静、亲和。他并没有感到与祖先的生离死别,他感到的是通着祖宗、通着神明、通着天地的喜悦。过寒食节时,乡下人并不孤注于节日的确定意义,他们凑风光、尽人事、通古今,把节日过得嘉祥、喜气、轻松。牟宗三特别容易感受到乡下人的这种情味,他觉得这种情味令人舒畅。

在牟家疃,牟宗三沉浸于自然风光,感受着人文之美,无拘无束,无悲无愁,他的生活充满着快乐。我们可以从与其他几位哲学家的早年生活的对比中理解牟宗三早年的快乐。"与梁漱溟不同,梁漱溟生在北京,长于官宦之家,那太都市化;也不同于熊十力,熊十力幼年丧父丧母,八九岁为人牧牛,自然生命太委曲;也不同于唐君毅,唐君毅生于知识分子之家,两岁开始识字,十岁以前即在父亲督责下背说文,那太刻板。"① 牟宗三认为,自己早年之生命是"混沌"的生命。何谓"混沌"的生命?"混沌"一词有自然存在而不刻意区分的意思。"混沌"的生命,指生命是那么自然、原始、剔透,没有刻意地去追求什么,也没有刻意地去为生命作掩饰、装饰,总之,"生命在其自己",没有远离、没有曲折、没有吊挂。牟宗三

---

① 颜炳罡. 牟宗三学术思想评传 [M]. 北京:北京图书馆出版社,1998:3.

认为，乡下农人的生命就是"混沌"的生命，他们的生命自然朴实、亲切可爱、丰富有趣，而那些时刻"忘不了自己教授身份"的知识分子的生命就不是这样的生命，他们自以为是、目中无人、互相吹捧、矫揉造作，与乡下农人的生命相比，他们的生命显得枯窘、贫乏、无趣、虚伪。

当然，牟宗三所厌恶的主要还是那些时刻"忘不了自己教授身份"的人，他讨厌他们的酸气、腐气与骄气，讨厌他们的刻意造作。实际上，通过理性的洗涮，那些真正的知识分子之生命也有其光彩一面，比如说清晰、简约、有序等。与一个混沌的农人相比，一个纯粹的哲人能够有意识地使自己的生命更加走向秩序、目的、意义。事实上，生命充斥着矛盾：它一面企向混沌，一面又向往秩序。人类之原始是混沌状态，是盘古、上帝把我们引向了秩序。混沌好不好？"南海之帝为倏，北海之帝为忽，中央之帝为浑沌。倏与忽时相与遇于浑沌之地，浑沌待之甚善。倏与忽谋报浑沌之德，曰：'人皆有七窍，以视、听、食、息，此独无有，尝试凿之。'日凿一窍，七日而浑沌死。"① 庄子认为，七窍开，浑沌死，所以还是那种自然而然而非刻意为之的生命状态好。但是，混沌的生命也意味着原始、杂乱，意味着我们不好去认识它、把控它。在古希腊人看来，混沌中夹杂着原始的激情，而激情是生命苦难的根源，因而，生命不能总是停留在不可言传只可意会的天人合一的混沌处，我们应该把生命之可能性与本质性透视出来从而把激情剔去或控制住，只有这样，我们才能应对生命的苦难。因而，在古希腊人那里，生命是与建立秩序的"逻各斯"联系在一起的②。

假如顺着混沌的生命下去，牟宗三说其未来或许可以是一个野人、一个农夫、一个开店者、一个走江湖的赶马者、一个浪荡子，但是，牟宗三的生命经过了一曲折而成为学问家，只是，这一个学问家不是那种目空一切、卖弄学问的"学问家"，而是一个有"农民情节"的学问家。在牟宗三看来，唯有农民的生活才是在生命中的生活，是生命"在其自己"的生活，而我们则是在"对象上"（比如功名利禄）生活，是生命"离其自己"的生活，但人世不能只是农民，生命不能只是在其自己，也当离其自己，只

---

① 《庄子·应帝王》.
② 包利民. 生命与逻各斯：希腊伦理思想史论［M］. 北京：东方出版社，1996：6.

有经过一曲折离其自己,以另一种方式、意义或高度再回归在其自己,生命才算圆满。"春江水暖鸭先知",但人毕竟不同于动物,不能只知道春来春去,还要知道为之悲喜,只有这样,才能有"流水落花春去也,天上人间"这样的认识,才能有"元春""迎春""探春""惜春"这样的对春的多元的意义认识。牟宗三认为,人之生命不能光起顺适自然、享自然之美的"春情",还应通过一曲折,起离却自然、显那虚无怖栗的"觉情",只有这两种感受的合一,生命才有全副的真实义。

我们可以借用一首唐诗来理解牟宗三的上述说法。"闺中少妇不知愁,春日凝妆上翠楼。忽见陌头杨柳色,悔教夫婿觅封侯。"春日里,少妇有"春情",因而无愁,"忽见"两字是一曲折,紧接着,"悔教"两字显出"觉情";"春情"透出少妇的天真可爱,"觉情"显示少妇的有情有义,光有"春情",不知世事之艰难,是无知,是愚妇,光有"觉情",囿于私念而不深明大义,是无明,是"怨妇";两情合一,少妇之生命形象才生动、丰满、充满美感。牟宗三说,混沌的生命"没有远离、没有吊挂、没有曲折。这是原始人、自然人、野人的生命,这里没有所谓学问,以及通过学问而凸显的形式真理,但是却有性情,亦有光彩,然亦都是自然的强度膨胀所呈现的,这里的一切都只是'展示'或'呈现',没有'如何'和'为何'"①。生命需要展示其自然,亦需要思考其为何,需要"具体的真实",也需要"形式的真理"。按照我们的理解,"展示"之生命是"春情"之生命,因而显得淳朴自然,"为何"之生命是"觉情"之生命,因而走向悲悯,由这悲悯进而走向意义、价值、目的。生命由"展示"走向"为何",由自然纯朴走向悲天悯人,由"具体的真实"走向"形式的真理",是一个人成长的必经阶段,同时,也是一个人最为迷茫的阶段。

## 二、"离其自己"的生命

在牟宗三看来,生命不能一直处于混沌状态,处于自然展示的状态,而需要有一个"曲折",由混沌走出去,走向思考为何、思考如何的状态。牟宗三认为自己"混沌的生命"中的一个曲折是"走上读书的路"。他说:

---

① 牟宗三. 五十自述 [M]. 台北:联经出版社,2003:15-16.

"读书从学使我混沌的自然生命之直接的自然的发展,受了一曲,成为间接的发展。孔子说吾十有五而志于学,依我的生活发展说,学就是自然生命之一曲。这一曲使生命不在其自己……这是生命之外在化,因吊挂而外在化,生命不断的吊挂,即不断的投注,在其不断的投注中,其所投注的事物之理即不断的抽离、不断的凸显。生命之不断的吊挂与投注即是不断的远离其自己而成为'非存在'的,而其所投注的事物之理之不断的抽离凸显亦即是不断的'远离具体的真实'而成为形式的、非存在的真理。"① 这也就是说,通过求学这一曲折,牟宗三的生命离开了"在其自己"的自然混沌状态,而走向了"离其自己"的探求状态。

十五岁那年,牟宗三离开家乡到县城中学去读书。在去城里之前,牟宗三熟悉乡间的地理环境、自然风光、风俗习惯,乡间生活根深蒂固、自然而然的一套使他的生命有一个定常。对牟宗三而言,他的"离其自己"的生命即是远离了这个定常。远离定常的生命在陌生的环境里飘荡,不断地寻求投注,不断地寻求吊挂。那么,在求学的历程中,牟宗三所寻求吊挂生命的对象是什么呢?

读中学的时候,牟宗三把生命挂搭在"学作文"上。"学作文"表面看是一门课程,其实,是在学一种怎样说话乃至怎样思考的规则与定法。在中学课程中,牟宗三最为吃力的便是作文,因为要把乡下的那种词不成词、句不成句,靠声调、神情、姿态来传达意思的土话变成规则、典雅的书面语,这是很困难的,需要一定句法和一套机括的训练。在乡间生活时,牟宗三没有掌握这种技巧,现在,为了写出合格的文章来,他只得绞尽脑汁把自己的生命一层层地往那句法那机括里套,有时候,自认为写得很优美很伤感很自信的文句,还是被先生批为"不通""无意义"。牟宗三深深地感受到,自己悦动的生命被文法标准限制了。"文章的文法章法,不管是古文或语体文,也都是些机括……我要把我那混沌的生命,一层一层往机括里套,这点在我的生命史中给我的印象非常深……我一直不会做文章,也无心做文章,而且对于那些单就文章寻章摘句,推敲声调,褒贬赞叹的人

---

① 牟宗三. 五十自述[M]. 台北:联经出版社,2003:15.

之秀才气、酸气，我一直在厌恶。"① 晚年的牟宗三回忆这些事情，仍然有一种挥之不去的生命被束缚的痛苦感。

十九岁的时候，牟宗三到北京读书，离家更远了。那时候，北伐战争结束了北洋政府的统治，中国显得欣欣向荣，这激起了牟宗三投入政治的热情。牟宗三被国民党人的意识、观念、行动、生活形态的异样吸引，这些东西使得年轻的牟宗三之生命有一种开扩、解放、向上的感觉。他积极寻求加入国民党，并且，假期回到故乡，还很认真地做了一些调查、宣传的工作。不久，他发现，党人沉迷于"西方的新玩意"，老是搞"观念的斗争"，他们只会在观念上出花样、起风波、冒险犯难。他终于意识到，党人所谓的事业是神魔交杂的事业：一方面，在理想面前，党人忠诚为党、献身于党的精神充满着神性，让人肃然起敬；另一方面，党人那忘我的精神气是在浪漫的生活情调下、在一切不在乎的气氛下进行的，有时候甚至放纵恣肆、六亲不认，让人望而生畏。在牟宗三看来，党人身上神魔混杂所透出来的实质是，党人所谓的为了理想而献身、而忘我的精神，打破了现实中温馨的、和谐的一切，事实上，这种精神并不是源自他们的道德自觉，而是被一种观念口号、一种功利目的而牵引出来的，是一种"由外在的目的把生命套在集体行动中而逼出的"，党人的道德精神是"一种工具意义上的道德，盗亦有道的道德"②，比如，在乡下赶集的场合，党人总是以"新劣绅"的面貌趾高气扬欺负人。一句话，在政治生活中，生命只是一个工具。牟宗三终于醒悟到，不能像国民党人那样，把生命挂搭在政治上。

牟宗三膨胀的生命力又被一些有才气作家的时髦思想和纵横文字接引了去。他读吴稚晖。他觉得读吴稚晖的文章就像梁山好汉大碗喝酒，够劲头、够刺激，他还学着写吴稚晖那样的文章，只要是能表现出生命的纵横驰骋，即便文字荒谬、肮脏也无所回避。不久，牟宗三的父亲发现了这一情况，当头棒喝，说他不识好歹，不辨善恶，这才束缚住了他这一匹奔驰的野马。牟宗三醒悟到，吴稚晖的文字虽与自己年轻的生命向外扑的气质合拍，但实际上，那只是吴稚晖个人的"力"而不是普遍的"理"，"以我

---

① 牟宗三. 五十自述 [M]. 台北：联经出版社，2003：20.
② 牟宗三. 五十自述 [M]. 台北：联经出版社，2003：28.

父亲那样一个乡村的农夫，义理教训之存在的见证者，就可以立地把它笼罩住，赤手把它掌握住，使他那一切光彩、风姿、花腔顿时纷纷落地，收拾头面，原来是臭屎一堆，痴呆的狂夫"①。

牟宗三又把生命挂搭到对数理的探寻上。他在逻辑与数学上用功，开始读《易经》，读罗素、怀特海等人的著作。他从这些著作中看到了生命的美感与秩序。他认为这些著作都讲生命之运动不息，且有成套之概念帮助我们去把握生命之运动不息。这样的接受状况与年轻人生命直接向外胀、向外扑所带出的"直接解悟力"是相吻合的。不过，随着经历渐多、年岁渐长，牟宗三发现，这些著作只揭示了生命之"真"之"美"而独不见生命之"善"，牟宗三说："这些既是美感的，又是智及的。从美感方面，说'欣趣'；从智及方面，说'觉照'。这欣趣，这觉照，乃是生命之光辉、灵感之鼓舞。美之欣趣、智之觉照，皆有其风姿，有其神采。这两面甚凸出。而惟仁心之悱恻、道德之义理方面，则隐而不显。这是因为青年涉世不深故，于人生之艰难尚无感知故。"② 随着年岁的增长与思考力的精深，牟宗三对西方文化的智识传统的缺陷看得分明。他对怀特海欣赏之余也有了批评：他欣赏怀特海的"富贵气""福气"，因为他能把生命安放在数学物理的美感与直觉中，他的心灵能在数学物理的呈列与平稳中得到安息，他单纯而无人世的烦恼；他批评怀特海对这个时代没有什么感觉，亦没有什么历史文化意识，不能讲文化问题，而这一点，与"朱子在同一民族生命、文化生命中生长出来的"自己有隔。因此，牟宗三认为怀特海等西方思想家其实并不能正视生命，他们把生命转成一个外在的"自然之流转"，转成缘起事之过程，不能从道德与宗教的角度使生命"归其自己"。牟宗三反思自己这段生命追求历程时认为，对物理、数学的追求是生命膨胀直接向外扑的表现，这种情况下，用生命而不自觉生命③。在牟宗三看来，与怀特海一样的中国的那些理智主义者，视生命、情感、抗战为没有什么道理好讲的漆黑一团，这是非常可悲的事情。

---

① 牟宗三. 五十自述 [M]. 台北：联经出版社，2003：33.
② 牟宗三. 五十自述 [M]. 台北：联经出版社，2003：40.
③ 牟宗三. 五十自述 [M]. 台北：联经出版社，2003：52 - 53.

生命挂搭在文法上不行，挂搭在政治上不行，挂搭在有才气的时髦的思想文章上不行，挂搭在讲理的逻辑数学上不行。生命无依附，一直飘荡不定。与此同时，家国多难，牟宗三人生亦多不顺。"七七"事变后，牟宗三自北平过天津，走南京，再至长沙，最后至桂林。1938年初，在广西梧州中学、南宁中学教书，同年秋至昆明，谋事无成，生活无着，全赖友人资助度日。1939年秋，自昆明至重庆，熊十力先后荐之任教于北大和复性书院，均因各种原因而不成。1940年，牟宗三又返云南，以讲师名义住张君劢先生创立的大理文化书院，与张氏相处并不融洽。1941年，民族文化书院因故停办，牟宗三又由大理转赴重庆北碚勉仁书院依熊十力。自广西到北碚的这几年，是牟宗三生命最困厄之时，他饱尝辗转流浪之苦及人情冷暖之苦，多年之后回想起当时的惨淡生活，牟宗三仍不禁泪下。时代的风气、学术的风气、知识分子的劣性、家国天下的多难、历史文化的绝续等等，引发了牟宗三的悲情，对这样的人生与世界，牟宗三有些厌倦之情，悲伤至极之时，牟宗三寄情酒色以求得一时之欢愉，他说："我总是喜欢独自跑那荒村野店、茶肆酒肆、戏场闹市、幽僻小巷。现在我的现实生命之陷于'沉沦之途'又恰是顺着那原有的气质而往这些地方落，以求物质的接引，得到那'平沉的呈现'。那里是污浊，亦是神秘；是腥臭，亦是馨香；是疲癃残疾，颠连而无告，亦是奇形怪状，诲淫以诲盗。那里有暴风雨，有缠绵雨，龙蛇混杂，神魔交现。那里没有生活，只有凄惨的生存，为生存而挣扎，为生存而牺牲一切。"① 牟宗三将生命挂搭在物欲之满足上，又是怎样一番生命体验呢？

## 三、呼唤"有本有根"的生命

牟宗三说自己的沉沦之处是龙蛇混杂、神魔交现，该如何理解这句话呢？酒色财气能够让我们暂时忘记生命的烦恼，有些人就这样顺着酒色财气滚下去，醉生梦死，终成为行尸走肉，如克尔凯郭尔笔下的唐璜，不断地寻找新的女人、新的刺激以填补空虚。在我们看来，这是扬汤止沸，治标不治本，暂短的欢愉之后又会跌入更深的虚无之中。也有一些人"置之

---

① 牟宗三. 五十自述 [M]. 台北：联经出版社，2003：140.

死地而后生",痛定思痛,返身而视,终于寻得出路,跃出泥淖,如克尔凯郭尔笔下的苏格拉底,认清自己,获得新生。因此,如何走出龙蛇混杂、神魔交现的沉沦之所,就看沉沦之人是顺着沉沦"滚下去"还是逆着沉沦"跃起来"。顺着沉沦"滚下去",沉沦之处就是蛇,就是魔;逆着沉沦"跃起来",沉沦之处就是龙,就是神。

牟宗三白天顺着沉沦滚下去,夜晚逆着沉沦跃起来。他说:"白天,人生活于忙碌、纷驰、社交、庸众中,'我'投入'非我'之中,全成为客观的。个体的我投入群体中,成为非个体的我。存在的真个人、真个体、真主体、真主观的独自的感受,全隐蔽起来,而只是昏沉迷离地混拖过去。可是到了晚间,一切沉静下来,我也在床上安息了。但是睡着睡着,我常下意识地不自觉地似睡非睡似梦非梦地想到了父亲,想到了兄弟姊妹,觉得支解破裂,一无所有,全星散而撤离了,我犹如横陈于无人烟的旷野,只是一具偶然飘萍的躯壳。如一块瓦石,如一茎枯草,寂寞荒凉而怆痛,觉着觉着,忽然惊醒,犹泪洗双颊,哀感宛转,不由地发出深深一叹。这一叹的悲哀苦痛是难以形容的,无法用言语说出的。彻里彻外,整个大地人间,全部气氛,是浸在那一叹的悲哀中。"①

为了摆脱生命的烦闷痛苦,牟宗三白天庸俗不堪、昏沉迷离,有如行尸走肉,但是到了夜深人静的时候,他就会反省这种活法。"生命如无人烟之旷野那呼唤有本有根的飘萍",对生命的这种感受,牟宗三与克尔凯郭尔何其相似!当然,所寻找的本根,在牟宗三和克尔凯郭尔那里是不一样的,这一点,我们在其他的章节再交代。还是先看看牟宗三寻找本根的过程:"一夕,我住在旅店里,半夜三更,忽梵音起自邻舍。那样的寂静,那样的抑扬低徊,那样的低徊而摇荡,直将遍宇宙彻里彻外最深最深的抑郁哀怨一起摇拽而出,全宇宙的形形色色一切表面'自持其有'的存在,全浑化而为低徊哀叹无端无着是以无言之大悲。这勾引起我全幅的悲情三昧。此时只有这声音。遍宇宙是否有哀怨有抑郁藏其中,这无人能知。但这声音却摇荡出全幅的哀怨。也许就是这抑扬低徊,低徊摇荡的声音本身哀怨化了这宇宙。不是深藏定向的哀怨,乃是在低徊摇荡中彻里彻外,无里无

---

① 牟宗三. 五十自述 [M]. 台北: 联经出版社, 2003: 135.

外,全浑化而为一个哀怨。此即为'悲情三昧'。这悲情三昧的梵音将一切吵闹寂静下来,将一切骚动平静下来,将一切存在浑化而为无有,只有这声音,这哀怨。"① 梵音消融了喧闹,在四周安静下来的时候,牟宗三看到了自己的清净本心:"我之体证'悲情三昧'本是由一切崩解撤离而起,由虚无之痛苦感受而证。这原是我们的'清净本心',也就是这本心的'慧根觉情'。慧根言其彻视无间,通体透明;觉情言其悱恻伤痛,亦慈亦悲,亦仁亦爱……但是这悲情三昧,慧根觉情,它不显则已,显则一定要呈用。在它显而呈用以'润身'时,它便是'天心仁体'或'良知天理'。这就是由其消极相转而为积极相。天心仁体或良知天理便即是'悲情三昧'或'慧根觉情'所必然要函蕴的光明红轮。"② 牟宗三又说:"由这悲情三昧,你将慢慢转生那满腔子是悱恻恻隐的慧根觉情。到此方真是积极的,你所要求的'真有'即在这里。这是你的真主体,也是你的真生命。"③ 据以上引文,我们可以大致梳理下牟宗三寻找生命本真的历程和思考:生命进入消极堕落一面后痛苦不堪、骚动不已,听梵音,牟宗三躁动的生命安静下来。他悲叹自身生命的虚无堕落,渐渐意识到,只有觉察到自身的仁爱/恻隐/慈悲之心"存有"并"涌动"时,躁动不安的生命才能转而安定清净,堕落衰败的生命才能转而积极向上。

沉沦至极点的牟宗三,由邻舍的梵音而悟出生命的根本,这不能不让我们想到奥古斯丁的"花园奇迹"的故事。奥古斯丁为不能节制自己的堕落而在花园的一棵无花果树下痛哭不已。他一边流着泪,一边喃喃自语道:"主啊,你何时才能结束我的罪恶史,为什么不能在此时此刻让我远离罪恶?"他的哭声在空旷的花园里回荡。忽然,从邻近一间屋子里传来一个孩子的声音,反复唱着:"拿着,读吧!拿着,读吧!"顿时,他仿佛像明白了什么,停止哭泣,站起来,冲到刚才坐过的椅子边并拿起那里的《圣经》,默默地读着最先看到的一章:"不可耽于酒食,不可溺于淫荡,不可趋于竞争嫉妒;应被服主耶稣基督,勿使纵恣于肉体的嗜欲。"刹那间,似

---

① 牟宗三. 五十自述 [M]. 台北: 联经出版社, 2003: 152–153.
② 牟宗三. 五十自述 [M]. 台北: 联经出版社, 2003: 153–154.
③ 牟宗三. 五十自述 [M]. 台北: 联经出版社, 2003: 175.

乎有一束恬静的光照在他的脸上,愁苦和眼泪一下子都消失了,满脸是喜乐的光芒①。"花园奇迹"昭示奥古斯丁生命光明的到来。对牟宗三而言,虚无到了顶点,必将产生对真实生命"魂兮归来"的渴望和呼唤。这种渴望和呼唤是牟宗三追寻"生命的学问"的动力之源。

## 第三节　在熊十力的"狮子吼"中嗅到生命与学问的"真味"

遇见熊十力是牟宗三生命中的一件大事。倘若生命的沉沦让牟宗三需要并呼唤"生命的学问",那么,遇见熊十力,则使牟宗三知道什么才是"真生命""真学问"。在熊十力那里,牟宗三开始嗅到生命与学问的"真味"。

### 一、熊十力"真生命"的提振

牟宗三记得初见熊十力时的感受。熊十力与几位朋友在中央公园吃茶聊天,牟宗三在一旁边吃瓜子边有意无意地听着。"忽然听见他老先生把桌子一拍,很严肃地叫了起来:'当今之世,讲晚周诸子,只有我熊某能讲,其余都是混扯。'"②牟宗三说,熊十力的发言引得在座诸位先生呵呵一笑,但令他耳目一振,心中想,这先生倒是这样凶猛和不客气。牟宗三由此便仔细注意起熊十力来:"见他眼睛也瞪起来了,目光清而且锐,前额饱满,口方大,颧骨端正,笑声震屋宇,直从丹田发。清气、奇气、秀气、逸气:爽朗坦白。不无聊,能挑破沉闷。直对着那纷纷攘攘,卑陋尘凡,作狮子吼。我们在学校中,个个自命不凡,实则憧憧往来,昏沉无觉,实无所知。一般名流教授随风气,趋时式,恭维青年,笑面相迎。以为学人标格直如此耳。今见熊先生,正不复尔,显然凸现出一鲜明之颜色,反照出那名流

---

① [古罗马] 奥古斯丁. 忏悔录 [M]. 周士良,译. 北京:商务印书馆,1963:157-158.
② 牟宗三. 五十自述 [M]. 台北:联经出版社,2003:76.

教授皆是卑陋庸俗，始知人间尚有更高者，更大者。我在这里始见了一个真人，始嗅到了学问与生命的意味。反观平日心思所存只是些浮薄杂乱矜夸邀誉之知解，全说不上是学问。真性情，真生命，都还没有透出来，只是在昏沉的习气中滚。我当时好像直从熊先生的狮子吼里得到了一个当头棒喝。使我的眼睛心思在浮泛的向外追逐中回光返照，照到了自己的'现实'之何所是，停滞在何层面。"① 自此以后，牟宗三经常往晤请教于熊十力。

熊十力能"打破生命的无聊"，这一点对牟宗三触动很大，乃至近半个世纪后，在熊十力的追念会上，牟宗三还提到这一触动。在牟宗三看来，无聊就是俗气、敷衍、随意，一般人见面总是今天天气怎么怎么样、你那衣服怎么怎么样，这就是无聊敷衍，可是熊十力不来这一套，他也没有功夫与你来那一套，他从不敷衍、客套，如同孔子的颠沛造次必如是，不管在什么时候，也不管是对什么人，他都愿意把自己真实的生命体现出来，令人有"实而归"的感觉。普通人听到熊十力的这个故事，无非是觉得他很可爱甚至是很狂妄，但牟宗三却不这么看。牟宗三认为，在中央公园吃茶，其他的人都在无聊地随意闲谈，但熊十力不安于无聊，也不能永远与你无聊，于是拍桌作"狮子吼"。这就打破了无聊，透出生命的光辉来，即便其时熊十力的身体并不大好，但这一"狮子吼"亦让他的精神显得与众不同。

牟宗三认为，熊十力的"不无聊"还体现在他对待学生的态度上。五四以后，因为自由、民主等思想的泛滥，导致从中学到大学，学生都嚣张得很，对老师已不同于往日的尊敬了。尤其是在北大，老师是否会被聘任以及开什么课，要预先征得学生会的意见，上课时老师点名，还要客气地说 Mr 某某，老师一般不怎么敢说学生的不对，而学生上课随便退堂的现象时有发生②。在牟宗三看来，熊十力却不这样，不管对哪一个学生，他都给

---

① 牟宗三. 五十自述 [M]. 台北：联经出版社，2003：76-77.
② 在牟宗三看来，这种风气的形成，胡适之先生要负一部分责任，这是他将自由主义发展成为"泛自由主义"的结果，这种风气表面虽十分开明，但站在教育的角度来看，其实并不好，引发了一系列的问题，表现之一就是老师不敢管教学生，而学生有时候又以自由民主的名义行恣意破坏之实。

你一句："你不要以为你懂，你其实不懂！"熊十力的这一提醒提振，会使学生从掌握二加二等于四这样的真理的满足中跃出来，而进入那大道流行之真理域中，进而提升生命的层次。牟宗三认为，倘若陷在北大当时的习气里，学生的生命很难得以精进，而与熊十力相处，学生都有一种"使自己得好处"的感觉。牟宗三说："所以我和熊先生相处，是抱着一种会使自己得好处的态度的……他是一个很突出的生命，他可以教训你，从这突出里面，你会感到有一种真理在你平常所了解的范围以外……再进一步，你要适应熊先生的态度，你自己要有一种预备的心境，若不然，你便不能适应，而得不到好处。"①

关于熊十力诲人不倦且对学生的生命有所震撼、有所好处的事实，我们还可以从徐复观那里一见。徐复观也曾遭到熊十力"起死回生"的一骂。徐复观回忆说，那时候他穿军服到北碚金刚碑勉仁书院请教熊十力应该读什么书，熊十力让读王船山的《读通鉴论》，徐复观说他早年已经读过了，熊十力以不高兴的神气说，"你并没有读懂，应当再读。"过了些时候，徐复观再去看熊十力，说《读通鉴论》已经读完了。熊十力问他有点什么心得，徐复观接二连三地说出许多他不同意的地方。熊十力未听完便怒声斥骂说，书的内容有好有坏，读书要先读到好的地方，你却专门挑坏的地方，这样读书，你会受到书的什么益处？这样读书，书的深刻处你懂得吗？这样读书，真是太没出息！徐复观说："这一骂，骂得我这个陆军少将目瞪口呆。脑筋里乱转着：原来这位先生骂人骂得这样凶！原来他读书读得这样熟！原来读书是要先读出每一部的意义！这对于我是起死回生的一骂。恐怕对于一切聪明自负，但并没有走进学问之门的青年人、中年人、老年人，都是起死回生的一骂！"② 这一骂让徐复观羞愧于自己的"小聪明"和肤浅，此后，他更加精进学问，也愈发地亲近熊十力。

明了自己的缺点，生命恰有勇猛精进的动力和方向。熊十力不掩饰自己的缺点，也不替别人掩饰缺点。他曾说："吾侪于人不堪之行为，虽宜存矜怜之意，但为之太含蓄，似不必也。吾生平不喜小说，六年赴沪，舟中

---

① 牟宗三. 时代与感受 [M]. 台北：联经出版社，2003：279-282.
② 徐复观. 徐复观文集：第一卷 [M]. 武汉：湖北人民出版社，2002：293-294.

无聊,友人以《儒林外史》进,吾读之汗下。觉彼书之穷神尽态,如将一切人及我身之千丑百怪,一一绘出,令我藏身无地矣。准此,何须含蓄,正唯恐不能抉发痛快耳。"①

不仅是对学生,对朋友乃至对蒋、毛等这样的国共两党领导人,熊十力亦以"真"示之。马一浮请熊十力去复性书院讲学,起初,因有"一山难容二虎"之虑,熊十力不肯去,后来,经不过马一浮再三邀请,熊十力还是去了,但是他认为:你既然叫我讲,我就要好好讲,而且,我还要为书院作安排,国家让我们成立复性书院,不是养我们做和尚来清谈②。熊十力就是这样的人,与朋友真诚相待,不媚权、不媚俗、爱所爱、憎所憎,坚持己见,从不做面子上的功夫。抗战时期,熊十力与朋友在一起论中国前途问题,其时有人表示对蒋介石的领导很有信心,熊十力甚是气愤地说:"你读了这么多年的书,为什么到现在还分辨不清是非黑白,竟把民族命运寄希望于蒋某,他是什么东西!"③ 1949年后,熊十力留在了大陆,但他申言自己一辈子学的是唯心论,无法改变自己的思想主张,他没有尽弃所学,相反,还常常言人之所畏言④。他曾说:"余以为马列主义毕竟宜中国化。毛公思想固深得马列主义精粹,而于中国固有之学术思想似亦不能谓其无关系。"⑤ 当然,熊十力的这些话在当时只能是空谷足音。

生命容易滚落在贪染、残酷、愚痴、污秽、卑屑、悠忽、杂乱等各种坏习气中,上根之人,他能够自我跃起,一般之人,需要别人的接引。熊十力是"上根大器",他能自己打破生命的无聊,自我奋起,但他不做"自了汉",他古道热肠、立己立人,以他的"狮子吼"喝醒芸芸众生而勇猛精进。与熊十力交往的人,都能感受到他"真生命"所发出来的魄力,这一魄力迫使他人时常去拂拭自己生命上的尘埃污秽。徐复观说:"熊先生对人的态度,不仅他自己无一毫人情世故,并且以他自己的人格的全力量,直

---

① 郭齐勇. 存斋论学集:熊十力生平与学术[M]. 北京:北京三联书店,2008:2.
② 牟宗三. 时代与感受[M]. 台北:联经出版社,2003:283.
③ 叶贤恩. 熊十力传[M]. 武汉:湖北人民出版社,2010:158.
④ 需要说明的是,作为老一辈的著名学者,熊十力对马克思主义有了解,有误解,也有自己的一些富有见地的解读,这需要我们认真鉴别。毛泽东、周恩来、董必武、陈毅等中共领导人对熊十力的学术观点表示尊重,并为其学术研究提供了许多便利。
⑤ 郭齐勇. 天地间一个读书人:熊十力传[M]. 上海:上海文艺出版社,1994:117.

接薄迫于对方,使对方的人情世故,亦皆被剥夺得干干净净。不得不以自己的人格与熊先生的人格,直接照面。因而得到激昂感奋,开启出生命的新机。"① 因而,尽管熊十力喜欢骂,但他还是有许多真正的朋友、学生。有学生说:"先生的著作,我常放在枕边案头。每当鄙吝之心生时,我总要取来翻阅一两章。它可清醒热脑,使我身心轻松舒畅,同时又使我精神振奋,不甘暴弃,堂堂正正做人。"② 牟宗三也有相同的感受。他说:"每当我见到熊先生,我总觉得自己的生命颓废,在往下退堕。我平常觉得自己并没有堕落,也很努力、很用功,但我一见熊先生我便会往上跃一步。像皮球浸在水中,打它一下,便会蹦上来。这就表示说我们有无聊,有未能免俗的地方,生命不能像熊先生那样:'天行健,君子以自强不息',不能精诚不已。"③ 牟宗三认为,如果不是熊十力,他就不会是现在的他了,他对熊十力感激不尽。在晚年的时候,每每忆起熊十力对自己生命的接引、提振之功,他皆禁不住潸然泪下。

## 二、熊十力"真学问"的启示

辛亥革命后,封建帝制被推翻,但中国的民主建国一直未能实现,贫穷、落后依然是中国的现实状况,中国人的自然生命没有得到很好地安顿。在数次西化思潮带来的欧风美雨的冲击下,中华民族的文化传统变得岌岌可危,中国人的德性生命得不到很好的滋养。以上两者,使中国人的生命"挂了空""拔了根",因而中国人成了"流浪的弃儿"。

对生命"无依靠""无根本"之苦,熊十力亦有深切体会。熊十力出身农家、世代贫困。他甚至并不知晓自己准确的出生日期,姑且避开大年初一,将初四作为生日。十三四岁时,父母贫病交加,又遭恶霸陷害,相继辞世,熊十力靠与邻家牧牛来解决衣食之忧却又经常缺衣少食。清末政治的腐败、民族的危机以及下层贫困生活的体验使得熊十力对社会之事常怀忧患之心。此时,邻县有某孝廉上公车,每购书回里,熊十力常去借阅,

---

① 郭齐勇. 存斋论学集:熊十力生平与学术[M]. 北京:北京三联书店,2008:150.
② 郭齐勇. 存斋论学集:熊十力生平与学术[M]. 北京:北京三联书店,2008:233.
③ 牟宗三. 时代与感受[M]. 台北:联经出版社,2003:293.

眼界大开。在"物竞天择""自强保种"等思想感染下，熊十力产生了革命之志。1901 年到 1918 年，熊十力积极参加革命事业。接连革命但革命接连失败的事实让熊十力注意到"国人痛鼎革以来，道德沦丧，官方败坏（袁氏首坏初基，军阀继之。贪污、淫侈、残忍、猜妒、浮夸、诈骗、卑屈、苟贱，无所不至其极，人道绝矣），士习偷靡，民生凋敝，天下无生人之气"①的现状，熊十力痛感党人无在身心上做功夫者，认为党人争权夺利、腐化堕落，较过去的封建官僚有过之而无不及，因而革命无果。熊十力遂对政治、政党颇感失望，慨然弃政向学，致力学术。

自辛亥革命后至新中国成立，当时中国的学术思潮之论调大致有四：继承清末洋务派代表人物张之洞等人思想的"中体西用"论；鄙视一切外来文化积极倡导封建复古的"国粹论"；反对保守主张一切向西看的"全盘西化论"；共产党人的马克思主义论。在熊十力看来，这些离"真学问"尚有距离："中体西用"视封建君主专制政体乃至纲常名教为永不可变的"体"，这是参加过辛亥革命的熊十力所不能同意的；"国粹论"拒绝包括科学技术在内的一切外来文化，明显不符合时代的发展要求；"全盘西化论"近乎民族文化虚无主义的态度，不符合中国人的传统，也不受欢迎；熊十力认为，马克思主义宜中国化②。

按照熊十力的理解，像"国粹论""西化论"这些论调，要么囿于封建，跟不上时代发展的潮流，把生命变得僵硬，要么抛弃传统，在时代发展的潮流中站不稳脚跟，把生命变得虚荡。熊十力认为，远离现实、远离生活、远离历史文化的学问算不上是"真学问"，"真学问"要独辟蹊径：在不否定西方科学技术乃至哲学理论贡献的基础上，注意对其吸收并以其为入门的阶梯，之后，精研佛学思想，转过头来对西方思潮加以破斥，以此奠定牢固的思想基础后，再回归到中国先秦儒家学说的道路，同时，博采道家等其他各家之长，构造一种具有中国特点的新的哲学体系③。因而，熊十力的"真学问"可谓是传统儒家"内圣外王"之学紧贴时代现实而双

---

① 熊十力. 熊十力选集 [M]. 长春：吉林人民出版社，2005：213.
② 关于熊十力认为马克思主义宜中国化的思想，可以参见儒家网《郭齐勇谈熊十力：马克思主义宜中国化》一文，网址：http://www.rujiazg.com/article/id/6087/。
③ 郭齐勇. 存斋论学集：熊十力生平与学术 [M]. 北京：北京三联书店，2008：186 - 187.

重变奏的"新内圣新外王"。具体说来就是：面对国人在器物和制度等方面依旧落后，在道德精神方面更是百病丛生的社会现实，一方面，熊十力提倡内修圣人之仁，同时认为儒家之仁要因应时代发展要求，开掘出独立、平等、自由等新意来，此谓"新内圣"；另一方面，仁只有通过客观世界的政治、经济的事业才能落实下来，熊十力认为应该选择礼治作为政治模式，通过均平与更化并施的手段带领民众实现大同世界，此之谓"新外王"①。

熊十力认为，当时的学问之所以不是"真学问"乃是他们没有搞清楚体用关系。"国粹论"者无"用"，生命开拓不到为国家政治、经济的发展尽心尽力中去，最后堕落、枯萎在鸦片烟与小脚女人身上；"西化论"者无"体"，生命不能被老祖宗的优良传统拴住，今日学美国，明日学日本，空虚飘荡、一无所成；"中体西用"论者光想捞人家的好处却看不到人家所得好处背后之精神与努力，自身沉疴已久却讳疾忌医，生命只能日薄西山、气息奄奄。在《读经示要》第一卷中，熊十力批评了其时学术思想因体用不分而导致的混乱。"国粹论"者忧虑西方文明之"大用"会使我华夏文明变色，熊十力批评"国粹论"者在屡遭落后挨打之痛的情况下仍不思改变，他说那些守旧之人"自恃数千年文化之高，礼仪之隆，不曾驰域外大观。虽屡经挫败，犹以华夏自居，夷狄西洋。故奉圣经贤传为无上至宝，不肯以夏变夷"②。"西化派"整天忙着议论学习他人而忘记了自己之常体，熊十力批评他们"以短少之日力，与不由深造自得之肤泛知见，又当本国政治与社会之衰敝，而情有所激，乃妄为一切破坏之谈"而致"古人成己成物之体要，不复可窥见"③。"中体西用"论者把中西学问之体用粗暴分开然后再以己之体强接彼之用，熊十力批评以张之洞为代表的"中体西用"论者立辞未妥。他说："盖自其辞言之，则中学有体而无用，将何以解于中学亦自有经济考据诸学耶？西学为有用而无体，将何以解于西人本其科学哲学文艺宗教之见地与信念亦自有其人生观、宇宙观？理解所至，竭力赴之，彼自有其所追求与向往之深远理境，非止限于实用之知识技能耶！且

---

① 李杨. 新内圣与新外王的双重变奏：论熊十力的人生理想论 [J]. 齐鲁学刊, 2015 (1).
② 熊十力. 读经示要 [M]. 武汉：湖北教育出版社, 2001：559.
③ 熊十力. 读经示要 [M]. 武汉：湖北教育出版社, 2001：568.

无用之体,与无体之用,两相搭合,又如何可能耶?"①

熊十力总结说,在体用关系上,中西哲学存有三个"极大谬误":(1)物外求体,老子的物外求道、佛家的离用谈体,皆是此病;(2)无体之论,此在逻辑分析哲学处尤为明显,他们重逻辑分析、讳谈本体,此等因噎废食之举终致木无根、水无源;(3)以用为体,西方哲学所谓的唯心、唯物两宗,各执一端,殊不知所执只是现象而不是本体②。离用求体,容易遗弃现实世界,生命不能落实;执用失体,容易胶固在现实世界,生命得不到升华。因而,熊十力主张既要肯定本体,又要肯定功用,更要肯定体用不二。在《体用论》中,熊十力说:"本论以体用不二立宗,本原、现象不许离而为二,真实、变异不许离而为二,绝对、相对不许离而为二,心物不许离而为二,质力不许离而为二,天人不许离而为二。"③ 为了更形象地说明体用不二之含义,熊十力经常举大海水与众沤关系的例子。在熊十力看来,体如大海水,用如众沤。大海水全体现作众沤,不可于众沤外别寻大海水;众沤各各以大海水为其体,非有大海水而各有其体。

正是有"体用不二"的认识,熊十力才关注了事关生命之落实的"外王"事业,亦关注了事关生命之升华的"内圣"事业。熊十力的学问主要围绕着这两个方面展开。周辅成把熊十力的学术贡献总结为如下四点:(1)其哲学的出发点在现实、在社会、在人生,他的哲学关注了生活,人见了他的哲学,好似有归家之感;(2)注重了中华文化传统之精华,借鉴此精华以为自己哲学本体论之依据,提出体用不二之观点,在常中见变,在变中见常,激发了中国人传承传统而又日新月异之心理;(3)用体用不二的道理讲"人",认为人是小宇宙,精神(乾)必然会起主动作用,正是有了这个主动能力,宇宙与人生才能生生不息,熊十力提高了人在宇宙中的尊严和地位;(4)不仅讲了人,熊十力还讲了社会,他重视"内圣"之仁与"外王"之公的相辅相成,他与时俱进地理解孔子,他直接以"行革命""行民主""天下为公""破除私有"作为孔子外王学的根本,他以人民的

---

① 熊十力. 读经示要 [M]. 武汉:湖北教育出版社,2001:562.
② 景海峰. 熊十力哲学研究 [M]. 北京:北京大学出版社,2010:154-156.
③ 熊十力. 体用论 [M]. 武汉:湖北教育出版社,2001:143.

利益为重,为人民的自主地位和权利作辩护①。

　　当然,在熊十力那里,提倡体用不二,提倡内圣外王,也并不是说将之对半讲。依据不断革命而革命又不断失败之经历以及当时社会党人不在身心上下功夫,西化论者将民主、科学转成泛民主、泛科学的事实,熊十力认为,近代以来,中国人一直忙于"外王"事业但"外王"事业一直未能畅通,究其原因,根本的还是在于人心未能提起,故而在熊十力那里,他更重视"内圣"的事业。因而,李泽厚说:"与康有为先写《人类公理》(《大同书初稿》)建立起外在的广大世界观作为政治理想的基石,与谭嗣同从议论'无量沙数'的无限宇宙开始直接落实于政治改革,与章太炎高谈'五无'、'四惑',提出'用宗教发起信心,增进国民的道德','用国粹激励种姓,增进爱国的热肠'都不同;熊十力扭转了哲学与政治的直接关联,改变了近代中国哲学上述'内圣外王'一锅煮并以'外王'为主的基本倾向,集全力建设纯粹的哲学。这个哲学是以'内圣'——'求心'为基本方向的。"②

　　牟宗三认为,熊十力学问的这一基本方向是他的生命的智慧方向。牟宗三对熊十力开启的这一生命的智慧方向有如下认识:(1)炎黄子孙原本丰满、立体、生机的生命被一些莫名其妙的外来的东西弄得横撑竖架、七分八裂、散落一地、不能提起,而一般学者全没有生命的危机,还在细微末节的知识上下工夫,梦想着一步步地由浅入深、由下往上地抓住生命的真理,熊十力没有这份耐心,他以他那原始的生命力和高深的洞察力,把生命一下子凸出去,提到最高的一点,这最高的一点就是"道""体""仁",有了这些,我们的生命才有了根本,有了定常,而没有根本,没有定常,生命就没有安顿处,民众就会被任何千奇百怪的花样迷惑住,执妄为真、如醉如狂,民族就会遭殃。(2)还有,熊十力所讲之体不同于佛家的空寂、道家的虚静,熊十力的体是生化创造、刚健不息之体,是体用不二之体,是故熊十力也不轻忽知识,他提倡我们要尽可能多地学习科学知识,但他反对那些相信科学万能而没有思辨能力的肤浅。(3)当然,熊十

---

① 郭齐勇. 存斋论学集:熊十力生平与学术[M]. 北京:北京三联书店,2008:193-195.
② 李泽厚. 中国现代思想史论[M]. 天津:天津社会科学院出版社,2003:265-266.

力也不是全能的,对某些专业知识,他也不见得懂,你可以站在专业知识的角度一句话一句话一个概念一个概念地追问熊十力的学问并提出有些地方他讲得不对,但是"先立其大"的他根本不理会你那一套,他抓住了生命的根本与定常,因此他可以站在高处遮拨一切,他可以很霸气地讲你搞的那一套不是"真学问",你耍的是"小聪明"。(4)正因为把学问和生命紧密地联系在一起,从"真学问"中进入了"真生命",我们在熊十力的学问中才能看到他生命的原始气、野人气、真人气,一般人对其生命并无这样的感觉,你若问某些科学至上者,他说科学里没有这些东西,你若问某些宗教至上者,他说他的生命里只有神,熊十力认为,这些人一点也不能感受到自己生命的真实,一点也不能入于自己的文化的智慧中①。

牟宗三就是在这一个方向上接上熊十力的生命的学问的。遇见熊十力后,牟宗三从世俗的外在涉猎中解放出来,从注重形式的、辩解的外延真理转到注重生命之光辉的内涵真理,开始由早先的逻辑和西方哲学向中国传统文化复归,并且后来一直朝这个方向努力,把中国传统的孔孟之道推至"道德的形上学"高度。另外,有感于中国科学不昌、"用"之不畅的事实,熊十力有自觉地开创中国的认识论的意识,他不仅要"境论",也注重"量论",这才是体用不二。不过,囿于精力与才力,熊十力一直未能把"量论"写出来。牟宗三也继承了熊十力的这一方向,不仅写了数本逻辑学的著作,还写了"外王三书",把熊十力未竟之"量论"进一步地推向了前进。当然,对熊十力,牟宗三并不是亦步亦趋,他也指出了熊十力学问中的一些粗糙之处,而这恰是牟宗三被熊十力开启慧命后追求"真生命""真学问"的表现②。

当然,说熊十力显真实的生命是"真生命",说熊十力昭慧命的学问是"真学问",那什么是"假生命""假学问呢"?牟宗三认为,那些陷落在躯壳中、被俗气缠住、饱食终日、苟活而已的人,生命不能立起、不能畅通,不立不畅的生命东倒西歪,见不了自己的"真面目",这样的生命便是"假

---

① 牟宗三. 时代与感受续编 [M]. 台北:联经出版社,2003:297-305.
② 关于熊十力对牟宗三哲学思想的开启及牟宗三对熊十力哲学思想的继承、批判,详情可参见王兴国《契接中西哲学之主流:牟宗三哲学思想渊源探要》一书。

生命"。那些不谈自己是中华儿女，不谈自己是中国人，不谈或根本看不到中国文化智慧，假借科学与民主自毁其根、自塞其源的学问便是"假学问"。

　　熊十力经常讲"为人不易，为学实难"。牟宗三认为，这八个字透出了熊十力对"真生命""真学问"的感慨，也是让他常常思念熊十力的原因。"为人不易"，不易就在做一个"真人"，要当下做、随时做、永远做，要像孔子那样"学而不厌，诲人不倦"，在不厌不倦中呈现真实生命的"纯亦不已"。牟宗三认为，我们这个时代是个不鼓励人的时代，是令人厌倦的时代，在时代的风气中，我们很容易滚到无聊的泥淖中去，生命就变得沉闷、庸俗，要想从这种无聊的泥淖中滚出来，这比较难，非有熊十力那般打破无聊的勇气不成。"为学实难"，难就难在："一个人不容易把你生命中那个最核心的地方，最本质的地方表现出来。我们常说'搔着痒处'。我所学的东西是不是搔着痒处，就是打中我生命的那个核心？假定打中了那个核心，我从这个生命核心的地方表现出那个学问，或者说我从这个核心的地方来吸收某一方面的学问，那么这样所表现的或者是所吸收的是真实的学问。一个人一生没有好多学问，就是说一个人依着他的生命的本质只有一点，并没有很多的方向。可是一个人常常不容易发现这个生命的核心，那个本质的方向，究竟在什么地方。"① 熊十力的学问是"真学问"，那就是他能把生命中最为核心的那个仁体凸显了出来，他挠到了生命的痒痒处。

---

① 牟宗三. 生命的学问［M］. 桂林：广西师范大学出版社，2005：101.

# 第二章
# 内容、讲法、传统：牟宗三对"生命的学问"的甄辨

结合时代的问题和自身生命发展的感受，牟宗三认为，真正的"生命的学问"要从"个人修养之事"和"人文世界之事"内外两个方面讲。在对古今中外各种生命学说进行一番考察后，牟宗三强调，儒家"正德，利用，厚生"的思想，奠定了中国内外兼顾的"生命的学问"的优良传统，但是因为历史的问题，这个优良传统断绝了。清末民国，一些思想家尝试着在思想上安顿中国人的生命，接上这个优良传统，但是在牟宗三看来，他们都陷入"混乱"与"肤浅"。牟宗三认为，要想重开中国"生命的学问"，就必须思考中国传统道德文化如何现代化的问题，他认为真实生命之挺立，必须向内渗透道德理想，向外开出民主、科学的硕果。

## 第一节 "生命的学问"内容之确证

牟宗三明确指出，"生命的学问"要从内外两个方向把握，向内要点醒人的仁义之心，使人在精神修养上不断升进，向外要开创政治、经济等方面的事业，使人的自然生命得到很好的保障和安顿，而只有先树立起强烈的德性生命意识，上述内外两个方面"生命的学问"的内容，才能不断被充实。

### 一、敬以直内：个人修养之事

我们有时说自己"劳碌命"，那么，忙忙碌碌的，我们忙些什么呢？

"鸡鸣而起,孳孳为善者,舜之徒也;鸡鸣而起,孳孳为利者,跖之徒也。"① 我们每天所忙碌的无非是为了对付身心两主。一般来说,生命的问题也出在对物质和精神的需求这两个方面。鉴于此,牟宗三明确说:"生命的学问,可以从两方面讲:一是个人主观方面的,一是客观的集团方面的。前者是个人修养之事,个人精神生活升进之事,如一切宗教之所讲。后者是一切人文世界的事,如国家、政治、法律、经济等方面的事,此也是生命上的事,生命之客观表现方面的事。"② 并且,牟宗三还用《周易·系辞》中"敬以直内""义以方外"这两个词来概述"生命的学问"的两个方面的内容。对生命而言,倘若物质与精神俱能富足且和谐无间,那么生命便可称得上圆满或圆善。

现在的问题是,人很难在物质需求与精神需求之间求得一种满足感与和谐感,两者兼得而又满盘皆输、执着一端而又顾此失彼的情况时有发生,这样,生命之倦怠感之痛苦感无可避免。每在身心俱疲、颠连无告之时,我们总会去思考一个终极的问题:人是什么,他应该去追求什么?对这个"斯芬克斯之谜",不同的哲学家可能会给出不同的定义和答案。但是,人猿相揖别,在人区别于动物这一点上,绝大部分哲学家尚能取得一致意见:人更应该注重精神追求。哲学家们不否定人在欲食、欲息、欲暖上与动物一样,人亦有自然生命或情欲生命,但这不是人之本质,只有在精神追求上,才能把人正面而独特的价值揭示出来。"人之所以为人者,非特以其二足而无毛也,以其有辨也。夫禽兽有父子而无父子之亲,有牝牡而无男女之别,故人道莫不有辨。"③ 荀子认为,对仁义礼智的分辨与追求,才是人禽之别的关键。克尔凯郭尔说:"人的基本概念是精神,不应当被人也能用双脚行走这一事实所迷惑。"④ 作为"人",我们不愿意把自己打落到猪狗牛羊的层次,乐意接受"人"所蕴含的精神追求的内涵。在我们看来,"作一个不满足的人总比作一个满足的猪要好些,作一个不满足的苏格拉底,

---

① 《孟子·尽心章句上》.
② 牟宗三. 生命的学问 [M]. 桂林:广西师范大学出版社,2005:34.
③ 《荀子·非相》.
④ [丹] 克尔凯郭尔. 颤栗与不安:克尔凯郭尔个体偶在集 [M]. 阎嘉,等译. 天津:天津人民出版社,2007:47.

总比作一个满足的傻子要好些。"① 人们往往用饱食终日、行尸走肉、燕雀之志等形容没有精神追求的人,每一个人都害怕获得这样的评价。

与物质欲求不一样,人之精神欲求之满足点更高、更远。食不过三餐,睡不过一榻,添饭加衣,我们有"好了"的时候,但是精神欲求却永远没有"好了"的状态。《红楼梦》里的贾宝玉,吃穿不愁,但精神生命总也不得安顿,"富贵不知乐业,贫穷难耐凄凉",不可以处乐处约。很多人就如同贾宝玉一样,在精神生命上,总觉得有所缺欠、折腾不已。为什么会出现这种情况?因为,人都有走向"大全"的期待。"大全"是雅斯贝斯的哲学术语,在雅斯贝斯那里,其含义是"无所不包""至大无外"的"存在"。我们可以把"大全"理解为《中庸》里所谓的"致广大而尽精微,极高明而道中庸"的生命状态,也可以把"大全"理解为马斯洛在"需求层次学说"中所谓的"自我实现"的生命层次。为什么要走向"大全"?因为,在现实生活中,一方面,人认识到了自己的不完满,另一方面,人又意识到了自己趋于完满的可能和潜力,他不会放弃对完满的渴求和潜力,他把这种渴求和潜力化作精神追求的动力。雅斯贝斯在谈到人之"存在"时说:"对我们来说,存在永远没到尽头,永远是没封闭的;它把我们引向四面八方,而四面八方都是无边无际。它永远让我们发现还另有新的有规定的存在。这就是我们的前进不已的认识进程。"② 雅斯贝斯把人之存在的完满比作遥不可及的地平线,当我们接近它的时候,它也不断地后移,正是这种后移才又刺激着我们不断地去追求,也正是在这种追求的过程中我们才觉察到了生命的可能性,这种可能性敞开了我们的灵魂、扩展了我们的境界、趋向了我们完满的人生。可以说,对"大全"的期待是人类生命成长不已的动力。"舜之居深山之中,与木石居,与鹿豕游,其所以异于深山之野人者几希。及其闻一善言,见一善行,若决江河,沛然莫之能御也。"③ 舜不放过任何善言善行,在于他有一颗莫能阻挡的走向"大全"之心,这颗心让他异于鹿豕野人,也让他成就圣贤事业。

---

① 周辅成. 西方伦理学名著选辑:下卷 [M]. 北京:商务印书馆,1987:255.
② [德] 卡尔·雅斯贝斯. 生存哲学 [M]. 王玖兴,译. 上海:上海译文出版社,2013:3-4.
③ 《孟子·尽心上》.

"大全"是生命之最高层次，它不可一蹴而就，甚至说，它根本就不可成就。但是，这不影响我们对"大全"的渴望和奋进，因为我们明白，对"大全"求则得之、多求多得，正是在这求与得的过程中，我们才获得生命的满足感。浩生不害问孟子乐正子是一个怎样的人，孟子答曰善人、信人，浩生不害又问何谓善、何谓信，孟子答曰："可欲之谓善，有诸己之谓信，充实之谓美，充实而有光辉之谓大，大而化之之谓圣，圣而不可知之之谓神。"① 善、信、美、大、圣、神等展现了生命的层次，做不了"神人"，可以先做"圣人"，做不了"圣人"，可以先做"大人"，做不了"大人"，可以先做"好人"，做不了"好人"，可以先学会"做人"。依而推之，总之，做一点，是一点，成就一点，满足一点。当然，我们不能说，到了最后，做不了"善人""好人"，就干脆做一个"庸人"或"野人"，这是不行的，因为，我们不能每况愈下到与禽兽等同的地步。不仅不能每况愈下，反而还要迎难而上：都可以实现了"善"了，为什么不去实现"信"呢，都可以实现"信"了，为什么不去实现"美"呢，都可以实现"美"了，为什么不去实现"大"呢，都可以实现"大"了，为什么不去实现"圣"呢，都可以实现"圣"了，为什么不去实现"神"呢。依而进之，生命便在这种不满足中满足。"若圣与仁，则吾岂敢？抑为之不厌，诲人不倦，则可谓云尔已矣。"② 孔子想达到圣的层次、仁的层次，他没有达到，欲得而不得，无怪乎罗近溪说，连仲尼临终也不免叹一口气。不过，在求圣求仁的过程中，孔子学而不厌、诲人不倦，他仍旧很满足，无怪乎孔子接着说自己"乐而忘忧，不知老之将至"。孔子的话绝非谦虚之语，而是道出了生命之实情。

当然，人之精神生活有许多的方面和形式，比如宗教生活、艺术生活、道德生活等，不同的民族对其有不同的侧重。中国人尤重道德生活。这一传统或与中国人的忧患意识有关。中华民族历史悠久，中国人见多了兴衰成败，先人很早就意识到这样一个事实：小到个体的身家性命、中到家族的富贵传承、大到国家的兴旺衰落，并不是铁板一块，而是充满了变数。

---

① 《孟子·尽心下》.
② 《论语·述而》.

这种情况正如《红楼梦》中甄士隐所注解的《好了歌》：陋室空堂，当年笏满床；衰草枯杨，曾为歌舞场；蛛丝儿结满雕梁，绿纱今又在蓬窗上。说什么脂正浓、粉正香，如何两鬓又成霜？昨日黄土陇头埋白骨，今宵红绡帐底卧鸳鸯。金满箱，银满箱，转眼乞丐人皆谤；正叹他人命不长，那知自己归来丧！这些事实促使人们思考这样一个问题：如何在无常之世事中安身立命？这样的问题很容易使我们的先人走向宗教信仰。事实上，人类的文化，也都是从宗教开始的。殷商之人就强调天、天帝、天命等对生命的庇护。后来，周人革掉了殷人的命，周人尤其是周公这样的贵族认识到"皇天无亲，惟德是辅"①，意识到有德之人，才能承天佑、保平安，他们忧患自己不能"以德配天"而遭致上天的惩罚。徐复观把周人所具有的这种忧惧不安的状态阐释为"忧患意识"并将之与西方宗教中的恐怖意识作了对比，他说："忧患意识，不同于作为原始宗教动机的恐怖、绝望。一般人常常是在恐怖绝望中感到自己过分地渺小，而放弃自己的责任，一凭外在的神为自己作决定……在忧患意识跃动之下，人的信心的根据，渐由神而转移向自己本身行为的谨慎与努力。这种谨慎与努力，在周初是表现在'敬'、'敬德'、'明德'等观念里面。尤其是一个'敬'字，实贯穿于周初人的一切生活之中，这是直承忧患意识的警惕性而来的精神敛抑、集中，及对事的谨慎、认真的心理状态。"② 中国人将对自然、社会、人生之无常的忧惧转化为对自己德性修养不够的忧惧，孔子说："德之不修，学之不讲，闻义不能徙，不善不能改，是吾忧也。"③ 孟子与弟子万章有这样的对话："万章曰：'尧以天下与舜，有诸？'孟子曰：'否，天子不能以天下与人。''然则舜有天下也，孰与之？'曰：'天与之。'"④ 在孟子看来，舜之所得之天下，不是尧传与他的，而是上天给予他的，上天把天下给他的原因，就是舜"闻一善言，见一善行，若决江河，沛然莫之能御"。孟子说："君子有终身之忧，无一朝之患也。乃若所忧则有之：舜，人也；我亦人也，舜为法于天下，可传于后世，我由未免为乡人也，是则可忧也。忧之

---

① 《尚书·蔡仲之命》.
② 徐复观. 徐复观文集：第三卷[M]. 武汉：湖北人民出版社，2002：32-33.
③ 《论语·述而》.
④ 《孟子·万章上》.

## 第二章 内容、讲法、传统:牟宗三对"生命的学问"的甄辨

如何?如舜而已矣!若夫君子所患则亡矣。"① 孟子认为,只有像舜这样的有德之人才能得到上天眷佑,而我们都忧虑自己不能够成为舜这样的人。

中国人将观照生命的重点放在了道德上,在民族文化积淀的过程中,中国人形成了重视道德文化的传统并且把道德文化推及至高的位置。道德不仅是人禽之别的关键,而且还是化生万物的根本。"故至诚无息。不息则久,久则征,征则悠远,悠远则博厚,博厚则高明。博厚,所以载物也;高明,所以覆物也;悠久,所以成物也。博厚配地,高明配天,悠久无疆。如此者不见而章,不动而变,无为而成。"② 在中国人看来,不仅是人,日月星辰、江河湖海、草木禽兽、蛟龙鱼鳖等都靠道德的维系,都富含道德的味道。所谓"郁郁黄花,无非般若;青青翠竹,尽是法身",那窗前的草、地上的鸡、水中的鱼、坡上的驴,在周敦颐、程颢、程颐、张载那里,都有道德的蕴含。比如,从母亲带小鸡叽叽喳喳出游的场景中,我们难道看不出生命的勃勃生机、看不出慈爱守护么?程颐曾写《养鱼记》,谈的绝非养鱼经验,而是从养鱼中感悟人的恻隐之心的跃动:"吾读古圣人书,观古圣人之政禁,数罟不得入洿池,鱼尾不盈尺不中杀,市不得鬻,人不得食。圣人之仁,养物而不伤也如是。物获如是,则吾人之乐其生,遂其性,宜何如哉?思是鱼之于是时,宁有是困耶?推是鱼,孰不可见耶?"③ 程颐认为,对于正在成长的小鱼,人们捕之、卖之、吃之,或是用鱼缸养之,都不是慈爱之举,圣人之仁,就是教导人们对万物要"乐其生,遂其性",人对自身的生命首先要爱护之、畅达之,进而要推己及物,对花草虫鱼也要这样。

因为道德,人与天地万物连为一体,就可以参赞天地之化育。牟宗三把道德赞化万物称为"道德的形上学"。他认为"道德的形上学"的内涵是:"以形上学本身为主(包括本体论和宇宙论),而从'道德的进路'入,以由'道德性当身'所见的本源(心性)渗透至宇宙之本源,此就是由道德而进至形上学了,但却是由'道德的进路'入,故曰'道德的形上

---

① 《孟子·离娄下》.
② 《中庸·第二十六章》.
③ 王先霈. 中国历代美文精典 [M]. 武汉:湖北人民出版社,1993:429.

学'。"① 我们可以这样理解牟宗三所谓的"道德的形上学"：它从本质上说就是由道德之心赋予宇宙万物以意义，说明宇宙万物存在之学，换句话说，道德秩序与宇宙秩序完全同一，它们都归于我们或可以名之为仁体、心体或可以名之为天命、天道之"一本"②。我们可以简单理解，中国人用"道德"的眼光来打量世界、感悟真理——当然，你也可以用"知识"的眼光、"宗教"的眼光来打量世界、感悟真理。

现代科学使劲把道德秩序与宇宙秩序拉开，在科学至上者眼里，宇宙秩序是"可言说"的，而道德秩序是"不可言说"的，对道德秩序，我们应该采取维特根斯坦所谓的沉默的态度。但是，维特根斯坦虽然对道德表示研究上的沉默，他却不鄙夷道德，相反，他对道德持有敬重之情，他说："伦理学是出自想要谈论生命的终极意义、绝对的善、绝对的价值，这种伦理学不可能是科学。它所说的东西对我们任何意义上的知识都没有增加任何新的内容。但这是记载人类心灵的一种倾向，我个人对此无比崇敬，我的一生绝不会嘲弄它。"③ 维特根斯坦对道德的沉默毋宁说是他保护道德的一种策略，如同康德一样，他不是浅薄地拒斥道德与信仰，相反，他虔诚地为道德与信仰留下地盘。维特根斯坦是作为一个逻辑哲学家而名世的，在他那里，逻辑很重要，但我们应该看到更为本质的东西，即逻辑之所以重要，乃是它与人之"罪"紧密联系在一起，"从现存最早的笔记开始，维特根斯坦就把逻辑形式（及后来的语法形式）当成是类似于上帝意志的东西，于是，逻辑提供了绝对的、可用来衡量我们的'罪'的标准"④。维特根斯坦说自己的著作是"写给上帝的荣光"，他把逻辑之纯洁与道德之纯洁紧密联系了起来。维特根斯坦对道德的态度与科学至上者是截然不同的。后者对道德的沉默其实质是对道德的抹杀，以"科学"的标准将道德判上"非科学"的死刑。上帝隐退不见了，道德不科学不谈了，近代西方，只剩

---

① 牟宗三. 心体与性体：上 [M]. 长春：吉林出版集团，2015：124.
② 杨泽波. 贡献与终结：牟宗三儒学思想研究：第三卷 [M]. 上海：上海人民出版社，2014：16-17.
③ [英] 维特根斯坦. 维特根斯坦全集：第十二卷 [M]. 涂纪亮，编. 石家庄：河北教育出版社，2003：9-10.
④ [美] 希尔兹. 逻辑与罪 [M]. 黄敏，译. 上海：华东师范大学出版社，2007：4.

人欲横流，终而酿成两次世界大战的惨祸，造成大量生命伤亡。流风所及，近代中国亦不能幸免。在一浪高过一浪的西化思潮中，中国所具有的悠久的道德文化传统不断遭到冲击，中国人的生命失去了根本，被纯粹的物欲牵引，军阀混战不断。牟宗三对此忧心忡忡。他认为，引导着人心向内转向上翻，加强个人修养，是"生命的学问"的一个重要方面，尤其是在"无体，无力，无理"之时代，这是尤为重要的一个方面。

## 二、义以方外：人文世界之事

个人修养之事是"生命的学问"的重要方面。或者说是内在方面。但是，它还不是"生命的学问"的全部，这个内在方面的东西还需要外化出去。牟宗三说："个人主观方面的修养，即个人之成德，而个人之成德是离不开国家天下的。依儒家的教义，没有孤离的成德，因为仁义的德性是不能单独封在个人身上的，仁义是一定要向外感通的。'义以方外'，义一定要客观化于分殊之事上而曲成之的……儒家的教义就是要这样充实饱满，才能算是成德。不是个人的得救，一得救一切得救，一切得救始一得救。个人的尽兴，民族的尽兴，与参天地赞化育，是连属在一起的。这是儒圣的仁教所必然涵到的。有这样的生命学问，始能立起并贞定吾人之生命，而且真能开出生命的途径，个人的与民族的，甚至是全人类的。"[①] 牟宗三为什么要这么说？如何理解这段话呢？

在提升个人修养的过程中，有两个问题值得考虑：一是与"他者"的关系；二是与社会政治、经济的关系。人不是上帝，他并不是独一无二的存在，也不是无所凭借的存在，在其生命发展之过程中，他必然要遭遇到与自己之外的他者及社会的关系。关于与他者及社会的关系，我们可以从以下四方面来进一步思考：（1）在追求个人修养之过程中，我们对他者、对社会是否有伤害；（2）在追求个人修养之过程中，我们对他者、对社会是否有助益；（3）他者、社会对我们追求个人修养是否有伤害；（4）他者、社会对我们追求个人修养之事是否有助益。为什么要考虑到这个四个方面？因为，这四个方面都事关我们对个人修养之事的追求：伤害到了他者、社

---

[①] 牟宗三. 生命的学问[M]. 桂林：广西师范大学出版社，2005：34.

会，我们对个人修养之事的追求是不道德的；无益于他者、社会，我们对个人修养之事的追求是不圆满的；他者、社会伤害到了我们，我们对个人修养之事的追求是无保障的；他者、社会有益于我们，我们对个人修养之事的追求是有所依靠的。

关于在追求个人修养之事时伤害到他者、社会的例子并不少见。比如，现时代人过于追求个性解放和自由，这种只顾个人心情美好而不管他人实际感受的极端自由自在，无时无刻地不在伤害着他人。针对这方面的情况，我们应时刻记住孔子"己所不欲，勿施于人"的教诲。关于在追求个人修养之事时有益于他者、社会，这原本就是儒家修养境界的一个体现，孔子也说"己欲立而立人，己欲达而达人"。关于他者、社会妨害到我们对个人修养之事的追求，想想萨特所谓的"他人即是地狱"的戏剧台词及卡尔·施米特所谓的"极权主义"的概念就能明白一二。关于他者、客观世界帮助到我们对个人修养之事的追求，我们或许能从列维纳斯和理查德·罗蒂那里得到些启发。在列维纳斯看来，与我们不一样的"他者"为我们的生命成长提供了无穷多的可能性的启发，他者不是地狱，而是我们生命走向"大全"过程中不得不依靠的资源。理查德·罗蒂经常为成为"我们富裕的北大西洋民主社会"的一员而感到自豪，因为在他看来，只有富裕的北大西洋民主制度（而不是极权主义）才能实现对自由的承诺①。

从以上分析中，我们得出如下结论：不能像武侠小说中描写的一样，独自去悬崖山洞中闭关三年、三十年来成就个人修养之事，不能离开他人、社会来谈个人修养之事，否则，个人修养之事就是上文中牟宗三所谓的"孤离的""不通的""单独封闭的""不充实饱满的"，当然，也是"小的""死的""空的""未完成的"，只有与他人、社会联系起来，个人修养之事才有体现、有依托、有助力，才能最终实现。他人、社会均属于牟宗三所谓的"人文世界"，因而，"生命的学问"必然要涉及人文世界之事。

"人文世界之事"首先包括自己与他人的关系，这是人存于世的基础性关系，古代儒家特别重视这个关系，所以强调推己及人、达己达人。不过，

---

① 姚大志. 何谓正义：自由主义、社群主义和其他［J］. 吉林大学社会科学学报，2008（1）.

第二章 内容、讲法、传统：牟宗三对"生命的学问"的甄辨 | 53

人文世界之事不只是简简单单地体现在处理你我的日常人际关系上。站在现时代人的生活和社会发展的角度，牟宗三亦特别指出，人文世界之事还要强调国家、政治、法律、经济等方面的事，要强调民主、科学上的事。

前面第一章讲到，关注了个人的内在道德修养，生命算是"置了根"，关注了外在的政治、经济等，生命才算"落了实"，完全只有个人修养一极，生命便是"蹈了空"。所谓蹈空，就是生命得不到"好"东西的支撑，或者生命的"好"得不到体现，就如同一个人空谈、奢谈理想，但是没看到他有什么支撑理想的物质基础，也没有看到他有什么实质性的追求理想的行动、做出什么好的成绩或贡献，人们不明白他的理想具体到底是什么、到底好在什么地方，同时，对他能否达成理想也表示怀疑。牟宗三认为，中世纪时人的生命便是"蹈了空"，他们过分胶着粘连于上帝，过分在宗教中升迁境界，生命陷入幽冥、干涩干瘪、僵滞麻痹，没有活力、没有光彩，针对这种情况，上帝后退一步，自愿"归寂"，为的就是促使人类开出人文世界的政治、经济诸事来，以使蹈空的生命有一个很好的依附，或者使内在的精神境界的攀升有一个很好的外在的具体展现，在某种意义上说，人类民主与科学的进步其实是上帝促使人类厘清人间世的结果，上帝所喜的是人类内在的个人精神世界和外在的人文世界得到和谐发展，这样的生命既有深度又有广度，才算是"圆善"。

前面导论中我们提到过苏格拉底。在某种意义上说，苏格拉底高度关注了个人修养之事而又相对偏离了人文世界之事。黑格尔如此评价苏格拉底："苏格拉底是各类美德的典型：智慧、谦逊、俭约、有节制、公正、勇敢、坚韧、坚持正义来对抗僭主与平民，不贪财、不追逐权力。苏格拉底是具有这些美德的一个人——一个恬静的、虔诚的道德形象"[①]，但是与此同时，"政治性的活动对于他是比较偶然的，他做这些事不过是尽一个公民的一般责任罢了，他没有主动地把这些国家事务看作他自己的主要事业，也不想去营求高官显爵，他一生的真正事业是与他所遇着的每一个人讨论

---

[①] [德]黑格尔.哲学史讲演录：第二卷[M].贺麟，王太庆，译.北京：商务印书馆，2017：52.

伦理哲学。"① 在导论中我们认为，在追求个人修养之事上，苏格拉底与他人及城邦是互相伤害的。苏格拉底过于沉浸在审视个人灵魂的"逍遥游"上，但要知道，古雅典人所认可的自由是一种集体性的自由，如集体在广场上协商战争与和平，集体投票表决法律，集体审查执政官的财务问题，他们认为个人对共同体权威的完全服从是这种集体性自由所要求的，在古代人那里，"个人相对于舆论、劳动、特别是宗教的独立性未得到丝毫重视。我们今天视为弥足珍贵的个人选择自己宗教信仰的自由，在古代人看来简直是犯罪与亵渎"②。如此一来，将个体生命置于共同体的公共生活之中而不使之挂空，是雅典人的人生信仰；总是在旷野里站上几天几夜而思考自己灵魂问题的苏格拉底与此背道而驰，是对城邦的伤害。苏格拉底之悲剧就在于其生命"置了根"却"挂了空"，空在他未能得到很好的经济、政治的支持。

　　毫无疑问，苏格拉底是追求个人灵魂优美的典型。德国"浪漫派"哲学家也热衷于对个人灵魂优美的追求。黑格尔批评同时代的以施莱格尔为首的德国"浪漫派"哲学家们，说一味追求灵魂优美的他们患有"精神上的饥渴病"。黑格尔认为，精神性的东西缺少它的对立面，是片面的、无力的，它飘在天空，没有承担和基础，没有某种稳固的东西做依附，因此，它"为了摆脱空虚性和否定性的痛苦，就产生了对客观性的渴望"③。在黑格尔那里，主观的个人道德修养之事一定要落实到家庭、市民社会、国家中去。黑格尔认为，人文世界之事比个人修养之事更具体、更真实。在黑格尔看来，主观的精神一定要经过异化的阶段，社会现实就是主观精神自我异化的结果，人们在这一过程中获得"教养"。具体说来就是，一个人要"教养"自己，就必须把自己当作一个社会的人，必须把自己实现于现实的社会关系之中，使"自在的东西"成为"被人承认的东西"，成为"确定的具体存在"，任何脱离了现实社会关系的人，不会是一个有"教养"的人。

---

① ［德］黑格尔. 哲学史讲演录：第二卷［M］. 贺麟，王太庆，译. 北京：商务印书馆，2017：50.

② ［法］贡斯当. 古代人的自由与现代人的自由［M］. 阎克文，刘满贵，译. 上海：上海世纪出版集团，2005：34-35.

③ ［德］黑格尔. 法哲学原理［M］. 范扬，张企泰，译. 北京：商务印书馆，1979：162.

比如，一个出生不久的婴儿，他是一个直接性的自然人，他还不算一个真实的人，只有在他成长的过程中，不断地在自我设置的他者中、社会中发现自身，他才会逐渐成为有教养的人，因为他在对立和克服对立的过程中受到了教育。在其早期著作中，黑格尔就已经断言，生命只有通过自我对立的发展，才成其为生命，它开始于原始的统一性或直接性，然后在分离和对立之后重新发现自身，这时的自身才是"有生命"的自身，真正的生命必须要经历一个这样的圆圈式运动①。在第一章中，我们讲到牟宗三的生命发展体悟："混沌"的生命—"离其自己"的生命—"有本有根"的生命。我们认为，牟宗三的生命发展体悟与黑格尔所谓的"生命的圆圈式运动"的理解是相吻合的。

有些人习惯在"观念"中活而不是在"现实"中活，这样的生命就是蹈空的生命。在牟宗三看来，那些使生命蹈空的观念容易形成比天灾、人祸还要难治的"观念的灾害"——"意底牢结"（ideology）。唯我独尊、党同伐异、封闭排他，这是个人修养之事上"观念的灾害"的表现，如中世纪教会对科学研究者、对异教徒的残忍迫害就是这方面的例子。我们认为，那些蹈空生命的人，要么耽于妄想、冷于世事，像颜元所批评的"无事袖手谈心性"，要么固执己见、冷酷残忍，像戴震说的"以理杀人"，这是对生命的不负责任乃至扼杀。

从消极一面说，人之个人修养之事是有界限的，即不对他人与社会造成伤害；从积极一面说，人之个人修养之事是有要求的，即对他人与社会有所助益。是故，个人修养之事一定要"离其自己"而向外走，这是生命发展所必需的一环。牟宗三也认为，生命不能总是蜷缩在内在的个人修养之事上，它必须开化出去。儒家讲"成己成物"，"诚者，非自成己而已也，所以成物也。成己，仁也；成物，知也。性之德也，合外内之道也"②。光有内在的私德，生命撑不开、拓展不开而变得冷涩、干枯。再说，一个有德的人，绝对不会对时代的风气、家国的多难、文化的绝迹无动于衷，因为这些都是人自身的问题，也都是生命上的问题，也应该得到道德理性的

---

① 张世英. 自我实现的历程［M］. 济南：山东人民出版社，2001：141.
② 《中庸·第二十五章》.

照顾,否则,这些事只能陷入荒凉。所以,个人的德性一定要无远弗届地观照到政治、经济、社会等人文世界的各个领域,从而外在地把生命撑开并扩展开去。近代以来,西方人在人文世界领域,在民主、科学上取得了诸多成就,这些成就让他们的生命充满了活力,对习惯了过"羲皇上人"生活的中国人而言,我们要正视到西方人的长处以及自己的短处,要积极地在政治、经济、社会等诸领域建功立业以光大生命。

### 三、内外有别：德性生命的优先性

我们在前面导论中提到过,牟宗三讲"生命",其实是从多维度讲的,有道德生命与自然生命,有个体的生命与国家的生命、民族文化的生命等。以上区分可以从牟宗三以下一段话中体现出来:"存在的领域,一是个人的,一是民族的。这都是生命的事⋯⋯我之正视生命不是文学家或生命哲学的讴歌赞叹。因为这样只是生命之如其为生命而平置之,这还是'自然的'。其所讴歌赞叹的仍只是自然生命之自己⋯⋯我之正视生命是由一种'悲情'而引起。国家何以如此?时代精神,学术风气,何以如此?难道说这不是生命的表现?但何以表现成这个样子?于以见生命本身是极没把柄的,无保障,亦无定准。但它可以作孽,它自作孽,它自受苦,明知受苦而想转,但又转不过来⋯⋯何以会如此?这不能只看生命本身,这须透到那润泽生命的德性,那表现德性或不表现德性的心灵,这里便有学问可讲。"① 于这段话中,我们可以清楚地看出,牟宗三认为"生命的学问"最要紧最关键的是讲好人的德性生命。

个人修养之事和人文世界之事是牟宗三提到的生命学问的两个方面。如果简单对应的话,我们认为,个人修养之事主要解决人之德性生命安顿的问题,而人文世界之事主要解决人之自然生命安顿的问题。人不能只活在精神中,也不能只活在欲望中,故而人之德性生命与自然生命均要很好地照顾到。牟宗三强调这两个方面,是说两者缺一不可,不能彼此代替。我们理解,两者都要兼顾并不意味着两者都要优先,再者,事实上的两者不可或缺并不意味着两者价值上的并驾齐驱。我们承认人之自然生命的基

---

① 牟宗三. 五十自述 [M]. 台北：联经出版社, 2003：79.

础性、优先性，这是基于"人们首先必须吃、喝、住、穿，然后才能从事政治、科学、艺术、宗教等等"① 这样的一个简单事实，也正是在这一个事实上，我们重视人文世界之事，重视人之自然生命之满足。但是，这种在事实上将自然生命置于基础地位的做法并不意味着价值上我们也将其置于优先地位。在价值选择上，我们认为人之德性生命应优先于自然生命。

牟宗三也持相同的看法。他认为，自然生命过不好，这恐是能力问题、时运问题所致，我们不会在此处"揪心"（因为能力也好、时运也好，皆是不可强求的），但是如果我们的德性生命过不好，我们就会感到难过、羞耻、罪恶，我们有一种"自作孽"的感觉，以上心理使我们惴惴不安、揪心不已，并且，这种不安和揪心很容易凸出而为人所意识到，为人所不容易摆脱。在这样的情况下，"对于德行加以反省以求如何成德而使心安"自然就成了人的首要的问题，"而且那亦是最易为人所首先意识"到的问题，牟宗三认为"人所首先最关心的是他自己的德行、自己的人品"，因而要强调"德行底优先性"②。在牟宗三看来，古人首重"正德"。不仅中国如此，西方亦是如此。古希腊人虽然重智，但其目的也在成德，苏格拉底所追求的即是"至善"。

下面，我们依中国传统宣说德性生命之优先性③。

中国人为什么更为重视德性生命？我们总结出以下几个方面的理由。（1）道德是立身之本，事关人禽之别。中国人认为，人无德不立，只有在德上才能透出人之为人的本质。常怀有德之心必成君子，德之不修便是庸人，道德堕落至无底线就是禽兽。衣冠禽兽、禽兽不如等是对道德败坏之人的痛骂，每一个中国人避之唯恐不及。（2）自然生命方面的需求能较为容易地得到满足，德性生命方面的需求不太容易得到满足。中国地大物博，大江大河纵横分布，农业文明发展较早，加之百姓勤于稼穑的传统，使得

---

① 中共中央编译局. 马克思恩格斯选集：第三卷［M］. 北京：人民出版社，1995：776.
② 牟宗三. 现象与物自身［M］. 长春：吉林出版集团，2015：21.
③ 当然，在中国历史上，也有"贵己""重生"的思想，例如杨朱学说。"杨朱一派认为，对于个人来说，利益是多方面的。而其中最大和最宝贵的是生命。别的利益只能服务于而不应有损于'生'。就是说，保全我的生命是我个人利益中之最大者"（朱贻庭. 中国传统伦理思想史［M］. 上海：华东师范大学出版社，2003：81.）不过，像杨朱这样"不以天下大利易其胫一毛"的思想从未占中国伦理思想的主流，作为中国伦理思想主流的儒释道均强调德性生命之优先性。

人们基本生活问题的解决不是一件非常困难的事情。"五亩之宅,树之以桑,五十者可以衣帛矣;鸡豚狗彘之畜,无失其时,七十者可以食肉矣;百亩之田,勿夺其时,数口之家可以无饥矣。"① 只要风调雨顺、勤于耕种,一般会衣食无忧。饭饱衣暖,身体得以安顿后,精神仍不满足,贾宝玉的生活可谓锦衣玉食,但其在精神上仍不得安生,处乐不行,处约不行,左也不是,右也不是,总无满足感。求道无止境。孔子不敢妄称"圣"与"仁",至死都还叹一口气。(3)德性生命的发展可以弥补自然生命之缺憾感并增进生命的快乐感。有时候,即便自然生命的某些需求未能得到解决,即便物质条件艰苦些,中国人也不以为意,反而还能乐在其中,"一箪食,一瓢饮,在陋巷,人不堪其忧,回也不改其乐"②。除了生活之舒适,中国人更看重"孔颜乐处"。(4)德性生命可以自我把握,但自然生命却是不能自我把握的。"求则得之,舍则失之,是求有益于得也,求在我者也;求之有道,得之有命,是求无益于得也,求在外者也"③。孟子区分了"求在我者"与"求在外者",在孟子看来,对仁义礼智等方面的追求是"求在我者",你求一点就得一点,多求多得,但是对物质财富、健康长寿等方面的追求是"求在外者",不是说你努力了十分就能得到十分,你努力的结果最终属不属于你,那还得看命,为他人作嫁衣裳这样的事情多得很。(5)德性生命之滋养容易忘记,自然生命之满足不容易忘记。饿时饭,冷时衣,我们记得牢牢的,这是生命的本能,也成了生活的习惯,但是,人们却不太容易做到"不可须臾离道",很少有人能像呵护其自然生命一样去呵护其德性生命,正可谓"未见好德如好色者也"④,以至其德性生命"放失"了还没有察觉。孟子有"牛山濯濯"之喻,牛山原本树木茂盛,但因为我们经常砍伐、肆意利用、不去滋养,牛山就变得光秃秃了。德性生命亦是如此,稍不用心,它就会干枯。(6)在自然生命上过于用心,生命充满风险。"何谓贵大患若身?吾所以有大患者,为吾有身,及吾无身,吾有何患?"⑤

---

① 《孟子·梁惠王上》.
② 《论语·雍也》.
③ 《孟子·尽心章句上》.
④ 《论语·子罕》.
⑤ 《道德经·第十三章》.

中国人明白"人为财死、鸟为食亡"以及"色字头上一把刀"的道理,认为人根植于自然生命的七情六欲,乃"有身"之大患,机关算尽、反误性命。(7)德性生命畅达,功名富贵会不求自来,自然生命也能安好无虞。中国人甚至还认为,只要加强自身的道德修养,好日子定会到来,所谓"善有善报"。"仁义忠信,乐善不倦,此天爵也;公卿大夫,此人爵也。古之人修其天爵,而人爵从之。"① 孟子认为,"人爵"从"天爵",有德之人必得天佑,舜就是因为有德才得到天下的。(8)德性生命不畅达,功名富贵会丢失,自然生命恐有不测之灾。在许多中国人看来,一个人的富贵乃至生死皆是命定,上天是否眷顾某人,全凭其德,"以德配天"才能享有福气,逆天而为则必遭天谴,所谓"恶有恶报"。(9)德性生命不可继承,需要自己努力以扬之,自然生命具有一定的继承性,可以在父母及他人的基础上前行。我们继承了父母的基因及其财产,继承了前人的劳动成果,自然生命因继承而进步,但德性生命却不同,它只能从零开始,自我努力、自我成就。今天,我们所创造的物质财富继承并超越了孔子所处的时代,但有谁能说自己的德性继承并超越了孔子呢?(10)德性生命力悠久,自然生命力短暂。生老病死,是自然生命之正常现象,人皆逃避不了。但是,人又都有畏死而求不朽之心。在中国人看来,有德之人德覆天地,仁心与天心合一,生命致广大而尽精微,悠久不息。春秋时鲁国大夫叔孙豹说:"'太上有立德,其次有立功,其次有立言',虽久不废,此之谓三不朽。"②

纵观以上所论,在中国哲学看来,德性生命更为根本、更显重要、更难达到、更易失去,我们需要投入更多的精力。这种认识使得中国人有在不忽略自然生命的同时更重视道德生命的传统。故而牟宗三说中国哲学以"生命"为中心,是"生命的学问。"牟宗三还特别强调说:"这里所说的生命,不是生物学研究的自然生命(natural life),而是道德实践中的生命。在道德的理想主义看来,自然生命或情欲生命只是生命的负面,在正面的精神生命之下,而与动物的生命落在同一层次。"③ 在牟宗三看来,中国的圣

---

① 《孟子·告子章句上》.
② 《左传·襄公二十四年》.
③ 牟宗三. 中国哲学的特质[M]. 长春:吉林出版集团,2015:12.

人，必先说"正德"，再说"利用"与"厚生"，必由德性的实践，以达到政治理想的实践，这样的生命才是"真生命"，这样的学问才是"真学问"。按照这样的理解，儒家的"内圣外王"之学便是"生命的学问"。儒家不忽视人文世界的政治、经济、社会之事，但也同时认为，人文世界的诸事应该有德性的光照，所谓"自天子以至于庶人，壹是皆以修身为本"①。

以自然生命、德性生命兼顾而德性生命优先为标准，牟宗三对中西哲学中有关生命学问的几种讲法进行了一番审视和评议。

## 第二节　中西哲学中"生命的学问"讲法之评议

中西哲学史上有许多哲学家对生命有所思考。牟宗三对这方面的思想资源进行过梳理、评议。他认为，从整体上看，西方哲学的重点落在自然上、知识上、逻辑上，中国哲学的重点落在主体性与道德性上，比较而言，中国哲学更有凸显生命本质、挠到生命痛痒的学问。当然，具体来看，西方哲学史上的康德、克尔凯郭尔等人以及中国哲学史上的释道墨法等家，对生命学问亦各有精彩讲法，同时亦各有讲得不圆融之处。牟宗三对此皆有比较独到的分析把握。

### 一、西方哲学中的"生命的学问"

牟宗三考察了西方哲学对"生命的学问"的诸种讲法，他认为：（1）整体来看，西方哲学之重点在自然、知识上，很少关注人之德性，故而可以说，西方哲学几乎没有"生命的学问"，至少，西方哲学没有好的讲德性生命学问的传统；（2）康德是西方哲学家中极少的专门谈道德的哲学家之一，其"生命的学问"之讲法对我们颇多启示；（3）克尔凯郭尔从"存在的进路"谈人之德性生命，是西方哲学家中谈"生命的学问"比较独特的一位，他之谈法与中国人之谈法高度接近；（4）现代西方哲学有向生命哲

---

① 《礼记·大学》.

学转向之趋势,但西方人总也谈不好"生命的学问"。下面,我们具体来看看牟宗三对西方哲学讲"生命的学问"之理解。

西方整体上缺少"生命的学问"的论断,并不是说西方人不重视、关注、过问生命之事,相反,西方人非常重视人之自然生命之安顿,恰因此点,就使得西方人对人之德性生命倾注不够。以上论断是基于西方人重物质生活,中国人重精神生活这样的文化分判模式而得出来的结论。近代以来,思想界爆发过多场中西文化论战,也出现过许多文化比较模式,如中道西器、中体西用、静的文明与动的文明、精神文明与物质文化,还有如重阶级与重平等、重保守与重进取、重出世与重入世等。其中,"西方物质—中国精神"是文化保守主义者中西比较的典型范式①。例如,梁漱溟认为,在知识与人生上,中西哲学表现出明显不同,知识问题是西方"哲学之中心问题",而中国"绝少注意,几可以说没有",人生问题在西方"不盛且粗浅",而在中国"最盛且微妙,与形而上学相连,占中国哲学之全部"②。正是从中西哲学的这一基本判别出发,牟宗三说轻忽德性生命的西方哲学缺乏"生命的学问"。那么,这样说是否符合事实呢?

如对西方哲学稍有了解,便知牟宗三所说非妄。从西方哲学的源头上看,早期希腊哲学以自然哲学为主,泰勒斯等自然哲学家们热衷于讨论万物的本源,世界是水、是气、是数、是火或者原子,他们把精力放在这些问题上而无暇顾及生命的问题,就如同那个哲学故事所讲,泰勒斯只关注天上事物而忘记了自己脚下的路。到了苏格拉底这里,他把哲学从"天上拉回人间",他及后学柏拉图、亚里士多德等人开始注重人自身的问题,比如他们关注什么是善、什么是勇敢、什么是正义、什么是中道等,但他们关注的方法是逻辑分析的,他们不断地追问诸德目的本质,把诸德目当作客观的知识对象,这样,诸德目与生命隔开一层。在他们的哲学体系中,尽管诸德目得到了妥善安置,但把跃动的、庞杂的生命安顿在一个静态的、简单的哲学系统中,自然是轻忽了生命。故而,尼采对苏格拉底及其后学

---

① 俞祖华. 离合之间:中国现代三大思潮及其相互关系[M]. 北京:人民出版社,2015:198.
② 梁漱溟. 东西文化及其哲学[M]. 北京:中华书局,2013:74.

籍理性限制生命的方式大加批评。尼采说:"我认为苏格拉底和柏拉图是衰败的症候……这些最智慧的人,在生理上达成了某种一致,旨在以同样的方式否定生命。"① 柏拉图哲学中这种因追求永恒的普遍理念而忽略真实生命尤其是生命的感受的倾向最终通过新柏拉图主义与基督教契接上了。中世纪是基督教的天下。耶稣说"我就是生命",耶稣成教,是代表"生命的学问"的,但那些神学家不能了解,仍旧把生命变成"关于上帝的知识",并且,他们认为只有刊落现实的一切,才能进天国——那写了第一部神学著作、建立了第一个神学体系的奥立金甚至"为了天国的缘故而自宫"②。这样的"以身殉道",是与生命背道而驰的,故而彼特拉克才说:"我不想变成上帝……我自己是凡人,我只要求凡人的幸福。"③ 文艺复兴亦预示着西方近代哲学的开始。近代哲学的精彩处在知识论,知识论关注的是人的认识之心而非人的道德之心,在他们那里(比如培根)④,智与德是分离的,可以说,德的不在场也就意味着生命的不在场。近代哲学破产后,经"语言学转向",西方现代哲学开始,通过语言、逻辑的分析,现代哲学对传统哲学的许多命题进行了解构,传统的形而上学受到拒斥,人生价值和意义的问题被视为"不可言说"或"无意义"的问题。

我们看到,从古希腊的自然哲学经中世纪的基督教哲学到近代哲学再到现代哲学,西方哲学一直存在重视真理、重视知识、重视逻辑的传统。真理、知识、逻辑俱涉理性。在西方哲学看来,生命是变动不居的,是非理性的,这不应该成为哲学研究的对象。牟宗三说:"在西方文化里,不但把'智'与'意'看成对立,而且把'生命'与'理性'也看成对立。他

---

① 尼采. 偶像的黄昏 [M]. 李超杰,译. 北京:商务印书馆,2009:13.
② 赵敦华. 基督教哲学1500年 [M]. 北京:人民出版社,1994.97-98.
③ 北京大学西语系资料组. 从文艺复兴到十九世纪资产阶级文学家艺术家有关人道主义人性论言论选辑 [M]. 北京:商务印书馆,1971:11.
④ 我们说,真正的"生命的学问"应该是"为人"与"为学"的统一,表里如一也是中国"生命的学问"的一大特点,但是在西方哲学这里,"为人"与"为学"的不一致是较常见的。例如,罗素这样评价叔本华:"假若我们可以根据叔本华的生活来判断,可知他的论调也不是真诚的。他素常在上等菜馆里吃得很好;他有过多次色情而不热情的琐屑的恋爱事件;他格外爱争吵,而且异常贪婪……除对动物的仁慈外,在他一生中很难找到任何美德的痕迹……在其他各方面,他完全是自私的。很难相信,一个深信禁欲主义和知命忍从是美德的人,会从来也不曾打算在实践中体现自己的信念。"([英]罗素. 西方哲学史:下 [M]. 北京:商务印书馆,1982:309-310.)

们认为生命是非理性的概念,所谓理想、正义、公道、是非,都属理性方面。生命里则没有什么理想、正义、公道与是非。二者是对立的。"① 正因为有这样的认识,所以牟宗三才认为,道德、生命等在西方哲学的大传统中未能占主要地位,故西方缺乏"生命的学问"。

尽管如此,"生命的学问"在西方也不是漆黑一团。牟宗三认为,在西方哲学家中,康德是尤为特殊的一位,因为,只有他把道德问题当作重要问题予以关注,并且,他是从内在一路进入而关注道德问题的,这在西方哲学中是少见的。那么,康德到底是如何重点地、内在地讲道德问题的呢?

第一,康德划分了经验界和超验界,不仅论证了知识何以可能,而且为道德保留了地盘,并且,与之前的哲学家相比,在康德这里,道德问题是他思想的重要问题,占有极其重要的份量,他为道德世界的存在提供了辩护。牟宗三这样说康德的工作及贡献:"因为以往的表现,理性常依其思辨的使用而闹出种种自相冲突的问题。因此,我们对人类之纯粹理性必须有一种衡量,即对于超绝的形上学作为一学问看,有一种衡量——衡量其是否可能,如可能矣,又如何可能。康德在此费了很大的力气。他整理出一条道路来。这门学问原属于实践的智慧学。因此,它应不是思辨理性(理性之思辨使用)所能承担者。他费了极大的厘清工夫,指出我们必须从理性之思辨使用转到理性之实践使用始能证成这门学问。这一个指示是对的。但自从康德学底思路摆出来以后,很少有能相应地了解他的。英美人一直不能了解他,对于他的对于知识与道德之说明俱不必能赞同,而且如上所已提及,对于超绝形而上学根本无兴趣,因而不能有贡献。"② 费了很大的功夫,通过对实践理性进行批判,康德证成了"道德何以可能"这一重要问题,保住了人之价值世界的存在。联系现代分析哲学对人之价值世界的解构态度,我们认为,康德对价值世界的划分和护持是难能可贵的。牟宗三也一再提到康德的这个贡献,同时也倾注精力去翻译、研究康德的道德哲学。

第二,康德谈道德问题的进路是独特的。康德孜孜不倦地追求道德的

---

① 牟宗三. 人文讲习录 [M]. 长春:吉林出版集团,2015:35.
② 牟宗三. 中西哲学之会通十四讲 [M]. 长春:吉林出版集团,2015:69.

普遍性、必然性、崇高性。康德认为，在以往的哲学中，道德律赖快乐、幸福、功利或上帝的意志等才能建立，道德律赖以建立的这些基础本身是有限制、有条件的，因而，它们不可能提供道德律所应有的严格的普遍性与绝对的必然性。由此可见，道德律必须抽出一切外在对象，使外在对象不能对意志有任何影响，如此一来，道德律的内涵只剩下自律了，经由自律，实践理性给道德主体立法：如此行动，即你的意志的准则始终能够同时作为一项普遍立法的原理。康德认为，这样的道德律才是普遍且必然的。真正的道德律只能是实践理性的自律，这种"内在地"讲道德在西方哲学史上是独特的。牟宗三认为，康德"内在地"讲道德的进路与中国心性之学讲道德的进路是同一个方向，即"为仁由己"。

如果说康德因重点讲、内在讲道德而可以接得上中国哲学的话，那么，克尔凯郭尔的"生命的学问"则令我们更感亲切了。牟宗三十分欣赏克尔凯郭尔，在其著作中，他频繁地提到这位丹麦哲学家并说他的学说可以刺激我们"回头见父"。克尔凯郭尔认为，黑格尔滚雪球式建立的庞大的形而上学体系是抽象的、普遍性的、非人格的、非个性的，在这样的体系中，我们接触不到真正的人生，而他要求的道德是成就"个体的人"的道德。在克尔凯郭尔看来，黑格尔哲学体系中那些所谓普遍的道德法则是庸俗的，是阻碍"个体的人"精神成长的，只有冲破黑格尔式道德法则的束缚，才能成就真正的"个体的人"。对克尔凯郭尔来说，生命绝对不是陷入正—反—合这样的辩证法中的生命，这样的生命只能被窒息，真正的生命是不断地反讽、不断地否定、不断地上升，它永远在突破自己而不是到达一个被设计的集合点。克尔凯郭尔提出了著名的"人生道路三阶段"的学说，认为人生可分为美学的、伦理的、宗教的三个阶段，耽于物欲是美学阶段，遵守法则是伦理阶段，走向信仰是宗教阶段，在克尔凯郭尔看来，只有经过"惊险地一跃"走向信仰，"个体的人"独自面对上帝，生命才能得以安顿①。

尽管都是"内在地"讲道德，但康德与克尔凯郭尔仍有不同之处。康

---

① 关于克尔凯郭尔通过"人生道路三阶段"而安顿生命的具体情况，我们在第五章第二节再详细论及。

德是论证的讲法,先阐明道德根基的普遍性、必然性,接着一步步审视和排除以往的道德学说,最后给出自己的道德律令的公式。与此不同,克尔凯郭尔是叙事的讲法,在他那里,我们看不到逻辑论证,取而代之的是小说、书信、日记等,通过讲述自己或其他人的故事,克尔凯郭尔告诉我们什么是道德、什么是生命。牟宗三先生显然也注意到了克尔凯郭尔与康德在道德讲法上的不同。他认为克尔凯郭尔是"存在的进路"而康德是"非存在的进路"。存在的进路是从生命之体验、从践履工夫之受用上讲道德,非存在的进路是从思辨上、从逻辑上讲道德。虽然这两种进路都能把道德讲得大放光彩,但效果是不一样的:在克尔凯郭尔那里,是生命在放光,是道德在放光,是宗教在放光;在康德那里,是理智在放光,是逻辑在放光,是讲解在放光。

在"恐惧与战栗"的生命感受中,克尔凯郭尔所思考的是"如何成为一个真正的基督徒",这与少年王阳明所思考的"如何成为一个圣贤"是相类似的问题。牟宗三以为,克尔凯郭尔讲道德、宗教的方法与中国哲学是高度贴近的。他说:"契氏此讲法是从存在之观点上讲,非从理智的思辨上讲。纯思辨地讲道德宗教之所以可能之理是讲哲学,而契氏乃从道德宗教之体现上讲。此即要实践,要去做如何成为基督徒的功夫。重'如何'(how),而不重'是何'(what)。契氏此一途径,却正是中国文化所走的路。儒释道于修行中成圣成贤,成佛成道,皆是实践的,理学家讲学问亦绝不离开实践而讲道。故中国以前讲学倒真是从存在的进路入,非从纯思辨之观点讲,盖要享受道福,必在具体之人生实践中体现道福。"① 在克尔凯郭尔的著作中,最吸引人的是,通过对生命恐惧感、虚无感的揭示而对道德、信仰的呼唤。牟宗三认为,一个人如果没有克尔凯郭尔那样的虚无感、不安感,他就没有道德进步的动力,就很难提升生命层次。

当然,对康德和克尔凯郭尔之道德哲学,牟宗三亦有批判。他认为,在康德那里,经验界和超验界存在着不可逾越的鸿沟,人之物质世界和价值世界割裂而难以统一。在克尔凯郭尔那里,不能在道德中断绝罪孽的他,最终把生命交给了上帝。他们都没有把"生命的学问"讲通透、讲圆满。

---

① 牟宗三. 人文讲习录[M]. 长春:吉林出版集团,2015:178 – 179.

为什么会有这样的缺陷？乃是因为在康德、克尔凯郭尔看来，人是有限的存在，不管怎样讲，人之生命不能比肩上帝，只有具有"智的直觉"的上帝才能涵盖乾坤、沟通天人、随波逐流、从心所欲。与中国哲学相比，康德与克尔凯郭尔的缺陷处更容易体现出来。儒家讲良知、释家讲般若智心、道家讲道心，这些心均是"无限"而非"有限"的。故而，宋儒讲"宇宙便是吾心，吾心即是宇宙"①，这就是涵盖乾坤、沟通天人；明儒讲"解缆放船，顺风张棹，则巨浸汪洋，纵横任我"②，这就是随波逐流、落到实处、从心所欲。在中国哲学这里，人虽有限而无限，人皆可为圣成佛，故而我们不需要康德那意志自由、灵魂不死、上帝存在这样的预设，更不需要克尔凯郭尔那奔向上帝信仰的"纵身一跃"。牟宗三认为，两相比较，中国哲学中"生命的学问"更显圆熟。

明儒王龙溪认为悟有三种：解悟、证悟、彻悟。解悟是读书之悟，得于言者；证悟是自证自悟，得于静坐；彻悟是大彻大悟，得之人情事变③。按照这样的区分，结合牟宗三的思想，我们稍作如下区别理解：西方的知识论尚且谈不上"悟"，因为其重点不在道德，心不是"内在地"用，尚未触及生命之本质；康德的道德哲学是"内在地解悟"，因为他通过概念、规则、体系等谈道德，虽触及了生命之本质，但尚未触及生命之痛痒，故而康德本人之生命也是无痛无痒、风平浪静的（事实上可能不是这样，但是透过他的文字，或者透过别人的印象和记载、评述，我们所看到的确实是这样）；克尔凯郭尔的道德哲学是"内在地证悟"，因为他孤独地品咂着生命之苦楚并艰辛地为之寻找出路，虽然触及到了生命之痛痒，但最终抛弃一切，把生命交给上帝了事，尚未触及到生命之真正贞定处，故而克尔凯郭尔本人之生命是无国、无家、无业的，他不涉人情世故，无关世间冷暖，他像疾风骤雨一般，从半空闪过然后又戛然而止；中国道德哲学尤其是儒家的道德哲学是"内在地彻悟"，因为它既关注自我生命之痛痒，又关注人情世故之冷暖，"唯天下至诚为能尽其性。能尽其性，则能尽人之性。能尽

---

① 《陆九渊集·卷二十二》.
② 《明儒学案·卷三十四》.
③ 方祖猷. 王畿评传[M]. 南京：南京大学出版社，2001：297.

人之性,则能尽物之性。能尽物之性,则可以赞天地之化育。可以赞天地之化育,则可以与天地参矣。"① 故而中国人之生命光风霁月、温情脉脉、博大厚重。

正因为有上述的不圆熟,西方人之生命总得不到贞定,两次世界大战可谓是西方人生命折腾到极点的结果。在生命不得很好安顿的情况下,近现代西方哲学有朝向生命哲学的转向②。笼统地说,尼采、叔本华、海德格尔、雅思贝斯、萨特、达尔文、柏格森、怀特海等人都是生命哲学的代表。那么,他们把"生命的学问"讲得如何呢?对于叔本华,牟宗三认为他着重讲了意志的苦闷、无聊、空虚等,是从坏的方面来讲意志,在他那里,意志是盲目的意志,是横冲直撞的意志,是在欲望与空虚之间飘荡的意志,最后,叔本华只能以艺术之美来消解意志之作孽,这还是对生命不透的结果。对于尼采,牟宗三认为他是生命力强的人,他的生命不受理智主义的束缚,他仍然承认叔本华的盲目的意志的存在,但他为这盲目的意志寻了一个出口,就是将之落在生物学上,落在种族上,落在血统上,把意志变成了权利,认为只有生命力强者才能讲道德。对于海德格尔等"存在主义"哲学家,在牟宗三看来,以克尔凯郭尔为代表的有神论的存在主义是正路,而以海德格尔为代表的无神论的存在主义是歪路,这是因为,对无神论的存在主义者而言,他们的生命没有归路,正处于佛教所说的"八识流转"中,而未能转识成智如佛之讲般若、涅槃,因为找不到出路,所以在他们那里,生命是荒谬的、虚无的,没有归宿与安顿。最后,在牟宗三看来,无论是达尔文的进化论还是柏格森的创化论,都是从生物学的角度讲生命,与我们所谓的道德生命相隔甚远。至于怀特海,他将生命安顿在数学物理中,这是美感的、智及的生命,不是道德的生命。尽管这些人都谈生命,

---

① 《中庸·第二十二章》.
② 对于西方哲学,一种比较普遍流行的说法是,近代哲学发生了"认识论转向",有学者指出,西方近代哲学其实可以分为两个阶段,第一阶段的"认识论转向"和第二阶段的"意志论转向",因为康德结束了认识论时代,开辟了意志论时代(黄玉顺. 论西方近代哲学的转向与德国古典哲学的性质 [J]. 四川大学学报(哲学社会科学版),2001 (3).)。我们认为,这种说法是有道理的。我们看到,康德之后的整个德国哲学,从费希特一路下来到叔本华、尼采,都非常重视人的意志问题。在某种意义上说,重视了"意志"便是重视了人之生命,便可谓之生命哲学,故而牟宗三把康德视为西方哲学中重视生命的横空出世的第一人。

但他们所谈的都说不上是"生命的学问"。尽管现代西方哲学正在转入"生命一路",但总不见谈好,难怪梁漱溟说,针对现时代西方的问题,西方文化的出路在东方,更具体地说,在中国哲学①。

## 二、中国哲学中的"生命的学问"

关于中国哲学中的"生命的学问",牟宗三有如下几点评议:(1)与西方哲学注重自然、知识的传统相比,中国哲学的重点落在了主体性、道德性上,故而中国哲学整体上即是"生命的学问";(2)法家、墨家等比较重视事功,注重人文世界之事,在人之自然生命的安顿上颇多创建;(3)道家、佛家比较重视人格境界,注重德行修养之事,在人之德性生命的安顿上颇多启发;(4)儒家对人之自然生命与德性生命并重且坚持德性生命的价值优先性,形成"正德,利用,厚生"的传统。因前文已涉及(1)的结论,故此处不再赘述。下文展开的是,儒墨道法佛等是如何讲解"生命的学问"的。

在牟宗三看来,先秦虽然号称诸子百家,但最主要的是儒墨道法四家,因为他们直接相干,都是针对"周文疲弊"这个问题而来的。我们经常说"夏尚忠,商尚质,周尚文",中国人文精神之自觉与起源在周朝。周公建立了周礼,使人之道德生命与自然生命均得到极好的安置,这是中华文明史上的大事。董仲舒说:"夫礼,体情而防乱者也。"② 在董仲舒看来,老百姓并不能很好地制服其情欲,只有用礼来"安情正欲",使社会有度而不乱。徐复观也说:"礼乐的意义,包罗广大,这里仅先指出它的意义的一端,乃在于对具体生命中的情欲的安顿,使情欲与理性能得到谐和统一,以建立生活行为的'中道'。"③ 周公制礼,就在于建立一个既有秩序又有自由的社会,在这样的社会中,每一个人都能遂其生、养其性。孔子对周礼十分欣赏,说"周监于二代,郁郁乎文哉,吾从周"④。但是,春秋时期,

---

① 梁漱溟. 东西文化及其哲学 [M]. 北京:中华书局,2013:189-190.
② 《春秋繁露·天道施》.
③ 徐复观. 徐复观文集:卷二 [M]. 武汉:湖北人民出版社,2002:97.
④ 《论语·八佾》.

"弑君三十六,亡国五十二,诸侯奔走不得保其社稷者不可胜数"①,如此一来,周礼挂了空,一切没有秩序,一切都乱了套,贵族生命腐化堕落,诸侯混战中,老百姓亦朝不保夕。为了补救"周文之弊",百家才出现,并且提出了不同安顿生命的方案。

首先看墨家、法家关注生命的方案。在墨家看来,周文之所以疲软,那是它繁琐而虚华,为了维持这一套礼节,还要耗费巨大,这自然就少不了对百姓的盘剥。墨子认为,撞巨钟、击鸣鼓、弹琴瑟、吹竽笙而扬干戚,并不能改变百姓饥寒交迫的生活之苦。面对这样的情况,墨子的态度很鲜明:非乐。与此相关的还要节用、节丧、兼爱、非功。墨子承认人民经济生活及生命安全之重要,这是值得赞许的,但在牟宗三看来,他又落在了朴素的功利主义上,并且,以功利主义的观点来反人文,反对很多调护生命的道德礼节,完全从有用没用的观点来看文化,这就存在很大的问题。是故牟宗三说:"墨子的思想是很浅的……讲文化不能完全采取功利主义的态度,要是完全从有用没用的观点来看文化,结果是很糟糕的。这样一来我们生活中许多东西都必须去掉了。"② 比如,一些风俗习惯、道德礼法、人情世故,统统都会去掉。

法家认为"周文疲弊"是"井田制共同体"社会转型的必然。法家积极主动地正视不可阻挡的社会形态之转型,主要做了三件事:打贵族、废封建立郡县、去井田。打击贵族,使国君摆脱了贵族的束缚,解放了国君;废封建立郡县,促使士人直接参与政治,解放了知识分子;去井田使得农民从井田制的束缚中解放出来;解放了上述各个群体后,然后再通过"法",把元首、贵族、士人、农民等各色人等的生命在客观世界里安顿好。实事求是地讲,法家的这些做法在当时是能切实解决现实政治、经济问题的,也是符合历史发展潮流的,具有积极的、正面的价值。在牟宗三看来,法家的历史贡献就是关注了"客观的公共的事业",他说:"社会愈简单,客观的事业就愈少,大体都是些直接的行为。直接行为大体都是主观性的,都是个人的主观性行为,即大都是你我个人的事情。而客观的事业则不属

---

① 《史记·太史公自序》.
② 牟宗三. 中国哲学十九讲 [M]. 长春:吉林出版集团,2015:55.

于个人，而是公共的事。公共的事就当有一客观的标准，所以当时提出'法'的观念来作为办事的客观标准是必要的，并不算坏。"① 那么，法家在什么时候开始变坏了呢？牟宗三认为，当法家把"法"与"术"结合在一起，法家就变坏了。前期法家如商鞅、吴起等注重事功，甚至为"公共事业"献出了自己的生命，这是值得钦佩与同情的，但申不害有感于商鞅有法无术以致惨死的事实，提出"术"的观念来，韩非子进而主张法术兼备，法布在官府，术操之于皇帝，操之于皇帝的术是一套秘密的大学问。牟宗三认为，大皇帝一个人在暗地里操作"术"，谁也看不清他的阴冷残酷，这是一个很坏的事情，最后必演至大皇帝的专制集权，在这样的情况下，我们没有自由，只能做一个愚民、顺民，生命因而变得麻木不仁、死气沉沉。

再来看道家。道家认为"周文疲弊"之原因在于我们的自由自在的生命不能承受礼乐之重，换句话说，礼乐成为生命的桎梏。道家讲逍遥、讲齐物、讲无待，乃是他们看到人之基本精神要求在于自由自在而不是周礼所谓的亲亲尊尊。温伯雪子见了鲁国人后，接连地感叹鲁国人有规矩而无生机。在温伯雪子看来，保证我们进退从容的种种礼仪是人为的造作，离大道甚远，正是遵循这些礼仪，我们的生命才显得拘谨，而真正的道并不是能被礼仪所言的，真正的生命也不是能被礼仪所能规谏的。那么，怎样才能达到自由自在的生命之境呢？道家认为只有无为，即把造作——不管是自然生命的纷驰、心理情绪的起伏还是意念的造作，都统统化掉，这样才没有束缚。虚静是道家的功夫，要达成"逍遥游"，最主要的是心无羁绊、虚一而静。在牟宗三看来，道家的精彩在"境界形态"，在主观心境，因而较少涉及客观存在方面，而真正的"生命的学问"又必须牵扯人文世界之事，需要在人文世界中有支撑生命的积极的创造，但是这些事在道家这里都被"无"掉、被"忘"掉了。尽管老子也讲"道生之，德蓄之"，但道生万物之生是"不生之生"，而不是儒家那样的积极地"创生"。牟宗三说："（儒家）那个道就是创生万物，有积极的创生作用。道家的道严格讲没有这个意思，所以结果是不生之生，就成了境界形态，境界形态的关

---

① 牟宗三. 中国哲学十九讲 [M]. 长春：吉林出版集团，2015：147.

键就寄托于此。因此创造（creativity，creation）用在儒家是恰当的，却不能用于道家。"① 柳宗元有一篇题为《种树郭橐驼传》的文章。郭橐驼自述种树秘诀是顺树天性、勿动勿虑、不害其长，故所种之树易活、繁茂、果多，而一般人种树却是旦视暮抚、爱之太深、忧之太勤，最终动树本性，一无所有。道家对生命之态度如同郭橐驼种树之态度，它从消极的一面去谈生命之"生"，即"不禁其性，不塞其源"，但问题是，生命还需要一些正面的、积极的支持，比如那树，久经干旱或虫害，种树人就必须主动为它做点什么而不是顺其自然生长。

佛教在两汉之际传入中国，虽不是承接"周文疲弊"的问题而来，但对中国人之生命安顿影响极大，此处也作一交代。佛教从生命之"苦"入，它以"空"扫"苦"，以"梅花雪月交光处"之洁白、安宁扫现世界的污秽、嘈杂，它把人类从贪嗔痴慢疑往常乐我净上提，从更广阔的时间、空间上去探讨生命问题，拓宽了人们的视野，营造了极乐的精神家园。我们理解，佛家之妙在"观空"，其弊在"耽空"。"观空"使我们的生命不陷入物欲一层，但"耽空"则对自然之欲没有很好的交代。"生命之学问"应是"体用不二"的，佛家有见体而遗用之弊。熊十力对此看得清楚，他说："佛家证到本体是空寂的，他似乎是特别着重在这种空寂的意义上。易言之，不免有耽空滞寂之病。善学者如其有超脱的眼光，能将佛家重要的经典，一一理会，而通其全，综其要，当然承认佛家观空虽妙，而不免耽空；归寂虽是，而不免滞寂。夫滞寂则不悟生生之盛，耽空则不识花花之妙。此佛家者流，所以谈体而遗用也。"②

最后说一下儒家。在孔子看来，周文之所以疲软，乃是其没有"内化于心"，他将周礼调适而上遂，安置在人之仁义之心上，另一方面，孔子也不似道家那样只升不降，他还将仁义之心"外化于行"，面对"滔滔者天下皆是也，而谁以易之"的现实，孔子仍怀着"鸟兽不可与同群，吾非斯人之徒与而谁与"③的激情与信念使天下有道。孔子开辟了价值之源，挺立了

---

① 牟宗三. 中国哲学十九讲 [M]. 长春：吉林出版集团，2015：92.
② 熊十力. 熊十力新儒学论著辑要 [M]. 北京：中国广播电视出版社，1996：139.
③ 《论语·微子》.

价值主体，注意了个人德性修养之事，使生命有了根，此外，他还对足食足兵、老安少怀等事倾注精力，不忘人文世界之事，使生命不挂空。孔子根于仁而贯于礼之生命形象光焰万丈，子贡说"夫子之不可及也，犹天之不可阶而升也"①。

关于儒佛道三家的"生命的学问"，我们在第五章第三节还会有详细的涉及，此处就不再展开。像借用"悟"之概念分解来比较西方哲学中"生命的学问"的讲法一样，我们也可以借用"人文"之概念分解来比较中国哲学中"生命的学问"的讲法。唐君毅曾分解"人文"为人文、非人文、次人文、超人文、反人文等多样。概而言之，凡是对人性、人伦、人道、人格、人之历史文化之存在及其价值予以全部尊重肯定，不加以忽略，更不加以抹杀曲解，以免人等同于人以外、以下之自然物的就是人文的；凡是对人以外的经验对象或理解对象予以极大尊重的，如对自然、形数等予以极大尊重的就是非人文的；凡是对人性、人伦、人道、人格、人之历史文化之存在及其价值尊重不周而在某些方面有所忽略的就是次人文的；凡是对人性、人伦、人道、人格、人之历史文化之存在及其价值加以忽略、曲解、抹杀的就是反人文的；凡是对人性、人伦、人道、人格、人之历史文化之以上存在的，一般的经验理解所不及的超越的存在，如天道、神灵、仙佛、上帝、天使等予以极大观照的，就是超人文的②。在唐君毅看来，孔子言礼乐之意，孟子言礼乐之源，荀子言礼乐制度之实效，既注重了人文修养之事也注重了人文世界之事，既注意了人性也注意了人伦，故而儒家是人文的；墨子承认人民的经济生活、社会政治组织及国际和平之重要，但是他忽略了礼乐的价值和意义，他不能对人之人性等作全面之肯定，故而墨家是次人文的；庄子"以天为宗"，尚自然而薄人文，佛教求证寂静涅槃之境，故而道家、佛家均是超人文的；法家在富国强兵上有历史功绩，但却说不出富国强兵之人文目标，他们富国强兵是为了表现"杀力"，实现权为君所独制，这是纯粹的反人文之思想③。牟宗三很赞成唐君毅的上述观

---

① 《论语·子张》.
② 唐君毅. 中国人文精神之发展 [M]. 桂林：广西师范大学出版社，2005：1-4.
③ 唐君毅. 中国人文精神之发展 [M]. 桂林：广西师范大学出版社，2005：8-15.

点，他认为，真正的"生命的学问"应该是"人文的"，既注重人文修养之事又注重人文世界之事。

## 第三节 中国"生命的学问"传统之断续

牟宗三认为，原始儒家在正德、利用、厚生上下功夫，既强调德性生命的升华，亦强调自然生命的安顿，内圣外王皆重，开创了内外兼修的中国"生命的学问"的优良传统，但因为各种缘故，中国历史文化后面的发展偏离了内圣外王皆重的"生命的学问"的发展正途。清末民国，以康有为、胡适、梁漱溟等人为代表，他们尝试着接上中国"生命的学问"的传统，但牟宗三认为他们没有看到在现代化的背景下重开真正的"生命的学问"的关键所在。

### 一、中国"生命的学问"传统的断绝

人要重视自然生命，更要重视德性生命，这是"生命的学问"的内容。牟宗三认为，中国很早就开启了"生命的学问"的传统。《尚书》有言："於！帝念哉！德惟善政，政在养民。水、火、金、木、土、谷，惟修；正德、利用、厚生、惟和。九功惟叙，九叙惟歌。戒之用休，董之用威，劝之以九歌俾勿坏。"[①] "德惟善政""政在养民""劝之勿坏"，这些内容可谓是尧舜禹的一脉相承之道，其目的就是要安顿好人之自然生命与道德生命。因而，水、火、金、木、土、谷等"六府"及正德、利用、厚生等"三事"就是"生命的学问"。

中国"生命的学问"的传统主要是被儒家继承和弘扬。孔子与冉有之间关于既庶加富、既富加教的对话表明，孔子既注重生命个体的基本物质生活需求，也注重生命个体精神价值的实现。在孟子看来，既要注重稼穑，使民"养生丧死无憾"，也要注意教育，使民"善养吾浩然之气"。对生命

---

① 《尚书·大禹谟》.

两个方面的双重重视，是儒家学说的特点。在这一特点上，佛、道是不同于儒家的。在佛、道看来，现实生活中所结成的经济关系、政治关系、社会关系等，是修道之大患，必须刊落。儒家则认为，人文世界之事对个人修养之事有助推之功，人文世界之事不成，即表明个人修养不圆满。徐复观说："盖儒家之基本用心，可以概略之以二。一为由性善的道德内在说，以把人和一般动物分开，把人建立为圆满无缺的圣人或仁人，对世界负责。一为将内在的道德，客观化于人伦日用之间，由践伦而敦'锡类之爱'，使人与人的关系、人与物的关系，皆成为一个'仁'的关系。性善的道德内在，即人心之仁。而践伦乃仁之发用。所以二者是内外合一（合内外之道），本末一致而不可分的。"① 正是在对个人修养之事及人文世界之事双重重视的影响下，中国既创造了灿烂的精神文明，亦创造了令人瞩目的物质文明。

当然，对生命两个方面的双重重视，并不意味着两者在价值上是等量齐观的。我们已经论述过，儒家坚持德性生命在价值上的优先性，这也是中国"生命的学问"传统的一大特点②。在儒家哲学看来，人与动物之间的差别尽管是微小的却是根本的，这个根本差别便在于人有仁义之心。但是，"人心惟危，道心惟微"，面对外界诱惑时，仁义之心是很容易失却的。因而，在德性生命与自然生命之间，儒家哲学便摆出了一个鲜明的态度：二者不可兼得之时，舍生取义。

在牟宗三看来，原始儒家对生命两个方面的双重重视——既重视德性生命的升华，又重视自然生命的安顿，而且，在安顿自然生命的基础上，又进一步强调德性修养的重要和实践——是中国"生命的学问"的传统和正途。但是，在中国历史文化的发展过程中，这一内外兼修、内外皆重的"生命的学问"的正道被歪曲了，从而使中国"生命的学问"的优良传统断绝了。

首先是空谈心性造成的歪曲。说仁义之心是人与动物的根本区别，那

---

① 徐复观. 徐复观文集：第二卷 [M]. 武汉：湖北人民出版社，2002：45.
② 牟宗三认为，也是在这一点上看，虽相对不重人文世界之事，但重视人之德性生命的佛道两家也可融入中国"生命的学问"的大传统中。

么，人所具有的这个仁义之心又是从哪里来的呢？人皆有追根溯源之心理，儒家哲学自然也不能回避这一形上之问题。对此问题，孔、孟等先秦思想家也有思索，但大都采取"引而不发"的态度。这很好理解。儒家认为，与知解本体相比，道德修养重在践履。故而，孔孟荀及至汉之董仲舒，虽也言及形而上，但他们更热心于国家安定、百姓安居之事。残唐五代，中国人道德沦丧得太不像话，又加之唐宋之时，佛教在中国迅猛发展，中国固有的儒家文化变得岌岌可危，韩、周、程、张诸儒，为对治堕落人心及佛教的说法，于是把形而上这一方面的东西，比较多地说了一点，再加之封建统治者对儒家哲学的利用，儒家哲学的真面目遂有些扭曲，乃至出现了"存天理，灭人欲""饿死事小，失节事大"等说法。我们认为，这种对待生命的态度与原始儒家"正德，利用，厚生"的态度是有距离的。有明一代，心性之学大为流行，执着至极，读书人空谈心性，"六府三事"之生命学问之道被走偏。颜元对此叹息道："儒运之降也久矣，尧、舜之道，周、孔之学，微独习之、行之也无人，三事、三物之言并不挂齿舌。汉、宋以来，徒见训诂章句，静敬语录与帖括家，列朝堂，从庙庭，知郡邑；塞天下庠序里塾中，白面书生微独无经天、纬地之略，礼、乐、兵、农之才，率柔脆如妇人女子，求一腹豪爽倜傥之气亦无之。"①

明末清初的顾、黄、王等人，对中国"生命的学问"传统之走偏有深入的认识。他们都有事功的精神，皆有意重新接上"正德，利用，厚生"这一"生命的学问"的正途，但无奈清朝高压文化政策下，知识分子在范仲淹那里"乐忧天下"的担当胸怀被乾隆帝"如果你以天下为己任，那么我做皇帝的干什么？"的责骂唬住了②。这样，在顾炎武、颜元等"启蒙派"那里还带有浓郁求当世之务、日常之用的朴学转而变为惠栋、段玉裁等"正统派"为考证而考证的考据之学。知识分子埋首于故纸堆，把自家生命推开推远，至此，中国"生命的学问"之传统便根本断绝。牟宗三对此评价说："晚明诸大儒，顾黄王之心志，是因满清之歪曲而畅通不下来。他们都是继承中国的生命学问传统而重新反省秦汉以降的政体与制度的，

---

① 颜元. 颜元集：下 [M]. 北京：中华书局，1987：398－399.
② 牟宗三. 时代与感受续编 [M]. 台北：联经出版社，2003：415－416.

他们都是要求自内圣向外开以重建其外王之道的。他们都痛斥'孤秦陋宋',以明中国何以遭夷狄之祸。对家天下之私之政体以及随之而来的所谓家法与制度,不能不有一彻底之反省与改变。他们的心志,大体上说,是与西方的十七八世纪的方向并无二致。他们所处的时代亦正当西方十七八世纪之时。然而在西方,却正是一帆风顺,向近代化而趋,而他们的心志,却遭遇清之歪曲,而继续不下来,因而并未形成与西方相平行之发展。"①

牟宗三认为,与其说我们落后于西方三百年,不如说原本被顾、黄、王等诸儒扭入正途的生命学问之路又被歪曲、耽误了三百年。被歪曲、耽误了也不打紧,只要我们摆正心态、奋起直追,我们仍大有希望。悲哀的是,民国以来,知识分子为寻西方科学输入之导引,将朴学与西方的科学接上头,认为朴学之精神与科学之精神大合,借科学之名使朴学考据之风愈演愈烈,在这样的背景下,历史、文化、生命等都变成了零碎的材料,没有一个"义理"线索把这些零碎的材料提起来,历史、文化、生命等越来越陷入漆黑一团。徐复观对民国的考据之风深恶痛绝,他说:"自满清以来,智识分子,一直走着反中国文化精神的道路。欧洲文艺复兴,是通过古典以发现希腊精神,以希腊精神作修养之用。而满清以来的考据(梁任公说这也是中国的文艺复兴)是通过古典以抹煞,甚至否定中国的精神。而中国的智识分子,并不感到精神上需要文化的润泽。五四运动之基调,还是承考据之余波,再附上科学民主的幌子。在精神上,下焉者为一无所有的游魂,上焉者为一点一滴的学匠。没有真正的学人,没有真正的思想家。在生活上,下焉者依草附木,上焉者为学阀、学霸。没有真正人格的建立,更没有真正思想的领导。"② 如果说清代的考据之风使知识分子不关注政治、经济等人文世界之事的话,那么,民国的附上科学的幌子的考据之风则将人之为人的"义理"斩断,把人变成材料的堆砌,人立不起来,只能如游魂般飘荡、草木般依附。徐先生这段话点出了"无体,无理,无力"时代人之悲哀的生命状况。

说"六府三事"也好,说"正德,利用,厚生"也好,说"内圣外

---

① 牟宗三. 生命的学问 [M]. 桂林:广西师范大学出版社,2005:32-33.
② 徐复观. 学术与政治之间 [M]. 北京:九州出版社,2014:24.

王"也好，这些都是中国"生命的学问"的传统的核心内容。因着这一传统的继承和发扬，中国创造了世界上其他民族难以企及的精神文明与物质文明。甚至到明亡的时候，中国文明在世界上的地位仍显重要和优越。明末，空谈心性，不见事功，使得中国"生命的学问"的传统一曲折，"外王"之学绝矣；清与民初，死守考据，不见精神道义，使得中国"生命的学问"的传统又一曲折，"内圣"之学绝矣。牟宗三认为，没有"内圣"之学的滋润，生命"失了根"，没有"外王"之学的支撑，生命"落了空"，近代中国人皆为"命苦"之人。

## 二、重开中国"生命的学问"的尝试

"生命的学问"中断了，那就需要重开。重开的"生命的学问"，需解决近代中国人生命失根挂空的问题，这就要：（1）讲德性，使生命生根而立起；（2）讲事功，使生命充实而站稳。在牟宗三看来，现时代讲事功，必须与民主、科学联系起来讲，必须与现代化联系起来讲，这是整个世界历史发展的潮流，在这个意义上讲，重开的"生命的学问"就是中国人如何本着自身的传统文化实现现代化的学问。事实上，不仅是在牟宗三这里，自"鸦片战争"后，中国思想家之思想均无可避免地要涉及对现代化的思考，因而，我们也可以把他们的思想方案视为直接或间接地对重开"生命的学问"的回答。在中年和晚年的时候，牟宗三分别对近五十年来、近九十年来中国的思想界进行了审视①，对重开"生命的学问"的方案作了关注与反思。在牟宗三看来，清末民初及其后的五十年乃至九十年来，以康有为、章太炎、吴稚晖为代表的第一阶段的思想界、以胡适领导的"新文化运动"为代表的第二阶段思想界以及国共分裂对峙后的第三阶段的思想界，均未能举直错枉、畅通弯曲②，重开"生命的学问"。

先来看第一阶段的思想。以康有为有例。为避中法战争之战祸，归于其乡的康有为目睹乡民的困苦之状："或寡妇思夫之夜哭；或孤子穷饿之长

---

① 可分别参见牟宗三的如下两篇文章：《关于"生命"的学问：论五十年来的中国思想》及《九十年来的中国人的思想活动》。
② 牟宗三. 生命的学问 [M]. 桂林：广西师范大学出版社 2005：35.

啼；或老夫无衣，扶杖于树底；或病妪无被，卧于灶眉；或废疾癃笃，持钵行乞，呼号而无归。其贵乎富乎，则兄弟子姓之阋墙，妇姑娣姒叔嫂之勃溪，与接为构，忧痛惨凄。号为承平，其实普天之家室，皆怨气之冲盈，争心之触射，毒于黄雾而塞于寰瀛也。"① 康有为在乡间所见，是中国人遭受列强侵略，物质生活贫困，精神生活庸俗。面对中国人生命之多艰，康有为以不忍之心奋写《大同书》，表达自己的社会理想及施政纲领，以救苦救难。

那么，牟宗三是如何看待康有为思想的呢？牟宗三说："康有为根据《公羊春秋》讲春秋三世，即据乱世、生平世、大同世。他说构想的大同世，竟然有'夫妇同居，不得超过一年'；你看这人多么啰嗦，管天管地管人拉屎放屁。他也说'生小孩以后，父母不得亲养，得送幼育院来养。'；不教母子发生感情，这是圣人之道吗？'人老人得送养老院，也不教子女来奉养，死掉后火葬作肥料。'其实土葬、火葬都没有关系，但为什么一定要作肥料呢？这是什么样的知识分子？"② 牟宗三认为，康有为并没有找到正确的救苦救难之道，他不老实讲民主、讲科学，企图通过废除夫妇之道、母子之亲以实现理想社会，这是逞激进之快的闭眼瞎说③。另外，为"托古改制"，康有为甚至引用宣传神学迷信的纬书神化孔子，说孔子是应符瑞而生的教主，这种对儒家传统主观臆断、牵强附会的态度也令牟宗三不满意。对此，钱穆也有批评。他说："长素论学极尊孔子，乃持论若高出孔子远

---

① 康有为. 大同书 [M]. 沈阳：辽宁人民出版社，1991：2.
② 牟宗三. 时代与感受续编 [M]. 台北：联经出版社，2003：481-482.
③ 关于牟宗三与康有为之关系，是近年来新儒学研究的一个热点。2016年1月，中国大陆、香港、台湾地区的学者展开了首届"两岸新儒家会讲"，牟宗三与康有为之关系是会讲的主题之一。陈明在会上认为：甲午海战的惨败、列强侵略的日甚一日，使康有为等人意识到"保国保种保教"问题的严重性，因而康有为最为关注的问题是如何实现国族建构，在这样的背景下，康有为把儒家当作宗教来解读，他需要借此唤醒民众形成对一个有强大凝聚力的国家的信仰，试想，连国家都没有了，其他都是奢谈；与康有为不同的是，牟宗三把儒家当成哲学解读，他强调的是理性之运用表现和架构表现，身处五四之后，一方面，西方民主、科学的观念已经深植其内心，另一方面，对中国文化的那份自尊、自信又促使他杜撰"道德的形上学""坎陷"等概念来调和中西文化之间的矛盾；因而，康有为问题和牟宗三问题的分歧其实是国家国族建构问题与知识系统建构问题及儒家价值系统辩护问题的分歧，他们之间的差异是时代处境的差异造成的（陈明. 超越牟宗三，回到康有为：在新的历史哲学中理解儒学的发展 [J]. 天府新纶，2016，(2).）。陈明的如上看法有助于我们理解牟宗三对康有为的批评。

甚,与己不合者则以为伪书俗说,若惟己始得孔学之真传。实则凡彼所谓孔学者,皆杂取之孔子以外一切新奇可喜之理,不问其合否、通否,而并以归诸孔,遂使孔子为高出一切之圣人也。"①

牟宗三认为,康有为并没有实事求是地指出中国传统文化的优点与缺点,而认识到这一点,是重开"生命的学问"的前提。以康有为有例,牟宗三反思说:"清朝末年的这些思想,能应付西方十八九世纪以来的现代化思想吗? 不但不能应付,而且也不能了解。现代化观念不是时髦的玩意儿,而是有板有眼、有规有矩,是理性分内事,科学和民主政治都是理性的事情。理性的事,是任何人所不能反对的。"② 在牟宗三看来,他们最大的缺陷就是被"救亡"冲昏了头脑,不能冷静、客观地对待中国传统文化,也不能冷静、客观地讲西方的民主与科学,体不成体,用无可用,他们把"生命的学问"讲到绝路上去了。

再来看第二阶段的思想。"新文化运动"的那些健将提倡民主、科学,牟宗三认为,他们求取国家现代化的目的是令人钦佩的,但是他们所讲的民主、科学却只是起一阵风,并且,流风所及,影响恶劣。以胡适为例。牟宗三说:"胡适是新的知识分子,他对自由、民主的了解是日常生活式的了解,并非启蒙运动讲启蒙思想、个体主义的自由、民主,那根本是政治上的观念,这是宪法下的制度、结构,是理性的概念。胡适之并没有政治上的担当,他宣扬民主、自由的影响只成了日常生活上的放纵恣肆,结果先生不能教学生,父母不能管子女,这不是近代化的自由、民主。"③ 在牟宗三看来,"新文化运动"只讲民主、科学的好处,并没有讲支持民主、科学的精神,更没有设计一套制度保证民主、科学的发展,这样一来,只想享受民主、科学好处的现代人便嚷嚷着算老祖宗帐,他们埋怨老祖宗没有能创建出民主、科学来,结果,在没有保障及数典忘祖双重影响下,我们不仅没有现代,连传统也丢了,生命就"落了空""拔了根"。在牟宗三眼里,胡适讲科学与民主,是要求事功,这是好事情,但是胡适出毛病就出

---

① 钱穆. 中国近三百年学术史: 下册 [M]. 北京: 商务印书馆, 1997: 737.
② 牟宗三. 时代与感受续编 [M]. 台北: 联经出版社, 2003: 417-418.
③ 牟宗三. 时代与感受续编 [M]. 台北: 联经出版社, 2003: 422-423.

在太事功上。牟宗三认为，因为得不到文化的滋养，功利主义者的生命力都不强，比如战国时的墨子学派、南宋时的浙东学派、清代的颜李学派等，胡适继承的是墨子的传统，太重视有用反而无用，其思想之生命力也就可以预见了。

再来说第三阶段的思想。这一阶段的中国思想界，最引人瞩目的思想自然是马克思主义。马克思主义强调阶级斗争理论。牟宗三不认为中国有阶级之分，更反对搞阶级斗争。他认为："中国自古即无固定阶级世世相传于人间。士农工商，非阶级之意。即自周以前言，伊尹耕于有莘，则农也。傅说起于版筑，则工也。而士皆出其中。至周之贵族政治，则贵以位爵定，即以文制定，而其背后之根据为品德才能。此时一价值观念，非物类之阶级观念也。至秦汉统一后，治权之民主成立，皇帝以下，一律平等。固定阶级之消除，尤为世人所周知。以价值观念领导政治，消除阶级，此为中国历史自始已然之基本意识。"① 在牟宗三看来，没有阶级而讲阶级，就是执虚。牟宗三认为，中国的先贤圣哲不仅不否定平等并且还提倡平等，但是他们所提倡的平等却是"人皆可以为尧舜"这样的人格境界意义上的平等，而绝不是人在经济上能够"吃同样多面包的平等"，而阶级斗争却总是把注意力集中在这里②。

牟宗三认为，中国有"贵以德定"而非"以富定尊"的优良传统。但是，牟宗三似乎忘记了一个事实：仓廪实而知礼节。对那些统治者认可、宣扬的"品德才能"，人们无一不是在免却了穿衣吃饭的忧虑之后才能获得。在"大皇帝"统治下的中国封建社会，人们"好生好死"都成问题，这种情况下，又有多少人能够"以德谋位"呢？我们承认，在重视道德品行的中华文化里，中国人皆有凭"德"向社会上层流动及参与社会管理的可能，但这种可能掩盖不了生产力落后的封建社会里绝大多数中国人"为稻粱谋"的事实，也掩盖不了有限的劳动产品分配过程中一些人对另一些

---

① 牟宗三. 历史哲学 [M]. 长春：吉林出版集团，2015：55.
② 阶级斗争的目的是要推翻反动阶级对贫苦大众的压迫和剥削，而不是使富人和穷人分同样多的财富，或者实现"吃同样多面包的平等"。很明显，牟宗三误解了马克思主义的阶级斗争理论，这是需要我们特别指出和严加辨别的。

第二章 内容、讲法、传统：牟宗三对"生命的学问"的甄辨

人剥削的事实。因"一部分人占有另一部分人的劳动"而导致的社会普遍贫穷，势必会引起阶级区分与阶级斗争。站在唯物主义的立场，马克思、恩格斯明确指出，人类以往的全部历史，除原始状态外，都是阶级斗争的历史，并且，阶级斗争是"历史的直接动力"，是"现代社会变革的巨大杠杆"。正因为做好了"阶级斗争"这门功课，中国共产党才建立了一种全新的生产关系，才解放了生产力，才使得牟宗三所提倡的民主、科学、道德等得到一个较好的发展基础与机遇。

牟宗三还提到了梁漱溟的思考方案。牟宗三认为，梁漱溟对时代及民族有极深的情感，志在为中国未来的发展寻出一条路来。他关怀中国现实，积极进行"乡村建设运动"。并且，这种"乡村建设运动"是从中国的传统中来的，与章太炎、吴稚晖等人的"虚无主义"相比，与胡适等人的西化思想相比，还与顾炎武等人在民族压力下走回复古的旧路相比，梁漱溟关注现实、继承传统、开创新局的精神是很了不起的。牟宗三说："梁先生在近代中国是一个文化的复兴者，不但身体力行地宣扬了传统的儒家思想，更可以说是接续了清代断绝了三百年的中国文化。"① 但"乡村建设运动"最后失败了。在牟宗三看来，失败的原因就在于梁漱溟未能安排好民众通往现代化（自由民主）的心理，死守"以农立国"的梁漱溟不赞成自由、民主是世界上每个民族通往现代化的必经之途。牟宗三说："梁先生一直企图从中国的传统中开出未来中国文化的道路……他主张英、美自由民主和苏联社会主义在中国是行不通的，中国以农立国，故唯一的出路就在乡村建设……而梁先生的乡村建设也可以失败收场；那么，除了自由民主，中国还有哪一条路可走？自由民主是每个民族必经的阶段，而不是哪一个民族特有的。梁先生两者都不赞成，这话就不太清楚了。"②

在牟宗三看来，真正的"生命的学问"是德性生命与自然生命俱得安顿的学问，是高扬德性生命价值优先性的学问，是熊十力那样的体用不二的学问，而宗教信仰、自由经济、共产制度、乡村运动等，要么有体无用，

---

① 牟宗三. 时代与感受续编［M］. 台北：联经出版社，2003：377.
② 牟宗三. 时代与感受续编［M］. 台北：联经出版社，2003：373-374.

要么有用无体，均不能成为重开"生命的学问"的选择方案。出路在哪里呢？牟宗三认为，从安顿德性生命方面讲，我们要提倡德性之学，开辟价值之源，从安顿自然生命方面讲，我们要提倡智识之学，实现现代化。那么，德性之学与智识之学的关系怎样？如何把它们统合在一起架构起"生命的学问"？这是牟宗三接下来要回答的问题。

# 第三章
# 德智关系与牟宗三"生命的学问"之架构

面对近代中国人生命苦难的症候,一些思想家开出药方,牟宗三认为他们要么是"离本",要么是"走邪",皆不能很好地对症下药,更谈不上药到病除。在考察中国人、西方人各自生命哲学的光彩点后,牟宗三认为,真正的生命学问既要靠智亦要靠德来支撑。为了接上并开新儒家"正德、利用、厚生"的生命学问传统,牟宗三从德智关系入手,通过理顺智穷见德、德坎为智、仁智双彰、摄智归仁这几个问题,将"生命的学问"从逻辑上架构起来了。

## 第一节 "穷智"与"见德"

牟宗三认为,人作为一"认知主体",创造出智识之学,西方智识之学发达,使西方人生命表现出一种秩序美、创造美、丰裕美,中国人应该在这方面有所学习、吸收。在对人的"认识心"进行研究后,牟宗三发现,确保"认识心"得到"最后绝对之满足"的是人的"道德心",因而,在强调人作为"认知主体"存在的同时,也要凸显人作为"道德主体"的存在。

### 一、智识之学与生命美感

为了生命之不失根,我们需要精神财富;为了生命之不挂空,我们需要物质财富。精神财富与物质财富俱得满足且和谐无间便是"生命的学问",便是人类的文明。什么是文明?福泽谕吉对此有一个判断,他说:"所谓文明是指人的身体安乐,道德高尚;或者指衣食富足,品质高贵而说的……文明就是指人的安乐和精神的进步。但是,人的安乐和精神进步是依靠人的智德而取得的。因此,归根结蒂,文明可以说是人类智德的进步。"① 福泽谕吉认为,文明包括物质富裕和精神进步两个方面,物质富裕有赖于人类智慧之发展,精神进步有赖于人类德性之提高,只有智德双运,人类才能不断地推进文明。但是,在德智的关系上,福泽谕吉认为智高于德,因为不同的民族很难在道德境界上一较高下,但是相较于西方之物质成就,东方就落后得太远,故而开民智显得紧迫而重要。福泽谕吉以自己生活的十九世纪的日本为例说,在道德方面,日本固然还有不足,但这不是重要的问题,当下的燃眉之急是,在智慧方面,比如技术、商业、工业上,日本落后于西方太远,一样也不敢和西方较量。从日本与西方的对比中,原本提倡智德双运的福泽谕吉在智德之间判出两者发展的轻重缓急,他认为对日本而言,智之发展比德之发展要重要得多。

福泽谕吉的观点与近代中国的一种主流观点相似。很多人认为,西方的坚船利炮使中国人处于亡国亡种亡教的危险之中,在此情景下,中国人最紧迫、最需要的是军事、经济、政治、科技等诸多事业的发展而不是继续谈心论性做羲皇上人。一般说来,军事、经济、政治、科技等方面的学问属于智识之学,而谈心论性做羲皇上人属于德性之学。近代中国"开民智"的声音一浪高过一浪。

智识之学的基础在数学、在逻辑。牟宗三是通过研究数学、逻辑,尤其是通过读怀特海(牟译怀悌海)的著作接上西方智识之学的。在北京大学哲学系念书期间,牟宗三对"智及"的东西十分感兴趣。他认为,不必通过厚重的、悠久的历史与文化而仅通过成套的观念和清晰的推演就可以把握生命,这种简洁明了符合自己年轻的、向外扑的生命气质。牟宗三说:"那时尤特喜那数学的秩序,特喜那纳数学秩序于生化神明之中。生化神明无可多说,数学秩序乃可着力……生化神明常常提揅在心中,数学秩序则

---

① [日]福泽谕吉. 文明论概略 [M]. 北京编译社,译. 北京:商务印书馆,1982:32-33.

是自觉地要彰显。这点我得感谢怀悌海。"① 众所周知,西方哲学有重数学的传统。哲学史上的毕达哥拉斯、笛卡尔、莱布尼茨、罗素等人都是数学家或数学哲学家。在他们的著作中,数学之秩序、和谐、严谨与生命之秩序、和谐、严谨是合一的。怀特海也将生命与数学联系在一起。在怀特海看来,数学概念的精确性、抽象性及数学模型的稳定性、永恒性,可以引导生命走向"理想"和"无限"②。这种通过智识之学来把握生命与中国传统通过德性之学来把握生命是很不一样的。彼时的牟宗三,欣赏怀特海通过数学来把握生命的"富贵气"而不是通过道德来把握生命的"严肃气"。

在怀特海的著作中,牟宗三发现了生命的"美感"。通过读怀特海的《自然知识之原则》《自然之概念》《科学与近世》《历程与真实》等书,牟宗三认识到怀特海是"值得称赞的一个灵魂"。因为他"由因果效应,将全宇宙勾连于一起;由直接呈现,而言时空之构造与全部几何格局。数学秩序、永相、缘起事、摄受、主观形式、创造、潜能、实现、真实、现象、客观化、满足化、连续、不连续、个体性,等等,一起融组而为一,成一庄严美丽之伟构。数学的、物理的、生物的,融洽而为一,渗之以美感"③。牟宗三认为,怀特海的著作中有西方毕达哥拉斯、柏拉图之慧命传统,有近代物理数学逻辑之发展影子。这些东西使得生命有一种秩序美、创造美、活力美、充实美,有力推动了西方军事、经济、政治、科技等方面事业的进步。在牟宗三看来,西方人由"智及"塑造的"慧命"之"智慧",不仅能够在外在的物理世界、物质世界体现出来,而且还使生命本身的自然需求较好得到满足,这就是牟宗三所谓的生命的"客观化""满足化""富贵气"。牟宗三认为,近代中国人生命之所以"挂空",少的就是这样的客观化、满足化、富贵气。

在读怀特海的同时,牟宗三也在研究《易经》。尽管《易经》一书充斥着大量的对生命的忧患之感、悱恻之意、严肃之义,但牟宗三年轻的生命并不能注意到这些,他只喜悦《易经》中那"鼓万物而不与圣人同忧"的

---

① 牟宗三. 五十自述 [M]. 台北:联经出版社,2003:40-41.
② 林夏水. 数学哲学译文集 [M]. 北京:知识出版社,1986:340-348.
③ 牟宗三. 五十自述 [M]. 台北:联经出版社,2003:49.

坦然明白,"天地无心而成化"的自然洒脱,"元亨利贞"的终始过程,"保合大和乃利贞,各正性命""范围天地之化而不过,曲成万物而不遗"的严密严谨。换句话说,《易经》中所描绘的生命之清晰美、秩序美、洒脱美、过程美、严谨美等深深地吸引了牟宗三。因之这样的被吸引,牟宗三将《易经》理解成中国式的自然哲学。在他看来,《周易》之含义可归结于以下四点:(1)数学物理的世界观,即生生条理的世界观。(2)数理逻辑的方法论,即以符号表象世界的"命题逻辑"。(3)实在论的知识论,即以象象来界说或类推卦象所表象的世界之性德的知识论。(4)实在论的价值论,即由缘象之所定所示而昭示出的伦理意谓①。

当然,《周易》是不是表达了这四义,我们表示怀疑,即便是牟宗三,后来也承认自己多有"附会"之处。但从对《周易》的研究中,我们可以看出牟宗三对"智"的重视,正如有学者所说,牟宗三的《周易》研究有一种象征意义,"这种象征意义预示着牟宗三未来哲学的领域与目标,即无论牟宗三未来所创立的哲学在内容实质上是什么,它们总是不会逸出他从早年就特别重视的逻辑、知识论、形上学的大范围之外,至少也不会离这个大范围太远"②。

值得注意的是牟宗三所谓《周易》四义中第(1)义。牟宗三认为此义实际上指中国古天文律历数以及乐律的"羲和之官"的智学传统。牟宗三说:"我于此确然见到中国文化之慧命,除尧舜禹汤文武周公孔子历圣相承之仁教外,尚有羲、和之官的智学传统,古天文律历数赅而存焉。后来阴阳家即继承此线而发展。王官失守,复转而为社会上之医卜星相。"③ 在牟宗三看来,中国羲和之官的智学传统所透出来的智慧并不亚于毕达哥拉斯及柏拉图。通过研读《周易》,牟宗三认为自己重新发现或者说接上了中国哲学的智识传统。

牟宗三认为,假如不深入打通逻辑这一关,就无法学会西方人的思考方式,无法真正接上西方人的学问传统,民主和科学的东西就很难出来。

---

① 牟宗三. 周易的自然哲学与道德涵义 [M]. 台北:联经出版社,2003:6.
② 王兴国. 牟宗三哲学思想研究:从逻辑思辨到哲学架构 [M]. 北京:人民出版社,2007:22-23.
③ 牟宗三. 五十自述 [M]. 台北:联经出版社,2003:44.

因之，牟宗三又进入到逻辑系统之内部。在牟宗三看来，要搞懂逻辑必须要弄清楚两个方面的问题：一是无争论的纯形式推演方面；一是有争论的定义与基本假定方面。前者如"真理图表"中表示的那样，牟宗三把罗素与维特根斯坦书中的推演式子抄写出来一一验算。后者如"函蕴"的定义，关于此，就有罗素和路易士的不同的理解，牟宗三加以比较分析。除了这些成问题的定义外，逻辑中还有一些基本假定，如还原公理、相乘公理以及无穷公理等，这些假定能否就能保证逻辑的必然性呢？牟宗三对此表示怀疑。于此问题，我们在本节第二部分再详论。

智识之学事关人之自然生命的安顿，不仅是"生命的学问"之一个方面，而且，它还能辨识种种假的"生命的学问"。前面第二章第三节，我们讲到，近代以来，在续接"生命的学问"方面，中国出现过种种思潮，牟宗三认为，这些思想有牵连、有夹杂、强非为是、离本走邪，而只要有了逻辑，我们才有辨识各种"生命的学问"真假的标尺，因为，一步不对，即一步不通，就可以一步不能赞成。在牟宗三看来，比如"哦，你那是形而上学""哦，你那是唯心论"，这样把别人的思想判死刑并拒绝讨论的做法其实是不讲逻辑、强非为是的，只有把逻辑的、数学的东西搞通了，这样的现象才能得到矫正。为了扭转肆意歪曲之学风，驳斥那些假的"生命的学问"，牟宗三有意接上中西智识之学的传统。其旨意诚如他研究《周易》时的自述："然数十年来，某某主义，某某思潮，都已谈过，究何补于中国学术界？时至今日，尤属浮夸，陈腐者抱残守缺，重返故我；炫新者口头乱嚷，唯我独尊。长此以往，吾将见中国文化之必趋于沦亡也。本书之作，不在宣传方法，不在宣传主义，不拘守伦理人事，不喧嚷社会基础，但在指出中国纯粹哲学与纯粹科学之问题，列而陈之以转移国人浮夸之硗风。"①

## 二、在"认识心之批判"中显见道德

在众说纷纭的思潮中，我们可以用逻辑来勘察胡说八道者。问题是，什么能保证逻辑自身是必然的呢？前面说过，除了无问题的形式推演外，

---

① 牟宗三. 周易的自然哲学与道德涵义 [M]. 台北：联经出版社，2003：自序 13.

逻辑中还存有大量的有问题的假设与公理，比如罗素的"三大公理"。逻辑的必然性怎么能建立在有争议的假设与公理上呢？正如有学者分析："公理选取之条件只在避免一既成系统内部之矛盾，此虽足以决定内部之每一推演之必然，但不能决定全套系统为必然。也就是说，只有系统内部的形式的必然性，而无系统外部的实质的必然性。系统外部的实质的必然性在罗素那里全依赖假设，在牟氏看来，这是罗素的数学哲学最大的问题。其系统之内部虽环环相扣、灿若星辰，而其系统外部之支撑点却只是假设。假设虽无足够之理由否定之，然亦决无足够之理由肯定之（此亦为罗素自己所承认），故整个数学只为不能得其定然之人工戏法。"①

罗素的数学哲学是针对皮亚诺的数学理论而来的，他认为皮亚诺的数学理论如同一只精美而不能告诉人们具体时间的钟表一样，只注重了形式之华美而忽略了数学的实用性。为了扭转皮亚诺数学理论纯形式主义的弊端，而使数学与日常生活相适合，罗素从类与关系上考察数。这是罗素数学哲学的起点。在牟宗三看来，罗素的"三大公理"都是被他从类与关系上考察数这一路数"逼"出来的，很明显，这种因考虑功用而"逼"出来的东西肯定不能保证数学的必然性。牟宗三认为，西方那些讲逻辑的人，形式主义与约定论动摇了逻辑的命根，共相潜存与逻辑原子论则使逻辑依托于一外在的形上学之假定上，其实都未能通透逻辑之本性，使定然者成为不定。"有物混成，先天地生。寂兮寥兮，独立而不改，周行而不殆，可以为天地母。吾不知其名，强字之曰：道。"② 老子这段话揭示的是，道"先天地生"，用与不用，不影响其"独立"与"周行"，它始终不改不殆。正如老子看"道"，牟宗三也认为，逻辑的必然性也须从其先验之"体"上看，逻辑是"纯理之自己展现"，是人类这种理性存在者先天之机能，或者说，逻辑的必然性根植于人这一"认知主体"的本性之中。

敲开"认知主体"的大门，对牟宗三而言是一件大事，由此他接上了康德，写成了《认识心之批判》。通过此书，牟宗三考察了认知主体的本性、作用与限度。认识心的本性与作用说明了我们求得一知识之历程。在

---

① 张晚林. 牟宗三的数学哲学述评［J］. 自然辩证法研究，2009（8）.
② 《道德经·第二十五章》

求取知识之历程中，认识心需要时空、范畴（牟宗三不名之为"范畴"而称之为"格度"）等种种条件。有条件就有限制，有限制就不能时刻圆满。认识心向往那种解缆放船、纵横自在、任运而转、时刻圆满的状态。换句话说，顺着经验走的认识心不满足于一时时、一处处的认识之成功，它必想追求一绝对不变、绝对真实者而永远地把握住整个世界的圆满相无漏相者。牟宗三说："（认识心）自身之满足唯是在一静态之观照中。认识心之直觉照射固亦只能如此者，而其本身不能永停于此静态之观照中。盖因其既顺经验走而以理解为根据，则除非经验停止，此静态之观照即不能永恒存在，而若经验一停止，则亦无所谓静态之观照。是则认识心之静态观照唯在对理解有意义。既唯在对理解有意义，则静态之观照只是在一'坎陷，跃出'之不息的历程中而有其一时地呈现，而不能永呈现。既不能永呈现，故随时有破裂之可能，而满足者不满足矣。依是之故，认识心所得之一时之满足实不足以为其自身之安顿。是则此一时之满足即涵其不满足。是以认识心在其顺经验向前，无论表现为理解或超理解之直觉，彼皆不能得最后绝对之满足。"①

如何得到"最后绝对之满足"？牟宗三说："认识心，若只视之为一顺历的动用之流，或只自经验一面而观之，则无不意象之纷纭，识神之恍惚。变灭无常，漫无定准。若自圣学而言之，则必于此以外，见心与知，方有寂然浑然、于穆定常之体。定常者属于心或知，则识与意自必为纷纭恍惚之事矣。今言认识心，自不属于本心与良知。若非本心与良知，则亦必在识神意象之范围。如是，亦自必为纷纭恍惚之事，然果真如此，则认识心即不能有客观的意义，亦不能客观化其自己而为一客观的心或逻辑的心。是以，即在认识心范围内，吾人亦必区别经验的一面与超越的一面。经验的一面，则所谓纷纭恍惚者也。超越的一面，则认识心自身之定常而不流者也。"② 在牟宗三看来，认识心保证了逻辑的定常，但其自身也向往定常，只有透至孟子象山阳明以及龙溪近溪所说之良知心学，向往完满或最后绝对之满足的认识心才有了定常与安顿。

---

① 牟宗三. 认识心之批判：下 [M]. 长春：吉林出版集团，2015：575.
② 牟宗三. 认识心之批判：上 [M]. 长春：吉林出版集团，2015：88-89.

因此，在"认识主体"之极限处，"道德主体"也自然出现了，此谓"穷智见德"。劳思光认为穷智见德"即展现智性活动之全境（注意，决非指知识内容讲），以显主体，然后由认知主体上通道德主体"①。牟宗三说："认识心经过以上之反省，而必追求此经验以外者，则必向超越方面运用其能力。此种运用，不是顺经验向前，而是逆经验向后。在此向后之运用中，认识心不表现为有真实性之理解及直觉，而单表现为理性之追求。此理性之追求乃在企图把握一经验以外者之绝对真实。"② 于此段引文中，我们可以看出认识心有两方面表现：真实性之理解及直觉与理性之追求。其实，仅依此句，我们也能明白"穷智见德"之原因。我们可借助梁漱溟的分析来理解这句话。在《中国文化要义》一书中，梁漱溟详细地区别了理智与理性："理性、理智为心思作用之两面：知的一面曰理智，情的一面曰理性，二者本来密切相联不离。譬如计算数目，计算之心是理智，而求正确之心便是理性。数目算错了，不容自昧，就是一极有力的感情，这一感情是无私的，不是为了什么生活问题。分析、计算、假设、推理……理智之用无穷，而独不作主张，作主张的是理性。理性之取舍不一，而要以无私的感情为中心。此即人类所以异于一般生物只在觅生活者，乃更有向上一念，要求生活之合理也。"③ 梁漱溟认为，理智使人没有错误，理性使人不甘心错误，对人而言，不甘心错误尤贵于没有错误，是故，人类的特征在于理性而不在于理智。梁漱溟还认为，今日科学发达，智虑日周，然人类仍有自毁之忧，这是行为问题而不是知识问题，是理性问题而不是理智问题。

在我们看来，牟宗三所谓的"认识心有真实性之理解及直觉与理性之追求两方面的表现"与梁漱溟所谓的"理性、理智为心思作用之两面"意思是一样的。在西方人所长的逻辑学那里，认识心只重视了对真实性之理解及直觉的一面而忽略了或者说未能承担起对理性的追求一面，用梁漱溟的话说，只重视了免于错误的一面而忽视了不甘心于错误的一面。对人而

---

① 郑宗义. 中国哲学与文化：劳思光哲学 [M]. 上海：上海古籍出版社，2019：7-8.
② 牟宗三. 认识心之批判：下 [M]. 长春：吉林出版集团，2015：576.
③ 梁漱溟. 中国文化要义 [M]. 上海：上海人民出版社，2003：147.

言，对理性的追求、不甘于错误是更为根本的，它给我们真实理解世界、免于错误提供动力与方向。

主体有二，一曰认知主体，一曰道德主体。牟宗三由追问逻辑之本性而敲开认知主体的大门，又由认知主体之本性、作用、限度而逼出道德主体。一般来说，西方文化所长者在认知主体之安顿，中国文化所长者在道德主体之安顿。因"智"之发达，西方人之生命充满了秩序美、过程美、严谨美以及物质上的丰裕美，以上诸美使西方人之生命充满了"富贵气""福气"，但是，西方人之生命紧紧地被"智"所吸住，少了些历史意识、文化意识、道德意识，他们的生命诸美及富贵之气不能源远流长、至大至刚，一遇世界大战这样的动荡，便摧之殆尽，这正应了孔子所说的道理："知及之，仁不能守之；虽得之，必失之。"① 牟宗三很重视自己"穷智"而接上西方智识传统的学思经历，他说："我常私自庆幸，我能出入康德的《纯理批判》以及罗素与怀悌海合著的《数学原理》。这是西方近世学问中的两大骨干。我经过了它们，得以认识人类智力之最高成就，得以窥见他们的庙堂之富。这是顺传统下来的成就，我们的文化生命中没有这个根。"② 牟宗三认为，康德、怀特海、罗素等人工巧的架构之学问乃是第一流的，不及便是不及，中国人应当承认。但是，中国人亦不能有一事差则万事差之自卑，西方人之精彩也仅在"学"上显而不在"人格"上显，人格之光辉要在孔子、耶稣、释迦等人身上见，这些人没有理论系统、架构思辨，他们直下是生命、德行。在牟宗三看来，对西方智识之学的磨练是必要的，尤其是在今日时代之背景下，我们要抓住西方智识之学的骨干与典要，但是，对德性生命的价值优先性而言，西方人的智识之学毕竟是第二义的，我们更应该遥契孔子、耶稣、释迦等伟大灵魂之人格风姿。

要成就真正的"生命的学问"颇为不易，这就如同疆场比武，较量对比一番才见得真功夫。生命有"事法界"一面，亦有"理法界"一面，真正的"生命的学问"应该事理无碍、圆融为一。牟宗三认为：了解"事法界"一面很不容易，这非有罗素写《数学原理》那样的心灵不可，这样的

---

① 《论语·卫灵公》.
② 牟宗三. 五十自述 [M]. 台北：联经出版社，2003：72.

心灵运思为中国人相对所不注重；即便有了那样的心灵后，人又容易被其妙观察智所吸住，陷落在"事法界"中出不来，遂跌入"无体，无理，无力"的世界中，产生虚无之感；这时候，只有康德写《纯粹理性批判》那样的心灵，人方能从"理法界"走出并意识到"理法界"之存在，只有意识到"理法界"之存在，"事法界"的那些事业才有了主、提得起、保得住。在牟宗三看来，康德的贡献在于他的智德二分以保住价值世界，但分开之后，德智之关系如何而又怎样归其于生命之一体？怎样将中国文化相对不太留意的智识之学开出来？下一节，我们便着重回答这两个问题。

## 第二节 德智之辨与德坎为智

牟宗三认为，人之心思发展，有顺有逆，顺之则生天生地，产生科学知识、物质世界，逆之则成圣成贤，产生伦理道德、价值世界，但是现时代的风气是，人们多顺而少逆，喜顺而厌逆，结果生命就出了种种问题。所以，这顺逆之关系或者德智之关系，是必须要厘清的，尤其是对我们自身的文化传统而言，这种厘清有助于我们认识到自身的所长所短，以及自身文化生命的出路所在。

### 一、中国哲学中德智关系之考察

牟宗三说："认识心，智也；道德主体即道德的天心，仁也。学问之事，仁与智尽之矣。"① 他同时认为，中国文化传统的重点落在"道德性""主体性"上，而在智识之学上相对不足，西方文化传统则反之。牟宗三说，其实中西哲学中都有二门——佛教所谓"真如门"和"生灭门"，康德所谓"现象"和"物自体"二门，简而言之，即智识与价值二门，"中西哲学虽都开二门，但二门孰轻孰重，是否充分开出来，就有所不同"，西方在经验科学方面看得重，成果积极，中国在价值世界的塑造方面看得重，成

---

① 牟宗三. 认识心之批判：上 [M]. 长春：吉林出版集团，2015：序6.

果积极,"东方无科学传统,科学知识没有充分开出来,所以一般古圣先贤在这方面不十分用心",其心都在价值世界的塑造与人生痛苦烦恼的解除上,"古人先对整个人生全体,对德行、对未达到德行时人生的痛苦与烦恼,有清楚的观念"①。

如何看待这种差别,或者说该如何看待中国文化传统在智识之学上的相对不足?牟宗三有以下几点看法:(1)这种不足万不是中国人蠢的结果,而是中国人用心侧重点不同的结果;(2)这种不足是相对不足,并不能说中国传统中一点点科学技术的东西都没有,我们也有一些成绩,事实上,中国传统中历来并不绝对抹杀或完全忽视知识的,只是不那么上心罢了;(3)这种不上心实在是不应该被诽谤被打击(像激进的全盘西化论者那样),因为它使得中华民族传统文化有其独特的光彩(比如我们是礼仪之邦);(4)不过,我们不上心的不足,也要老老实实地承认,也要想办法扎扎实实地补救出来,要相信后来居上。下面我们通过考察中国哲学中的德智关系,深化对牟宗三上述认识的理解。

先来说道家。很多人认为道家是"反智"的。"智慧出,有大伪""人多伎巧,奇物滋起""绝圣弃知,民利百倍""以智治国,国之贼;以不智治国,国之福"②,在老子看来,智只能给人的德性带来负面影响,人们一旦有了充分的知识,必然起竞争之心,邪事就会滋起而无法控制,因而,无论是从个体身心的安顿还是从国家的长治久安看,最好要使人们虚心实腹、弱志强骨、无知无欲。与老子类似,庄子也不重智性知识,庄子讲"坐忘",即要"堕肢体,黜聪明,离形去智"③。庄子又讲:"吾生也有涯,而知也无涯。以有涯随无涯,殆已!已而为知者,殆而已矣!为善无近名,为恶无近刑。缘督以为经,可以保身,可以全生,可以养亲,可以尽年。"④在庄子看来,穷智所引发的机巧机心对生命还有一定的危险性,只有顺其自然,方可以保身全生、养亲尽年。我们认为,道家所谓的"反智",并不是反动意义上的,不是要去尽人之智慧而把人变得和动物一样,他们看到

---

① 牟宗三. 中西哲学之会通十四讲 [M]. 长春:吉林出版集团,2015:83-85.
② 《道德经》第十八章、第五十七章、第十九章、第六十五章.
③ 《庄子·大宗师》.
④ 《庄子·养生主》.

的只是因为人执着于智的弊端与危险，他们希望人能超越这种执着。余英时认为，庄子说"'庸讵知吾所谓知之非不知邪？庸讵知吾所谓不知之非知邪？'（齐物论），这便陷入一种相对主义的不可知论中去了。但是他在'不知'之外又说'知'，则仍未全弃'知'，不过要超越'知'罢了。所以庄子的基本立场可以说是一种'超越的反智论'"①。牟宗三也说道家"瞧不起见闻之知范围内的识知，瞧不起而且也不能正视。为什么瞧不起呢？就是因为知道这里的病痛，能觉察到识知、见闻之知这个范围内的知的病痛，所以道家也急着往上超转"②。

佛教关于知识的态度，以唯识宗的"转识成智"最为典型。佛教认为，"识"指心所具有的了别的功能，《俱舍论》卷四云："了别故名识"，"智"是超分别的觉悟的智慧，凡夫的"心识"是"有分别"的，佛的"智慧"是"无分别"的，有分别就有了迷惑，有了迷惑就会造恶业，造恶业就会受恶报，受恶报便万劫不复，因而，"识"是成佛的障碍，只有把受污染的"识"转化为清静的"智"，方才求得解脱。与道家"超越的反智论"相似，意在求解脱的佛教只是无意说明安排知识但也并不反对知识，比如医学知识能治病救人，佛教为了照顾到芸芸众生之疾苦不会认定它全是虚妄，也会保住它之存在，按照佛教的说法，这是"方便"或"菩萨道"。牟宗三说："当然达至菩萨的境界时，可以用显神通的方式将疾病化去，而不需要西医。但是菩萨为了顺俗过现实生活，就也可以找西医而不用神通。因为菩萨不能完全离众异俗，若完全离众异俗就不能渡众生。因此菩萨是方便地保住科学知识，是由菩萨的'大悲心'来保住科学知识。"③

儒家关于知识与德性之关系的讨论比较复杂。我们将其发展线索概要地展示如下：（1）在孔、孟等先秦思想家那里，尽管尚未系统讨论，但德智关系问题已经提出，孔子所谓的"智者不惑，仁者不忧，勇者不惧"④ 以及孟子所谓的"仁之实，事亲是也；义之实，从兄是也；智之实，知斯二

---

① 余英时. 历史与思想［M］. 台北：联经出版社，1976：10.
② 牟宗三. 中西哲学之会通十四讲［M］. 长春：吉林出版集团，2015：90.
③ 牟宗三. 中国哲学十九讲［M］. 长春：吉林出版集团，2015：239.
④ 《论语·子罕》.

者弗去是也"① 表明，智不仅是德目之一种，也是成德的方法或途径。（2）到了董仲舒那里，他在《春秋繁露》专辟"必仁且智"章，对仁智关系进行了系统论述。他说："莫近于仁，莫急于智。不仁而有勇力材能，则狂而操利兵也；不智而辨慧狷给，则迷而乘良马也……仁而不智，则爱而不别也；智而不仁，则知而不为也。故仁者所以爱人类也，智者所以除其害也。"② 董仲舒分析了不仁、不智、仁而不智、智而不仁的危害，仁、智之功用，以及人们对近仁急智、必仁且智之期待。董仲舒必仁且智这样的结论必然会遭到仁智孰轻孰重、孰为根本的追问。经过汉末大儒王符"德由智成"的论述，到了三国刘劭这里，在董仲舒处还算平起平坐的仁与智之关系就发生了翻转。刘劭说："夫仁者，德之基也；义者，德之节也；礼者，德之文也；信者，德之固也；智者，德之帅也。"③ 刘劭认识到，智是对事物本质的认识，是对人与人、人与物利害关系的分辨，只有在智的指导下，德才会真正实现关怀人、利益人的目的，因而他认为"智为德帅"。（3）战乱之世是竞于智谋的时代，也是礼崩乐坏的时代。经过残唐五代战乱之逼出，德智关系之讨论在宋明理学那里进入高潮。张载首开"德性之知"与"见闻之知"之辩。一方面，张载认为，"见闻之知"是有限之知，"德性之知"是一种无所不知的知，仅通过累加有限的"见闻之知"是无法达到无所不知的"德性之知"的；另一方面，"见闻之知"虽有局限，但毕竟只有依靠它才可以认识"内外之道"，因此就不能完全否定它的作用。"显然，张载的论述自相矛盾，正因此他为后来的德智关系讨论确立了两种方向：一是'德性之知'需要'见闻之知'；一是'德性之知'不需要'见闻之知'。前者衍化成程朱理学的德智观，后者则成为陆王心学的德智观。"④ 我们认为，"德性之知"与"见闻之知"这样的二分，一方面为人们承认、接纳、认识外在客观知识世界提供了理论依据，如张载、朱熹较多地注意到了客观知识对于成就德性的积极影响；另一方面，也为人们鄙薄外在的知识世界提供了理据，有的人，如王龙溪等，夸大客观知识对

---

① 《孟子·离娄上》.
② 《春秋繁露·必仁且智》.
③ 《人物志·八观》.
④ 张刚. 儒家德智关系论探究 [J]. 河北学刊，2007（2）.

"良知"的有害性,最终有走向反智论的倾向。(4)明末至清中期、晚清至民初,智之地位得到过两次高扬。明末至清中期,有感于王学末流的空谈心性、坐而论道,高攀龙、王夫之、唐甄、戴震等人,在肯定客观知识世界独立存在的基础上,进一步肯定了"闻见之知"的"心之助"地位,唐甄甚至认为智对"三达德"具有基础意义,他在《潜书·性才》中说:"三德之修,皆从智入;三德之功,皆从智出。"晚清至民初,在西方物质文明的刺激及西方自然科学的影响下,智受到了思想家们前所未有的追捧。见识到西方人"以智力胜",有感于中国人不知智之大用,王韬作《智说》一文以示宣扬。他强调:"世以仁义礼智信为五德,吾以为德唯一而已,智是也。有智则仁非伪,义非激,礼非作,信非愚。智也者,洞彻无壤,物来毕照,虚灵不昧,运用如神,其识足以测宇宙之广,其见足以烛古今之变。故四者皆赖智相辅而行。苟无以济之,犹洪炉之无薪火,巨舟之无舟楫也,安能行之哉!"[1] 王韬对中国重仁轻智之传统提出批评,他认为,没有智之审度及化用,仁义就会走偏走空。除王韬外,康有为、梁启超、严复等人也大力提倡智识之学。严复认为,要增宏人的德性,当务之急便是提高人的智识水平,他提出"鼓民力,开民智,新民德"的口号并翻译了一大批西学书籍,以助国人对智识之学的了解。总之,晚清民初之思想界强调智识的客观性、科学性、作用性,较彻底地清除了智识作为一种德性的传统观念。

现在,我们可以对儒家德智关系之讨论稍作总结:在先秦儒家那里,智只是成德的手段或是德的一个组成部分,不具有独立价值;到了汉代,智开始与德并列,在某些方面其地位甚至超过德;宋明时期,德智关系讨论形成高潮,"尊德性"与"道问学"各自得到弘扬;明末至民初,知识分子着重强调作为外在客观的"闻见之知"对德的基础作用。以上线索昭示了如下事实:德与智越来越走向彼此独立。基于以上线索,我们有如下基本认识:在儒家思想史上,德智关系呈现出一个由"德智不分"到"德智分立"、由"以德统智"到"以智帅德"、由"以智利德"到"以智和德"的过程。这一过程表明,随着时代的发展,智的作用越来越突出,传统社会的道德蒙昧现象以及道德中心观念逐渐减弱,道德理智化要求逐渐增强,

---

[1] 徐少锦,温克勤. 中国伦理文化宝库 [M] 北京:中国广播电视出版社,1995:648.

知识理性、科学理性对道德的影响也越来越大，我们认为，未来的人类德性走势应是理智的、科学的①。当然，我们也应该看到，包括儒释道在内的中国哲学对智的消极影响也给予了持久不懈的关注。这提醒我们要认真检讨知识理性、科学技术进步对成就德性的负面影响。

牟宗三认为，无论是庄子持相对主义不可知论的"超越的反智论"，还是佛家保存知识的"方便"，抑或儒家的德智之辨，中国哲学都不是极端地反对智识之学，而是认为智识之学"有而能无，无而能有"，即对生命而言，知识只是一个方便，需要它时，我们可以把它创造出来，此即"无而能有"，不需要它时，我们也可以把它取消化去，此即"有而能无"。正是因为这样的态度，中国人从不迷信知识。而在基督教的传统中，智识之学是"有者不能无，无者不能有"。即是说，对人类而言，知识是必需，一旦有了就不能将之取消，此即"有者不能无"，对上帝而言，知识是不必需的，故而"无者不能有"。正是因为这样的态度，西方人胶着在智识之学上，没有来去自如的活动空间。牟宗三说："中国传统儒、释、道三教的重点不在科学知识，因此没有发展出西方近代的科学，但是在现代我们需要科学知识，就仍可以吸收学习，因此是'无而能有'。有了之后，从成圣成佛的修养工夫而言，仍可以将科学取消化去，因此又是'有而能无'。西方的传统不能取消科学知识，即不能进退转动、来去自如，因此有泛科学主义、泛科技主义，而将人类带向毁灭的途径，这正是现代文明的趋势。"②

## 二、良知自我坎陷开出知识论

通过对中国哲学德智关系之梳理，我们注意到了两点：第一，随着时代的发展，知识越来越重要，而中国哲学在知识论领域并不见精彩；第二，中国学问之精华在性理、空理、玄理，这些都是道德宗教方面的。因而，如何补上中国哲学之所短并发扬中国哲学之所长，即如何既开创出知识论因应时代发展之潮流，又继承中国德性之学的优良传统，成为牟宗三思考的一个问题。

---

① 李承贵. 中国传统哲学中的德智关系论 [J]. 齐鲁学刊，2001（2）.
② 牟宗三. 中国哲学十九讲 [M]. 长春：吉林出版集团，2015：240.

牟宗三认为，知识问题不能总是被"化掉"，它也需要得到一个"安排"。阳明在《传习录》中说："意之所在便是物。如意在于事亲，即事亲便是一物。意在于事君，即事君便是一物。意在于仁民爱物，即仁民爱物便是一物。意在于视听言动，即视听言动便是一物。所以某说无心外之物，无心外之理。"阳明将事亲、事君、仁民等"生活行为"视为"一物"，并将其与良知挂搭起来，这些行为都被我们的良知所主宰从而得周正，所以他说"心外之物"，现在的问题是，亲、君、民等是不是物呢（很明显是，但是在阳明那里被"心外无物"化掉了），又如何穷这些物之理并将其与良知联系起来呢？对此疑问，牟宗三说："吾将如何对付此一种物？此自是知识之问题，而为先哲所不措意者。然在今日，则不能不有以疏解之……在眼前致良知中，总有桌子、椅子一种物间隔而度不过，因而总有此遗漏而不能尽。吾人须有以说明之。看它如何能进入致良知之教义中。此是知识问题也。"①

王阳明那时候的人，重个体人格之修养，生活行为多涉及日常忠孝之事，世间现成知识足以应付，即便复杂点儿的，如处理顾东桥所谓的舜之不告而娶等事，也没办法问人问典，最终还是求诸良知、权衡轻重。时至今日，人之生活行为所涉之事复杂得多，倘若没些专门知识，即便阳明再世，对某些事恐也无所措手足。是故，我们要正视知识世界的存在。中国传统哲学所重在道德境界，尽管不排斥知识世界，但在此处关注不够，因而也未能建立一个知识论系统来。

我们有道德的世界，如良知蒙昧则天地闭贤人隐，良知灵明则天地化草木蕃，也有知识的世界，如桌子、椅子之何所是的问题。道德所断者在生活行为之是非、善恶、宜与不宜，倘若断一行为是善的，我们必想方设法去完成它，否则，就会有意不诚心不正之愧。如我们断一"造桌子"的行为是善的，必发念造此桌子。而要造成此桌子，必有关于桌子之知识，比如有关桌子的结构、造桌子的程序等，否则的话，虽然有造桌子的愿望，但仍旧不能实现它。牟宗三说："此不得咎良知天理之不足，盖良知天理所负之责任不在此。此应归咎于对造桌子之无知识也。就此观之，造桌子之

---

① 牟宗三. 从陆象山到刘蕺山 [M]. 长春：吉林出版集团，2015：156-157.

行为要贯彻而实现，除良知天理以及致良知之天理外，还须有造桌子之知识为条件。"① 牟宗三认为，此知识之一套，非良知可直接供给，必须以"了别心"知之于外物而有待于学。

牟宗三发现，中国哲学所擅长的性理、空理、玄理等与西方哲学所擅长的数理、物理、事理等是不同的，前者重在自由意志的自我决断和对自己行为的负责，后者重在对因果律的把握，认识前后两类之理的心也是不同的，前者靠"天心"，后者靠"了别心"。"牟宗三主张把这两者分开来加以研究，通过对良知和道德行为的反省而建立'道德形上学'，通过对知识行为的反省建立'知识论'。知识论的要义是对'了别心'本身加以考察，即考察了别心是如何认识对象的，这是对了别心的认知方式及其可能性条件的考察……以往中国知识分子已经大致知道如何分门别类地研究认知对象，这形成礼、乐、射、御、书、数的六艺，也形成'天文''地理''政治''经济'等学科，但是缺乏关注对心的'知'的行为和方式本身的考察，也没有注意到'道德心'与'了别心'在认知方式上的重大差异。时至今日，对这一点必须加以补救。"②

牟宗三将世界分为行为世界（道德世界）与知识世界，将心分为天心与了别心，强调道德世界与知识世界、天心与了别心各自的独立性、重要性，这明显是受到了康德哲学影响。问题是，牟宗三又是如何愈合康德哲学中物自体与现象之间那条不可逾越的鸿沟的呢？在牟宗三看来，康德哲学之所以存在一条鸿沟，乃是他认为，与上帝相比，人是有限之存在，没有可以认识物自体的"智的直觉"，而牟宗三认为，中国哲学无须虚设上帝，在儒家人皆可以为尧舜，在佛家人皆可以成菩萨，在道家人皆可以成真人，不管是儒佛道哪一家，都认为人虽有限而无限，人有良知、般若智、道心，这些都是康德所谓的专属上帝的"智的直觉"，它们既通本体界，又通现象界，通天通地，遍润万物，无所不至。

牟宗三认为，"天心"与"了别心"合一在"致良知"上，就像我们诚心造桌子，造桌子的责任心和造桌子的知识都统合在"致良知上"。更准

---

① 牟宗三. 从陆象山到刘蕺山 [M]. 长春：吉林出版集团，2015：159.
② 张庆熊. 从"致知疑难"的求解看牟宗三与熊十力的异同 [J]. 学术月刊，2016（6）.

确地说,"良知天理决定行为之当作,致良知则是由意志律而实现此行为。然在'致'字上,亦复当有知识所知之事物律以实现此行为。吾人可曰:意志律是此行为之形式因,事物律则是其材质因。依是,就在'致'字上,吾人不单有天理之贯彻以正当此行为,且即于此而透露出一'物理'以实现此行为(实现不只靠物理,而物理却也是实现之一具)。是以在致字上,吾人可摄进知识而融于致良知之教义中,要致良知,此'致'字迫使吾人吸收知识。一切活动皆行为。依是,致良知乃是超越之一套,乃是笼罩者。在此笼罩而超越之一套中,知识是其中之一分。就此全套言,皆系于良知之天理,犹网之系于纲。从此言之,心外无物,心外无理。然而此全套中单单那一分却是全套之出气筒,却是一个通孔。由此而可以通于外。在此而有内外之别,心理之二。此个通孔是不可少的。没有它,吾人不能完成吾人之行为,不能达致良知之天理于阳明所说之事事物物上而正之"①。

关于知识与良知,牟宗三以网与纲、副套与主套的关系喻之,表明它们系于一体但又有所区别。在中国哲学,道德具有本体地位,圣人之道,发育万物,峻极于天,不可须臾离也,知识是"无而能有,有而能无"的,三家尤其是儒家不排斥知识更不滞于知识,故道德世界是"主套",知识世界是"副套",道德是笼罩者,是纲,知识是网,是通孔,道德笼罩、提撕知识不使之破散,知识外化道德而不使之枯萎。我们要问的是,中国哲学为什么要用道德之纲把知识之网缚住?这一缚即是要表明,知识的真正的"家"在哪里,或者说,知识最终的归处在哪里。一般认为,知识因促成行为、达成目的而被开发出来,如果它仅仅以行为目的之达成为"家","那么这与西方哲学中经常讲到的'目的理性'或'工具理性'有什么差异……牟宗三所推崇的王阳明哲学之精髓在于,把'良知'作为本体,把'致良知'作为人生的目的,因此他着重考虑如何从本体论的意义上阐明'致良知'的主套与'成就知识或获得知识'的副套之间的关系,从而阐明知识为什么和如何才能真正为'致良知'的目的服务。"②

还有一个问题,"了别心"或"副套"如何出来呢?在牟宗三看来,

---

① 牟宗三. 从陆象山到刘蕺山 [M]. 长春:吉林出版集团,2015:159.
② 张庆熊. 从"致知疑难"的求解看牟宗三与熊十力的异同 [J]. 学术月刊,2016 (4).

"了别心"是良知在"天心"之外的另一个面相,它不是人之为人的本质所在,也不是非得时时刻刻在场不可的,当需要它时,比如现时代,老老实实把它开出来即可。怎么开?良知坎陷。牟宗三说:"在致字上,吾心之良知亦须决定自己转而为了别。此种转化是良知自己决定坎陷其自己:此亦是其天理之一环。坎陷其自己而为了别以从物。从物始能知物,知物始能宰物。"① 有学者通过"说文解字"的形式对"坎陷"之本义作了探究,认为"坎陷"之本义,大致指"从高坠下入于险地",既然牟宗三对"坎陷"一词未加解说,应该如其本义,因而,良知坎陷即指"形上心(良知天心)通过自我的曲折而下落成为认识心(了别心),以认识物理,成就知识"②。

"坎陷"概念是牟宗三的一个极其重要的哲学概念,他在许多地方均有提及,与之相近并可以释其涵义的词有自我否定、转一个弯、曲折、致曲、让开一步、冷静下来、下降凝聚、摄智归仁等,"总起来说,在牟宗三关于坎陷的各种不同说法中有三项内容最为重要,一是'让开一步',二是'下降凝聚',三是'摄智归仁'。这三项内容都不可或缺,但侧重点各不相同。'让开一步'意在强调暂时退让一下,不再发展自身。'下降凝聚'进一步指明发展的方向不是向上而是向下,是将力量向下引,发展下面的内容。'摄智归仁'则进一步着重强调坎陷不能离开道德的指导"③。人可无限,但人毕竟不是神,虽在道德处见其本真,但他尚需知识与世界打交道。良知是德性生命的滋养者,它时刻调适而上遂,但为了照顾人之自然生命的安顿,照顾人之知识的获取,上达的同时它还会下开,下开不是永远的状态,下开后它仍旧要归其位。让开、下降、归位是"坎陷"概念最为重要的三个基本要素。

假如说,"天心"与"了别心"之分而确保知识世界的独立性是受到西方哲学长处影响的话,"主套"与"副套"的安排则是想保持中国哲学重视德性之优良传统,"坎陷"又把"天心"与"了别心"、"主套"与"副套"联系在了一起。在牟宗三看来,只有德智双彰,摄智归仁才能架构起"生命的学问"。

---

① 牟宗三. 从陆象山到刘蕺山 [M]. 长春:吉林出版集团,2015:160.
② 白欲晓. "良知坎陷":牟宗三的思想脉络与理论展开 [J]. 现代哲学,2007(4).
③ 杨泽波. 贡献与终结:牟宗三儒学思想研究:第一卷 [M]. 上海:上海人民出版社,2014:44.

## 第三节 在"仁智双彰,摄智归仁"中架构"生命的学问"

我们的自然生命总遭到如弗洛伊德所谓的"力比多"的折磨,我们的德性生命也总难逃贾宝玉式的"无故寻愁觅恨"的苦闷。牟宗三颇欣赏一首宋诗:黄梅时节家家雨,青草池塘处处蛙。有约不来过夜半,闲敲棋子落灯花。雨落个不停,蛙声一片,单调又聒噪,找不到什么事情干,等人又等得焦急,牟宗三认为这首诗透出了生命的烦闷、蠢动、落寞、压抑,这样的生命,它总不安分、总要表现、总要冲破。因而,如何贞定生命,成了中西哲人所面对的共同问题。牟宗三认为,只有很好地厘清了德智关系,才能架构真正的"生命的学问"。

从中西文化的总体情况来看,西方人向外向下用力,在"智"上贞定生命,中国人向内向上用力,在"德"上贞定生命。西方人用智慧把世界变得有序了、分明了、丰富了。牟宗三说:"智慧是一把刀,它的开发带着这把刀到处斩荆截棘。刀有利性,智慧有利性。锋利所至,一切皆分明豁朗起来。这是随利而来的'贞'。"① 但是,在牟宗三看来,西方人这种追外逐利、厘清世界并不能真正地贞定生命,因为"他们只能向前看,不能向后看。他们不能反观,若深更半夜安静下来,深自反观体察一下,定会四顾茫然。他们是战场上的斗士,只许前冲,不许反省。稍一反省,便不能打仗"②。他们把世界厘清得妥妥帖帖,物质丰裕,猛回头,发现自己的生命还是一团漆黑。这就是赢得了整个世界回头却发现失去了自己。外重而内轻。当西方人生命不向外"冲锋陷阵",静下来"四顾茫然"的时候,他们又把那烦闷、蠢动的生命维系在宗教信仰及美的欣赏上,但牟宗三又说:"当默祷上帝的时候,是把他们自己投身于上帝而融化于神的绝对中;

---

① 牟宗三. 寂寞中的独体 [M]. 北京:新星出版社,2005:102.
② 牟宗三. 寂寞中的独体 [M]. 北京:新星出版社,2005:103.

当欣赏美的理型时,是把他们自己投身于'美的理型'而融化于那个纯理的世界中。宗教经验,美的欣赏,皆须忘己而投身于对象中,消灭了自己而把自己藏在绝对里,没有分别,意识不起,时间、空间一起消失。此时即没有独体,而复归于混沌,西方人叫做'神秘境界'。到此便是'止',便是'寂',便是'死'。"①

由此观之,逻辑的真、宗教的善、艺术的美,这些都不能真正地贞定生命。西方人用智慧开辟发现了外在的"理",可是"理"出现了,他的生命却枯竭了,世界分明了,而他的生命糊涂了、解体了。西方人"重重叠叠的界说"以贞定生命的路数与阳明格竹子以贞定生命的路数颇为相似,但是阳明马上从肢解破碎中打回来,直面良知而把握住了生命。"承当生命的大担子,是'理想'的根源,是'意义'的根源。凡不从此着眼,除了顺着科学说科学范围内的话外,决不能有所说。"② 在牟宗三看来,只有于仁体处才能贞定生命。仁体是先天存在的,只可说显隐,不可说有无。一"觉"则仁显,仁显则生命安。如孔子觉,不倦不忧,不知老之将至;孟子觉,耳目爽朗,心思豁顺,浩然之气,充塞天地。所谓"成仁即成生",一觉即便造次颠沛哪怕是杀身亦不令其失。

西方人用智慧的开辟与烛照,通过赢得世界而成就自己,这是"外重内轻"。西方人把生命之轻重看得分明,重即是重,轻即是轻,他们在此处从不打马虎眼。有时候我们也欣赏他们的严谨,但我们认为,这毕竟有些小家子气,没有看到生命轻重变化之妙,故而他们的生命最多只可以用秩序、力量、充沛、丰饶等词来形容,而与《中庸》中所谓的无息、悠远、博厚、高明等词无关。中国人在生命轻重之认识上有大学问。凭天地如何运转,凭他人如何争论,首先直面仁体,识得自己无尽藏,这是"内重外轻";自己干枯了,世界便干枯,自己丰富了,世界也要丰富,接着如"横渠四句"所讲,要为天地、生民、往圣、万世出一些力,使万物"一起登法界",这是"内外同重";继之我们又意识到二程所谓的"太山为高矣,

---

① 牟宗三. 寂寞中的独体 [M]. 北京:新星出版社,2005:103.
② 牟宗三. 寂寞中的独体 [M]. 北京:新星出版社,2005:107-108.

然太山顶上已不属太山。虽尧、舜之事，亦只是如太虚中一点浮云过目"①。体会到王龙溪所谓的"体用显微，只是一机；心意知物，只是一事。若悟得心是无善无恶之心，意即是无善无恶之意，知即是无善无恶之知，物即是无善无恶之物"②。这时，生命一任"天理流行"，便是"内外俱轻"；然而转眼间，生命又战战兢兢如履薄冰，俨若"内轻外重"，这是"敬畏天命"的恐惧，是"后天而奉天时"的虔诚，是孔子"假我数年以学《易》而无大过"的遗憾。经过内外轻重的这么几个翻转，中国人之生命可谓是"丰富"了，这与上述的西方人生命之"丰饶""丰裕"所蕴含的内容是大不相同的。

从"内重外轻"到"内外同重"再到"内外俱轻"又到"内轻外重"，关键是"觉"。人之"觉"分有无先后多少，"百姓日用而不知"，想着老百姓都同孔孟一样在生命轻重上翻来翻去、高度自觉，是不切实际的。苏格拉底之悲剧就在于他对雅典人存此念想。强敌环伺，那些关注着城邦与自身之存亡的雅典人绝不能像苏格拉底那般关注自己的灵魂，苏格拉底一遍又一遍地告诉雅典人抛弃俗务而倾听自己内心的声音，这不是"蛊惑青年""危害城邦"又是什么？人之境界的提升与人之存在及社会的团结、稳定、发展有不同的侧重点，前者重在"内"，后者重在"外"，前者重在道德，后者重在知识，或者按施特劳斯的区分，前者重在对"真理"的坚持，后者重在对"意见"的调和，掌握"真理"的极少数哲学家应当正视普通人的"意见"，他们应当区分作为追求真理的"隐微教诲"与有益于他人、社会的"显白教诲"③。按照儒家的理解，说白了，对自己的"隐微教诲"就是"足信"，对他人、社会的"显白教诲"就是"足食，足兵"，或者对自己是居无求安、食无求饱、杀身成仁，对他人是"老者安之，少者怀之"。徐复观提到儒家"修己"与"治人"之间的区别时说："修己的、学术上的标准，总是将自然生命不断底向德性上提，决不在自然生命上立足，决不在自然生命的要求上安设价值的。治人的、政治上的标准，当然还是承认德性的标准；但这只是居于第二的地位，而必以人民的自然生命的要

---

① 程颢，程颐. 二程遗书［M］. 上海：上海古籍出版社，2020：111.
② 甄隐. 儒家内圣修持辑要［M］. 北京：中国发展出版社，2015：470.
③ 刘小枫. 苏格拉底问题与现代性：施特劳斯讲演与论文集：第二卷［M］. 北京：华夏出版社，2008：156－157.

求居于第一的地位。治人的、政治上的价值，首先是安设在人民的自然生命的要求之上；其他价值，必附丽于此一价值而始有其价值。"①

但是，我们注意到，中国哲学传统有重内轻外、重道德轻知识、重修己轻安人的倾向。儒家可把生命带至悠远、博厚、高明之境地，但于生命之秩序、充实、丰饶处不甚着力。西方人在此处见光彩，这是他们以智向外劈向下开的结果。生命之外转下贯最重要之事就在科学知识与民主建国上。牟宗三说："知识不建，则生命有窒死之虞，因而必蹈虚而漂荡。知识不广则无博厚之根基，构造之间架，因而亦不能支撑其高远……国家政制不能建立，高明之道即不能客观实现于历史。高明之道之只表现为道德形式，亦如普世之宗教，只有个人精神与绝对精神。人人可以与天地精神相往来，而不能有客观精神作集团组织之表现。是以其个人精神必止于主观，其天地精神必流于虚浮而阴淡。人类精神仍不能有积极而充实之光辉。"②我们应该正视智识之学对生命的作用，使生命在丰饶、充实的基础上真正地丰富、高远。

补上智识之学一课，是个体在现时代安身立命所需，也是民族、国家现代化所需。但是，鉴于西方人"智及"之成就不能被"仁守"而终被战火毁于一旦的教训，我们应于"智"之外化下开时，注意人生之向内向上，"向上心，即不甘于错误的心，即是非之心，好善服善的心，要求公平合理的心，拥护正义的心，知耻要强的心，嫌恶懒散而喜振作的心……总之，于人生利害得失之外，更有向上一念者是；我们总称之曰'人生向上'"③。梁漱溟认为，"智"管利害得失，"德"管人生向上，中国古人讲"义"讲"理"，尤重"人生向上"，惜近代人受功利思想影响，驰骛于外，体认不到此，所以生命痛苦不堪。

前面提到"坎陷"，其一重要含义就是"摄智归仁"，即作为"副套"的智识之学要回归到作为"主套"的德性之学上来。假如一任德性之学死气沉沉而智识之学纵横驰骋，则无异于主人将死而家奴造反，其结果必然

---

① 徐复观. 徐复观文集：第二卷 [M]. 武汉：湖北人民出版社，2002：75.
② 牟宗三. 道德的理想主义 [M]. 长春：吉林出版集团，2015：5.
③ 梁漱溟. 中国文化要义 [M]. 上海：上海人民出版社，2003：155.

是家亡财散。在 20 世纪上半叶，无论是列强侵略、辛亥革命、军阀混战还是抗日战争，毋庸置疑，中国最需的就是军事、经济、政治之强大。熊十力参军参政，都为之奋斗过，但最后认为，最为重要、最为根本的还是在"心"上做功夫，心散则诸事散，即便引进了西方的坚船利炮，即便创立了诸多实业，即便推翻了帝制建立了共和，但皆散漫疲软、回天乏力；相反，虽然军事、经济、政治等皆不如人，只要作为华夏子孙的仁心德慧不失，哪怕一切都是烂摊子，我们也能收拾聚拢、维新其命、起死回生、逢凶化吉，靠的不是"气力"而是"精神"。熊十力重视"德"对"智"之调护。牟宗三认为，熊十力的"学问"之真就在"直透法体"，这是根本，也是高度，你可以在某些专门的知识上胜过熊十力，但他因为抓住了根本，站住了高度，他仍然批评你不对，说你那是"小聪明"。

近代以来，中国人之生命陷入极其苦闷之境地：一方面，我们在物质生活上落后于西方，所追求的民主与科学亦逡巡不前，自然生命未得到很好的安顿；另一方面，孔孟之教在全盘西化的时代风潮面前不断遭到侵蚀，中国人渐而失去了安顿德性生命之传统屏障。面对这种情况，牟宗三认为，重开的"生命的学问"，需要通过德智双修、以德摄智来架构，具体说来，由内转上翻而安顿德性生命，由外转下贯而安顿自然生命，以德性生命来提厮自然生命，只有经过上下双向的循环，生命才能"极高明而道中庸"。

方东美认为，物质世界与精神世界是生命大厦的两大支柱，我们需要上下回向地建设好这两大支柱：首先，我们要有一个"下回向"，即站在形而下的角度，建设好物质世界并把其当作生命的起点与基础；其次，我们应该有一个"上回向"，即"根据物质条件，去从事生命的活动，发现生命向上有更进一层的前途，在那个地方去追求更高的意义、更高的价值、更美的理想……以上回向的这个方向为凭借，在这上面去建筑艺术世界、道德世界、宗教领域；把生命所有存在的基础，一层一层向上提高、一层一层向上提升"①。方东美所揭示的生命有基础、有层次、有追求，这就是"生命的学问"。

---

① 方东美. 生命理想与文化类型：方东美新儒学论著辑要 [M]. 北京：中国广播电视出版社，612 – 613.

# 第四章
# 生命"外化"的学问：牟宗三"生命的学问"之展开（一）

上一章讲到了牟宗三先生"生命的学问"的双向逻辑架构，这只是在理智思辨的领域谈"生命的学问"，"生命的学问"还没有打落到现实存在的领域中来。而对于身处20世纪上半叶的中国人而言，现实存在领域的生命之痛尤甚。生命一旦打落到现实存在的领域，就自然地要与家国情怀、历史文化意识一起谈。20世纪上半叶，救亡图存、国家现代化的问题是中国人安身立命最为紧迫的问题，因而，牟宗三"生命的学问"首先具体展开的，就是如何在"人文化成"的现实世界中安顿中国人的生命。

## 第一节 贞定民族精神，安顿调护生命

我们每一个个体生命的存在与发展，离不开家国社会的支持。牟宗三认为，作为受中华传统文化滋养的中国人，我们的个体生命与民族文化生命息息相关，只有首先知道我们民族文化的精髓所在，才能安顿调护我们的生命。

### 一、由个体生命外视民族文化生命

我们多次讲到，在牟宗三那里，"生命"所蕴含的维度是多样的，主要有个体的自然生命、个体的德性生命、国家生命、民族生命、民族文化生命等，在有些地方，牟宗三甚至还谈到了人类发展的生命。一个人之存在，

既有肉体/精神的二重性，亦有个体/社会的二重性。牟宗三这样谈，我们也能很好理解。

对生命学问的体悟，当然首先是来自于自身的身心之痛痒，不过，随着体悟的深入，人们自然就会把自身的身心痛痒与家国社会联系起来，追问国家为什么会是这样，进一步地，就会追问民族文化传统为什么会是这样，到底是哪里出了问题。尤其像中国这样一个家国本位、历史悠久的国家，人们往往将个体放到家国社会、放到历史传统来理解。明末的王船山，将个体生命之苦与家国之恨再与文化传统之思紧密联系起来，这才有了《船山全书》传世。鲁迅弃医从文，即是经历了一个由父病看到国家社会病再看到民族文化病这样的一个过程。

将个体生命之痛与家国社会之发展联系在一起，对此很好理解。因为一个强大的家国社会会为个体的生命追求提供很好的支撑保障，反之，身处一个动荡、贫弱的国家社会中，个体的生命安顿是很难实现的，所以我们有"宁为太平犬，不做乱世人"的说法。美国哲学家罗蒂谈到了两类作家的两类用处："克尔凯郭尔、尼采、波特莱尔、普鲁斯特、海德格尔和纳博科夫等人的用处，在于他们是人格的模范，告诉我们私人的完美——亦即自我创造的、自律的人生——到底是怎么回事。马克思、穆勒、杜威、哈贝马斯和罗尔斯等人的用处，则不在于人格的模范，而在于他们是社会公民的一分子。他们共同参与一项社会任务，努力使我们的制度和实务更加公正无私，并减少残酷暴虐。"① 罗蒂告诉我们，畅达生命可在"私人完美"与"贡献社会"两个方面着力，倘若不去尽心"铸就我们的国家"，那么我们很可能生活在奥威尔《一九八四》中所揭示的极权主义的制度下，自由荡然无存，生命朝不保夕。美国哲学家尼布尔也认为，生命有两个集中点，一个集中在个人的内在德性生活中，一个集中在维持人类社会生活的稳定中，只有个人在伟大的事物中发现自己以及努力地实现社会的公平正义，我们才能实现生命价值。尼布尔看到了"生命两个集中点"之间的联系：(1) 个体之德性如不通及于社会并在社会交往中实现之，则会流入空洞与混乱，进一步说，只有贡献了社会，努力促进了社会公正，个体之

---

① [美] 罗蒂. 偶然、反讽与团结 [M]. 徐文瑞, 译. 北京：商务印书馆, 2003: 4.

德性才算圆满；（2）实现社会公正需要用道德良知来引导，没有道德的参与，追求公正时的非理性行为就得不到控制，仅仅作为公正的任何公正，不久都会变质而失去公正性，这时候，公正就会对社会、对"道德的人"造成巨大的危害①。尼布尔的观点与儒家"内圣外王"的思想是相吻合的。在儒家看来，一方面，一物失其所，便是仁之未尽处，只有博施济众、天下同乐，才算德行之圆满；另一方面，要通过圣君贤相，努力地实行"仁政"，只有"仁政"的保障，人们才能实现各适其性、各遂其生的美好。

进一步，为什么又要将个体生命之痛与民族文化之思联系起来呢？这也好理解。因为家国之羸弱，有时候是被别人打痛而感知出来的，但是痛定思痛后，一定会觉察到这种羸弱非现时之现象，乃是积贫积弱的结果，根子还是在文化传统的某一处毛病上，所谓观念造就的积弊，一时难返。帝国主义的枪炮侵略，使中国人意识到自己国家在军事、政治、经济上的落后，进一步地，引发了中国人对自身文化传统的反思，这才有了"新文化运动"。陈独秀认为，近代中国人，饱受列强欺凌，结合自身个体的生命之痛，遂有"政治的觉悟"，认为我们国家政治制度不如人，但这还不是"最后的觉悟"，只有在伦理道德上深刻反省我们的文化传统，才算是真正的觉悟，因为"伦理思想，影响于政治，各国皆然，吾华尤甚"②。陈独秀这里说得很清楚，我们家国社会的各项制度，背后其实是伦理文化在支撑。牟宗三亦说："无论是就满清帝国以立宪或是改中华民国后就五族共和以立宪。这自然是民主政治的意识，这是不错的。然在中国要实现这个新政体，是要费大力的，这就要牵涉到文化生命的问题。"③

牟宗三还明确说："在民族生命的集团实践中，抒发出有观念内容的理想，以指导它的实践，引生它的实践。观念就是它实践的方向与态度。这个观念形态就是这个民族的'文化形态'之根。由文化形态引生这个民族的'文化意识'。是以在实践中，同时有理想有观念，亦同时就是文化

---

① ［美］尼布尔. 道德的人与不道德的社会［M］. 蒋庆，等译. 贵阳：贵州人民出版社，1998：202.

② 陈独秀. 独秀文存［M］. 合肥：安徽人民出版社，1987：41.

③ 牟宗三. 五十自述［M］. 台北：联经出版社，2003：22.

的。"① 在牟宗三看来，社会政治、经济等领域的诸多实践，其背后一定有一个理想的、精神的东西在指导、推动，"政治社会的转型有待思想文化的推动，不具备思想文化的条件，政治社会的转型是难竟全功的，而且会有很多的迂回、曲折、扭曲、杂质的发展，民主没有生根，科学也没有生根。所以，尽管中国人在当代政治社会的奋斗是一波又一波地，但是却一而再、再而三地把我们成功的果实流失了。我觉得这是因为没有在思想文化的层次预做疏导的工作"②。

牟宗三的"生命的学问"走的即是个体生命之痛痒—家国社会之反省—民族文化之检视这样的路数。这一点他自己在多处有交代："由于我个人的遭遇，我正视我个人的存在的生命之艰难。由于国家的遭遇，我正视民族的存在的生命之艰难，我亲切感到学风士习之堕落与鄙俗。我的生命的途径必须畅达，民族生命的途径必须畅达。"③ "时代演变至今日，人类之命运，中华民族之国运，中西文化之命运，实已届严重考验之时，诚已面临黑格尔所谓'上帝法庭'之前矣。其将自沉沦以终乎？亦将跃然以起乎？此不可不彻底省悟也。吾以疏通中国文化为主，会而观之，则了然矣。"④

牟宗三将自己这样探究"生命的学问"的路数称为"存在的进路"。在牟宗三看来，审视"生命的学问"之进路有二："非存在"的进路与"存在的"的进路。"非存在"进路之"生命的学问"，如康德、怀特海等人之学问，运用概念和逻辑把生命理顺，只算是解悟；"存在"进路之"生命的学问"，如王船山那样的悲自身悲家国悲民族之学问，追问家国何以至此、民族文化何以至此，才算是证悟、彻悟。有学者对牟宗三所谓的"非存在"进路与"存在"进路有详细阐释："生命之学问，其所欲探讨者，亦即'人生'之问题，并且包括环绕'人生'问题之生命现象、人间关系、生活内容、人文价值；以及社会组织、政治制度、科学性质、历史成就……诸方面。至于探讨之态度，大概言之，则可有①存在，②非存在，两种不同之进路。今人治学，固多以'人生'以及环绕'人生'之诸问题为对象。然

---

① 牟宗三. 历史哲学 [M]. 长春：吉林出版集团，2015：5-6.
② 牟宗三. 时代与感受 [M]. 台北：联经出版社，2003：87.
③ 牟宗三. 五十自述 [M]. 台北：联经出版社，2003：87.
④ 牟宗三. 历史哲学 [M]. 长春：吉林出版集团，2015：自序2.

而，所采取之途径，每为所谓'科学方法'，即运用调查、实验、观察、统计、分析、归纳……诸手续，以掌握证据，支持论说；或者遵循思维方法，以求得结论。诚然，运用'科学方法'，可以成就客观、系统之知识，如心理学、生理学、社会学、政治学……莫不有功于学术。不过，亦难免有其限度与弊端。盖'科学方法'之于治学，其领域，仅及于感性层、知性层，过此则既非其所能及，且为其所排斥；是故，其主观心灵与客观对象，乃陷于互为外在之格局。其情怀既无处挂搭，其感应亦每偏颇、飘荡；以致流为干枯、苍凉；或者转出轻佻、反激，斯乃'非存在'之进路。""其所以为'存在'之进路者，乃包含下列二义：①内在化——即以主观之个己生命，内在于客观之民族生命；摄客观之民族生命，内在于主观之个己生命；则主观之个己生命，与客观之民族生命，互为内在矣。②实践性——即个己之遭遇，莫非为民族之命运所笼罩；民族之苦难，无不为个己之痛切所感受。夫民族之苦难，其现象，则为兴衰、治乱、分合；其原因，或由于指导观念之偏激，或由于政治权力之膨胀，或由于私心欲望之泛滥，或由于利害冲突之抗争，或由于异族列强之侵略，或由于天灾人祸之无奈……而以'存在'之进路，探讨其学问，则对吾华族之一忧一患，一苦一难，皆有一鞭条痕之感受，皆为痛定思痛之承当因此，思索其导致之因缘；并超转至心灵中之'先验原理'，人性上之价值根源，以及气质之变化，制度之改革，以寻求最深之根本解决之理由与途径，依此，而未来之远景，亦可预知其大略，斯乃经由'存在'之进路，以探讨生命之学问，所以深具意义与必须。"①

由此观之，我们可以得到以下结论：牟宗三将自己个体的忧患苦难与国家、民族的忧患苦难"一条鞭"地联系在一起，不把个体生命置身于国家、民族生命之外而仅对其作客观之理解，他意识到个体之命运，无不为民族之命运所笼罩，民族之苦难，亦无不为个体所感受所引致，而民族的苦难，又与民族精神文化息息相关，是故，一定要由个体生命向外看，看到民族文化生命的问题，一定要"畅通民族文化生命"。民族文化生命之畅通就是要使其生机勃勃，主要的问题又有二：首先即是要明晰民族文化的

---

① 陈拱，等. 牟宗三先生的哲学与著作 [C]. 台北：台湾学生书局，1978：287 - 289.

精髓所在,要让民族文化精神打破误解、诽谤、阻碍,顺顺当当地传承下来;其次即是要让民族文化"补其弊",能够适应现代化、现时代发展的要求。接下来,我们就要具体看这两个问题。

## 二、民族文化生命的不同形态

在牟宗三看来,无论是对个人的生命而言还是对民族的生命而言,要想有光明或生机,必须有一个精神的东西、理想的东西在支撑,人有了精气神,有了理想,他的生命才不倒,民族亦然。牟宗三说:"是以,就个人言,在实践中,个人的生命就是一个精神的生命,精神的生命含着一个'精神的实体'。此实体就是个人生命的一个'本'。就民族言,在实践中,一个民族的生命就是一个普遍的精神生命,此中含有一个普遍的精神实体。此普遍的精神实体,在民族生命的集团实践中,抒发出有观念内容的理想,以指导它的实践,引生它的实践。"[①] 牟宗三认为,个体或民族之所以会产生精神的东西、理想的东西,是因为个体也好,民族也好,皆不愿意自甘堕落,皆有向上向好向善的心,这个涌动的心使得个体精神、民族精神得以产生,进而使得个体生命不息、民族生命不息。

牟宗三进一步认为,不同民族具有不同的历史文化精神,有的表现光彩一些,有的表现黯淡一些,即便是同一个民族,在不同的历史发展时期,其历史文化精神表现亦有好有坏、有曲有直、有充分有不足。这很好理解,因为人受时空的限制、受实践的限制、受知识的限制,受自身动物性的限制,不可能在一时一地将人类历史文化精神所有好的东西都一股脑儿表现出来。牟宗三认为,把握民族文化精神的精髓,就可以把握民族生命的脉动,但是假如民族文化精神暂时表现出"负的价值"或"不好"的一面,这也不打紧,因为它会在民族向好向上向善的发展要求下不断得到纠正和改进,而不同民族文化精神也会在人类向好向上向善的必然性要求下趋于会通。牟宗三的上述思考对我们的启示是:中华民族上下五千年而弦歌不

---

① 牟宗三. 历史哲学 [M]. 长春:吉林出版集团,2015:6-7.

绝，必有一精神形态的东西在支撑，这是我们首先要把握的①；而到了近代，我们出现了民族危亡的问题，说明这个精神形态有不完备或有改进的地方，这是我们也要承认的；欧美之民族，在其历史发展过程中，也必然透出一些精神形态的东西来，我们于此也是要研究要学习的。

因为所侧重的内容不一样，牟宗三认为，中、西之民族文化生命有不同的表现形态。概而观之，有三种类型的文化生命：综合的尽理之精神、综合的尽气之精神、分解的尽理之精神。为了理解牟宗三所谓的三种文化类型，我们首先来理解"综合""分解""理""气"等概念。所谓"综合"，含有"上下通彻，内外贯通"的涵义，上面通天，下面通人，内而通德性修养，外而通人文世界，"天人合一"即是综合的精神。所谓"分解"，即是将具体物打开而破裂之，抽出某一面后以概念固定之，层层限定即是分解的精神。所谓"理"，不外道德之理与逻辑之理两项，情理、事理，即是道德之理，数理、物理，即是逻辑之理。所谓"气"，多指勇气、才气之类，气机之鼓荡，才情之飞跃，往往是"气质"的表现。理解了以上的关键概念，我们就好理解牟宗三所谓的三种不同的文化生命了，简而言之："综合的尽理"即是内而追求道德修养外而追求利乐文制这样的天人合一、内外合一的精神表现；"综合的尽气"即是追求原始生命之生机的精神表现；"分解的尽理"即是追求事物的方正与层次的精神表现。

勇气、才气等皆是"可遇而不可求"的，"尽气"之人，大致指风流之士、英雄之士、侠义之士、才俊之士等，在历史上是少数。在牟宗三看来，中国文化生命的精髓在"综合的尽理"方面，西方文化生命的精髓在"分解的尽理"方面。我们可以从中、西方人生活态度、生活方式的对比中看牟宗三的这一论断。在日常生活中，中国人追求"合情合理"的生活，至于说所合的这个"情理"具体指什么，中国人往往说不出个一二三来，但是，是否"合情合理"，中国人能感受、能体悟得到。合了情理，他就会很有和谐的感觉，不合情理，他就与自己、与他人格格不入，而这种格格不

---

① 一般地，我们可以列举勤劳勇敢、自强不息、艰苦奋斗、改革创新等等，为支撑中华民族发展的精神，需要说明的是，在《历史哲学》一书中，牟宗三并不是从上述这些"具体精神"而是从更为抽象的"精神实体""精神形态"来谈民族生命的发展的，比如中华民族历史在"综合的尽理之精神"中的发展。

入让他心底甚是不安。中国人注重"履理",他不会把自己推到理外,先客观地搞清楚理再去行事,而是边行事边透悟此理,是否得理全看其心之安与不安,如若透悟到天人合一之理,那便是极大的快乐。与中国人注重"履理"不一样,西方人注重"析理"。他一定是先把自己推到理外,对理进行客观的了解,然后再依理行事,是否得理就看其行事之目的有否达成,如若未达成,那便是理有粗糙处,需再析之,及至那分子、原子、电子乃至更小的单位,他才善罢甘休。牟宗三说:"中国文化传统中,不喜欢讲那抽象的死硬的理性,而是讲那具体的情理或事理。那就是说,他们讲的理是性情中的理,是事变中的理;在生活上,天理人情都要顾及,己所不欲,勿施于人。'很合情理'是生活上的一种具体表现:是生活,亦是艺术,是道德,亦是智慧。性命、理气、才情,一起都在内。没有经过概念的分解,横撑竖架,把它撑开(宋明理学已经有分解,但是在践履工夫中察识到,亦不像西方逻辑思辨那种概念的分解)。禅宗所谓'作用见性'正好是这样态度的表示。"①

因对"理"之内涵理解与把握方式的不同,中、西之人在生命情趣与生命态度上也大有迥异。大致说来,中国人生命格调高扬、大气、悠远、极富逍遥感、快乐感,西方人生命格调工巧、严谨、务实,极富充实感(主要指物质方面)、丰裕感。当然,两相比较,中、西人各自生命格调之美又恰衬出各自生命格调之所缺。比如,近代以来,中国人在生活的富裕程度、民主政治的践行、科学技术的发展等方面,相比西方人有发展的差距。牟宗三认为,我们天天喊着要学习西方人的民主和科学,这只是表面的凑热闹,其实,我们要看到他们民族文化后面精神形态的东西。

要在精神的层面谈民族生命,牟宗三的以上看法受到了黑格尔、王船山等人的影响。在黑格尔看来,世界不是落花无主、随风漂泊的,它必须在某一观念的引导下表现自己,是"理性"在支配世界。黑格尔说:"从世界历史的观察,我们知道世界历史的进展是一种合理的过程,知道这一种历史已经形成了'世界精神'的合理的必然的路线。"② 在黑格尔看来,正

---

① 牟宗三. 生命的学问 [M]. 桂林:广西师范大学出版社,2005:41.
② [德]黑格尔. 历史哲学 [M]. 王造时,译. 上海:上海世纪出版集团,2001:10.

是这种"理",加上人类的需要、本能、兴趣和热情,才使得现实的世界存在。黑格尔的这种历史观与王船山"因迹见道""即事穷理"的历史观相类似。牟宗三所反对的,就是那种将生命、家国、时代看成一堆死的材料而予以物化、机械处理的学问,他要做的就是探究出生命、家国、时代后面的"理",只有贞定此"理",才能贞定个体生命及民族、国家生命,只有明晓此"理"在哪一阶段、哪一方面之发展偏颇,我们才能从根子上对治个体生命及民族、国家生命之悲苦。

## 三、中国历史文化在"安顿生命,调护生命"上的展开

牟宗三认为,中西文化有不同的精神表现形态,中国"综合的尽理之精神"所首先把握或所重点把握的是"生命",而西方"分解的尽理之精神"所首先把握或所重点把握的是"自然"。在西方人看来,人被"抛置"到世界中,世界即成了人之存在与发展的障碍,只有把世界分解得分明,进而控制它、利用它,才能安顿我们的生命,所以西方人擅长"分解的尽理",他们把生命当成一个孤立的、客观的对象进行科学的研究,其"生命的学问"实落在自然与知识上,这是用概念用分析用逻辑撑开的学问,这样的学问在民主、科学等方面结出硕果,使得西方人生命表现出秩序美、富贵气,但是这样的学问又使得生命变成了物质与机械,无颜色、无冷暖、无痛痒,少了些情调与情趣。在中国人看来,生命之障碍不在与人对立的外在客观世界,而在与道德生命对立之自然生命。自然生命自是不可去的,在安顿好了它之后,如何提着自然生命向上翻腾向上升华,才是中国人最为关心的。中国人经常说生命要"尽心尽性"。只有处理好了自然生命与道德生命对反之关系,我们才能说做到"尽"。

基于上述分判与认识,牟宗三说:"中华民族首先是向生命处用心。因为向生命处用心,所以对自己就要正德,对人民就要利用厚生……正德或修己是对付自己的生命,利用厚生或安百姓则是对付人民的生命。所谓对付者就是如何来调护我们的生命、安顿我们的生命……就在如何调护、安顿我们的生命这一点上,中国的文化生命里遂开辟出精神领域。"[①] 是故,

---

① 牟宗三. 历史哲学 [M]. 长春:吉林出版集团,2015:159.

牟宗三认为，整个中国历史文化其实就是在"安顿生命，调护生命"中展开的。具体说来，即在满足生命的自然需求的基础上，又引导自然向上翻滚，自然生命有了安顿，道德生命有了提升，在翻腾不已前进不已之中见生命本真，这是中国历史文化源远流长、弦歌不绝的密码，顺此而去，中国历史文化发展之途程皆得而说。

牟宗三认为，从尧舜历夏商至周，此段历史的线索为"修德安民"。这也是《论语·尧曰》中所记载的尧舜禹汤武一脉相承之道。《论语·尧曰》的全文是："尧曰：'咨！尔舜！天之历数在尔躬。允执其中。四海困穷，天禄永终。'舜亦以命禹。曰：'予小子履，敢用玄牡，敢昭告于皇皇后帝：有罪不敢赦。帝臣不蔽，简在帝心。朕躬有罪，无以万方；万方有罪，罪在朕躬。'周有大赉，善人是富。'虽有周亲，不如仁人。百姓有过，在予一人。'谨权量，审法度，修废官，四方之政行焉。兴灭国，继绝世，举逸民，天下之民归心焉。所重：民、食、丧、祭。宽则得众，信则民任焉，敏则有功，公则说。"由此观之，民、食、丧、祭，是尧舜禹汤武所重者，而他们又将此所重与德性修养紧密联系起来，由此形成中国历史"修德安民"之传统。牟宗三认为，这一传统也可从史官的职责中看出。史官的职责是"本天叙以定伦常，法天时以行政事"。"本天叙以定伦常"是要显示出道德的活动来，以调护我们的德性生命；"法天时以行政事"要显示出理智的活动来，以安顿我们的自然生命。牟宗三认为，中国历史这一仁智两全、摄智归仁以修德安民之传统是中国历史的中心线索。

不过，在牟宗三看来，西周以前，中国历史只露出安顿、调护生命之曙光。中国人真正注意到这一曙光并将之光大表现在周文上。"何以言周文？传子不传弟，尊尊多礼文。两句尽之矣。"① 在牟宗三看来，夏商显氏族部落之简陋，尚存母系社会之遗风，王位依旧兄终弟及，因为在母系社会里，对某人而言，父之亲不若母，子之亲不若弟，亲亲笃母弟，这是舐犊私情之自然流露，是夏商人生活简单、直接、天真、质朴之表现。到了周时，周民族与刚被征服之殷民族以及其他古代流传之各氏族处于一种"共同体"之生活中，为了社会的稳定，周公制礼，变亲亲笃母弟为尊尊笃

---

① 牟宗三. 历史哲学 [M]. 长春：吉林出版集团，2015：32.

世子，尊尊以德性人格定，世子以大宗小宗定，并且，求忠臣于孝子之门，这样做，超越了笃母弟的舐犊之私、一己之私，并且将社会的稳定放在一客观的政治形式上，而这一客观的政治形式又得到了德性理想之提护①。牟宗三认为，周礼的这一套，使人"超越一己之小"，重公重德，将"人格之德"与"政治形式"套在一起，通过制度凸显了德性，保证了多数人的利益，"所以称为吾华族历史发展之一大进步处也"②。从"生命的学问"的角度看，简而言之，这一进步就体现在，生命在德上被鼓励，在制度上被安置。

牟宗三接着分析春秋战国时代。他认为，到了春秋时期，五霸重功利，社会道德有所堕落，周文疲弊。面对周文疲弊，孔子反省之，将周公随军事之扩展、政治之运用而"据事制范"之形下周礼予以形上安顿，"摄事归心"而将周礼与仁义紧紧黏合在一起，使周礼遂得以被肯定。但孔子不像耶稣、释迦等超越世间事业而仅归向无限精神，他必将仁义之理想通于天而归于地。子贡问政，孔子答曰足食、足兵、民信三事，如必不得已去之，孔子认为可去兵、可去食，但不可去信。于此可见孔子生命之顺适平常、德配天地。及至战国时期，井田制之共同体生活逐渐破裂，陪臣执国命，战乱不断。牟宗三说："无奈战国之精神乃一透出之物量精神，并无理性之根据为背景，乃全为负面者。其势是随共同体之破裂而一直向下降。周文所凝结之政治格局一不能维持，则并周文之文化意义与理想亦一起掉头不肯顾。贵族不能随时代而调整其政治格局，即示其生命之枯朽。其自身固

---

① 亲亲笃母弟，兄弟中谁与自己亲，就把王位传与谁，这是私情之表现，"尊尊笃世子"之制度出，限制了这种私情。"尊尊"涉及阶层，重"德"，"世子"涉及国体，重"公"。一切应以公为重、以德为重。我们可以举例说明之。明神宗（万历帝）朱翊钧宠爱第三子朱常洵（所喜的郑贵妃所生），数次欲立其为太子，但这违背"笃世子"之祖制，遭到大臣的强烈反对，神宗与群臣拉锯长达二十来年，最终不得不让步，立长子朱常洛（所不喜的王恭妃所生）为太子，因为他明白，尽管贵为天子，也不能顺一己之私随心所欲地立一个接班人。另例，汉高祖刘邦喜第三子刘如意"颇类我"，欲立其为太子，群臣力争而不得，终立嫡长子刘盈为太子。立太子是公事，君主不能全凭自己之喜好而定夺。当然，如若嫡长子"无德"，君主亦可以废之改立他子。如鉴于太子李承乾"邪僻是蹈，仁义蔑闻，疏远正人。亲昵群小，善无微而不背，恶无大而不及，酒色极於沈荒，土木备於奢侈"（《废皇太子承乾为庶人诏》），唐太宗李世民愤而废之，另立群臣"尽知其仁孝"的第九子李治为太子。

② 牟宗三. 历史哲学[M]. 长春：吉林出版集团，2015：33.

必然被摈弃。然彼之枯朽而物化即引生向下之趋势必至极而后反。"①

牟宗三认为，面对"蔽于物"之战国时代，我们需要两种人：一种是"理想主义者"的人，他满怀激情、毫不妥协地提着生命向内向上走；一种是"现实主义者"的人，他实事求是、清楚明白地安顿好我们向外向下之物欲。历史赐予我们孟荀两位圣哲。孟子尽心尽性，把孔子之仁又往先天之性善上说一层，点醒了人之"道德主体"，使"蔽于欲"之人心向深处去、向高处提。荀子尽伦尽制，将百王累积之法度，统而一之，连而贯之，成礼仪之道，表现了人之"知性主体"，使随历史潮流而来且势不可挡的蠢蠢欲动的人之欲望向广处走、向外面推而得一合理安排。在牟宗三看来，孟子在人性之正面、积极、理想之一面安顿了人之生命，因而，生命在他那里"充实而光辉"，但还有未至"大而化之"之缺憾。荀子从人性反面、消极、现实之一面安顿了人之生命，生命在他那里得以生、得以养、得以成，但尚有未能超越至绝对之缺憾。

战国以来，人皆赤裸裸尽其粗暴"物力"（物质的生命力）以相搏斗，无掩饰、无假借。秦以吏法精神统一天下，其生命唯有物气之粗放，一切观念理想都铲除无余，结果只能是速亡。汉之初建，无成规可依据，无虚文可装饰。汉初历史人物多以其情其才其气来安顿生命，多以原始生命相表露，也多"随心所欲而不逾矩"。这即是牟宗三所谓的"综合的尽气之精神"。最为典型者莫过高祖刘邦。牟宗三认为，他不习于任何文化机括而又能守其本素，他有好恶但又不滞于好恶，他便宜行事而又顺乎本心，他能携其才以傲世、深于情以悲笑、挥其气以排庸俗，虽不任德但亦不失其赤子之心，此种生命是天才之生命，可遇而不可求，但是，他也总有英雄气短、江郎才尽之一天，故此种生命皆一时之风姿而不像孔子一任德性之流行之生命那样不朽。

牟宗三分析汉代历史，认为汉初政治推崇黄老道术，确保长期战乱后百姓之自然生息，百姓生息后自然生命蠢蠢欲动，而又无一文教制度以节之，故汉初多叛乱、多枭雄。后来贾谊出来，针对"天下初定，制度疏阔"的现实问题，提出一系列主张，例如移风易俗、教养太子、尊礼大臣以养

---

① 牟宗三. 历史哲学 [M]. 长春：吉林出版集团，2015：100.

廉耻等，可谓"创建汉代之灵魂"，使汉代人蠢蠢欲动的自然生命向道德理想上提起一层。无奈贾谊年少殒命，其许多文化理想未及变为现实。董仲舒随之而起。他提"天人三策"，为汉之政治改革做出了重要贡献。董仲舒之一套政事措施，"背后实有一超越理想及文化系统为背景。文化系统即五经所代表者，此古官书也，尧舜以来所传之道法也（道法为一综合词，含有周文礼乐典宪与夫通天人为一之形上义理）。此道法之形上义理，经过孔孟之批评的反省，抒发而为纯正精微之型范。董仲舒倡议复古更化，亦在继承此文化系统，而其超越理想则亦集中于形上义理而发挥之。唯其发挥也，则以鲁学摄齐学，杂有阴阳家宇宙论历史论之气息，而为一大格局"①。董仲舒"天人三策"精神极为高远，而武帝能欣赏纳领，足证时代风气之变化，即人们从力利中安顿生命转至在理想中安顿生命。牟宗三又认为，尽管董仲舒重道德理想，但他将道德理想安放在灾异之变和五经典要上，遂成为"理性之超越的表现"，使得时代精神弥漫为谶纬之风，因而转言禅让论、宿命论、五德始终论，使得政治不能得以很好的安排，玄远飘荡而终引至王莽之篡。

为代汉自立，王莽刻意地遵守儒家的道德规范，注意抢占道德的制高点，但他固守天命论和道德教条，食古不化，他所谓的那些夹杂谶纬之术的高超玄远的"仁政"，缺乏可操作性或在贯彻中成本高于受益，最终酿成了昏政、乱政、暴政的祸乱。牟宗三说："王莽者，乃理性之超越表现下之怪物也，希古不化，迂固不堪，变新名归旧名，而时人观之，则作新名不循旧名矣。以故天下骚然，不胜其烦。夫理性投置于外，事事求齐一于典要，而事势所趋，奔逸绝尘，则事披靡于下，而理县于往古，两不相接，乖违生焉。"② 事实上，因不能客观化为法律制度，王莽的"超越的理性"最终转为"非理性"。

牟宗三由王莽转而评议东汉历史。光武帝刘秀和汉高祖刘邦一样，都是从群雄中脱颖而出的人物。上文说过，刘邦不习于任何文化机括而又能守其本素，尽才尽气，以天才之风姿胜。而光武与之不一样，光武颇重道

---

① 牟宗三. 历史哲学 [M]. 长春：吉林出版集团，2015：256.
② 牟宗三. 历史哲学 [M]. 长春：吉林出版集团，2015：305.

德品质，他以自己的个人魅力感召各路义军，以道德规范来凝聚军心、民心，注重以建设性的德政工作来安抚百姓，对受降者宽以待之，总而言之，他特别看重自己即位的"道德合法性"。牟宗三认为，相比于刘邦的"天才型人格"，汉武帝是"发扬的理性人格"，刘秀是"凝敛的理性人格"，由此人格所决定的时代是"理性之内在表现"时代。所谓"内在"是与"超越"而对说的，"超越"显寥廓但不能彰其用，"内在"之美即在其用。前面说过，董仲舒之道德理想未得以妥善的政治法律形态之安排而引谶纬之祸、灾异之乱，光武即位后，努力为社会提供当时紧缺的秩序和安全，将道德理想措之于政制，如功臣不任吏职、整治吏治、内外朝判分、三公与尚书权限轻重有别、注意官员的教化培养等。牟宗三认为，这些政制使尚书、宰相、功臣、外戚、宦官、皇帝之地位，皆厘清而成一对列之局，在此对列之局中，只要作为精神主体的皇帝立得住，则此对列之局运转和谐，成其大用，如其立不住，则此队列之局中理性的部分与非理性的部分必搏斗厮杀，如东汉末年，即有外戚宦官之争、党锢之祸等。

综上分析，从尧舜禹汤武所重的"修德安民"的时代，到周"尊尊笃世子"的时代，到孔孟荀"仁""义""礼"的时代，经秦汉之际刘邦所代表的天才时代到西汉"理性之超越表现"的时代，再到东汉"理性之内在表现"的时代，我们可以清晰地看到，中华民族所首重的是道德理性，这是生命之根本，是贞定我们民族生命、个体生命的大本大源，生命于此才得以安顿、调护。

这一道德理性是在与人的自然欲望对峙的过程中透出来的。先贤圣哲高举道德理性的大旗，引领着中国人尽心尽性、尽才尽气，推荡生命物化之惰性，而把生命凸出来、顶上去。尽管在中国历史上，也有春秋战国、秦末汉初这样的满是功利与物欲的乱世，但还是有孔子、孟子、董仲舒这样的人从利欲中超越出来，用道德理想提振我们的生命。时代越是堕落得不成样子，他们的超越便越显艰难、越用气力，故而孟子要知性知天，董仲舒要天人感应，这些虽略显虚远，但也是孟子那样，因忧惧"圣王不作，诸侯放恣，处士横议，杨朱、墨翟之言盈天下"而"不得已也"[①] 的无奈

---

① 《孟子·滕文公下》。

之举，并不意味着他们不关注现实，他们更不像基督那样，为着天国的缘故，将大地上的一切包括自我的生命都刊落，老有所终、壮有所用、幼有所长，这是他们所期望的。所以，他们一直注意道德理性在政治上的落实，通过政治的安排，将男女老幼、鳏寡孤独等妥帖安置，使百姓都能各安其命、各遂其性。光武帝在这方面下了很多功夫，开创了一个安排皇帝、外戚、功臣、士民、宦官各色人等的对列之局。问题是，他并没有一个很好的客观法度限制对列之局中首出庶物的皇帝，因为无限制的自由，皇帝很容易变成非理性之存在，"使天下之人不敢自私，不敢自利，以我之大私为天下之大公……屠毒天下之肝脑，离散天下之子女，以博我一人之产业……敲剥天下之骨髓，离散天下之子女，以奉我一人之淫乐"①，这样，政将不政，国家会按革命——动荡——治理的路数走而陷入一治一乱之循环中。

在牟宗三看来，中国政治之体制，至汉而规模大定，东汉之后，中国文化生命继续在道德理想之超越上大放光彩，相续出现魏晋玄学、隋唐佛学和宋明理学之盛，但是在道德理想之落实方面基本延续着汉之政制而小修小补。因而，东汉之后，中国历史在"安顿生命，调护生命"上的展开，大体也能推而知之了。

## 第二节　中国文化生命的现代化

通过对中国文化生命的考察和诠释，牟宗三所要达到的主要目的有二：一是搞清楚贞定我们民族生命、个体生命的大本大源是什么。二是我们的民族生命、个体生命何以至今天这个样子，其补救之处在哪里。上一节已集中回答了第一个问题，本节就专门来解答这第二个问题。在牟宗三那里，对这个问题的回答，其实就是回答中国文化生命的现代化问题。

---

① 黄宗羲. 明夷待访录 [M]. 李伟，译注. 长沙：岳麓书社，2016：7.

## 一、民主与科学是文化生命现代化之关键

首先要理解什么是"文化生命现代化"。牟宗三认为,生命是一条河流,有过去、现在、未来,一个民族的文化生命,要使其不死气沉沉而是呈现勃勃生机,就必须要谈现代化的问题,或者谈它在现代的意义问题、表现问题。牟宗三说,中国文化在两千多年有发展曲折,但总是一条生命流往前进,"只有从这个角度看,才能讲这个生命的现代意义,亦即它在这个时代当该做些什么事情、当该如何表现?这个问题当该如此来看,因为我们的文化不是个死的,而是个现在还活着的生命,还需要奋斗、要自己做主往前进。若是把我们的文化限在过去,而只划定为考古的范围,直成了死的古董"①。简而言之,民族文化生命的现代化问题,就是使民族文化生命不仅不死,还能自己做主往前进,并显示出生机活力和价值意义的问题。假如文化生命不现代化,它在现时代就没有表现力,就没有活力,就没有价值意义,不仅跟不上时代发展,更谈不上为时代发展作指引。所以牟宗三经常讲"文化生命的疏隔与畅通"的问题,即是要打通文化生命发展的堵塞之点、阻碍之点,使之继续向前。

在讲文化生命的现代化时候,牟宗三说过一句意味深长的话:"现在大家的生命都隔了,不能与民族生命、文化生命相通……文化生命上下不通气,怎能吸收西洋文化,又怎能现代化?"② 什么是文化生命上下不通气?在牟宗三看来,现时代很多中国人在个人物质享乐主义的圈子里活着,把自己的生命与民族的生命、文化的生命隔开隔断,不知道传统文化为何物,接不上传统文化,这样,文化生命往上讲,即往文化传统续接传承的角度讲,就堵住了,就不通气了。讲文化生命的现代化,首先对自身文化传统应该有相当的了解和传承。当觉得自己文化荒芜或一无所有的时候,它怎能现代化呢?另外,和西方文化生命在形下世界的活力相比,从适应时代和社会发展的要求角度讲,中国文化生命往下不通气,牟宗三认为,这个不通气的关键堵点在民主与科学上。

---

① 牟宗三. 时代与感受 [M]. 台北:联经出版社,2003:342.
② 牟宗三. 时代与感受续编 [M]. 台北:联经出版社,2003:403-404.

这里就要说说牟宗三是怎样理解现代化的。现代化是一个很复杂的概念和问题。在牟宗三那里，涉及现代化，最重要的就是民主与科学。他说："科学与民主的确是重要的，中国是需要这两个东西，中国想要进步，想要堂堂正正地站起来，也要靠这两个东西，这就是所谓'现代化'或'近代化'。""所谓的'近代世界'，这是针对'中世纪'而言，意指从'中世纪'宗教的束缚中解脱出来，开近代的文明；这不是时间上一个'时尚'的观念，而是有其精神内容的。'近代世界'的精神内容，究竟是些什么东西呢？我们常讲的有如下三项，第一、就是民族国家的独立，第二、就是人权运动……第三、就是科学——知识的解放。"① 牟宗三认为，现代化是历史发展的必然潮流，是任何一个民族都不可跨越的，是我们应该努力的方向，而其重点在民主与科学上。

牟宗三写《历史哲学》，即是要点出中国文明生命的精彩来，他为中国文化生命发展过程中的精彩而骄傲自豪，但他对中国文化生命发展之问题、阻碍、病痛及其发展之方向亦有明确的认知。他说："和西方文化一接触，问题便显出来了……中国以前不是国家单位，而是天下；中国的羲皇上人没有主体自由，没有在政治上取得人权的保障；中国也没有开出科学的精神。近代化的路向是清清楚楚的，不能跨越，也不能说近代化是资产阶级的，这是一个普遍而必然的真理，任何阶级皆不能违背它……中国文化发展到现在，如瀑布下的深潭，不能流通。问题很明显，我们该走的路也很明显。"② 在另一处，他讲中国文化"眼前发展的问题"时说："我们曾经消化佛教，现在的阶段则是消化西方文化。我们所面对的是西方文化，它的科学与民主不算怎么一回事，消化很容易，从人类理性发展说，谁能反对？儒家自来不反对科学；民主政治假定是理性上所当该有，谁能反对民主政治？中国以往没有发展出来，现在需要，现在发展出来不就可以吗？所以眼前的问题，面对的是消化西方文化，如何从中国文化生命自动的要求开出近代化，开出科学与民主？"③ 牟宗三在这里就讲得很清楚了，中国

---

① 牟宗三. 时代与感受续编 [M]. 台北：联经出版社，2003：256-259.
② 牟宗三. 时代与感受 [M]. 台北：联经出版社，2003：320-321.
③ 牟宗三. 时代与感受续编 [M]. 台北：联经出版社，2003：384.

文化生命现代化的问题，就是要因应时代发展的潮流和要求，开出民主与科学的硕果来。

## 二、民主与科学未在中国历史发达之故

当然，中国历史文化中是否存有成熟的民主与科学，这本身即是个有争议的话题。关于民主一面，许多人搬出民视民听、民贵君轻、民水君舟这些"重民"的言论以及封建王朝宰相大多出自民间、出自读书人的事实，证明中国存在着民主传统。钱穆即拥护此说。他坚决反对以"封建"两字概括中国的传统社会，他认为中国有很好的选官制度与赋税制度，这形成了民众组织政府以及轻徭薄赋的传统，是故，他认为中国传统政治即是民主政治。他说："中国传统政治，既非君主专制，又非贵族专制，亦非军人政府，同时亦非阶级（或资产阶级或无产阶级）专政，此更不烦再说。然则中国传统政体，自当属于一种民主政体，无可辩难。吾人若为言辞之谨慎，当名之曰中国式之民主。"① 钱穆的这种观点遭到了徐复观的激烈批评。他认为钱穆关于中国传统政治即是民主政治的说法，是他通过不三不四的事例而放出的浓雾，美化并放大了传统政治的"政权开放"的维度，是经不起历史实际的考验的，其实质是对专制的维护②。在这里，我们无意更多地涉及钱徐二人之学术争论。不过，在他们论争的启发下，我们倒是有如下两点认识：第一，中国封建政治有"民本"没有"民主"；第二，如果说有民主，那也是"治权"的民主而不是"政权"的民主，而"政权"之民主才是民主的关键。

至于第一点认识，我们认为，不能把"民本"与"民主"混为一谈的。"民本"思想亦会重视民众的需求，但是其对民众的看重也只是停留在"水能载舟，亦能覆舟"这样的层次，换句话说，统治者因为害怕民众"覆舟"之力量而约束和限制自己无限的欲望，适当考虑民众生存和发展的权利。正如有学者说："这种重民为民思想认识虽则深刻，但仍局限于政治上的民本主义，仍是权力统治者自身的自律反省，并没有把人民的地位捧到'神'

---

① 钱穆. 文化与教育 [M]. 台北：联经出版社，1998：114.
② 何卓恩. 徐复观对钱穆的学术批评 [N]. 团结报，2015–08–20 (7).

的地位，从而允许人民这尊'神'授予其权力资格，更没有把人民的地位和作用制度化、法律化，进而为人民提供现实的决定权力统治的合法信仰理念和正义观念以及体现民意、表达民意、实现民意的制度平台。质言之，在中国古代政治统治者那里，所理解的合法性仅仅达到了'为民'和'保民'的'民本'水平，还没有达及'由民'这一关乎'民主'本质的深层次。"① 这种见解是公允的。

至于第二点认识，也是牟宗三所强调的。钱穆念兹在兹的是，中国虽然没有国会，但有很好的选官制度，即按照一定的名额和时间，通过公开考试从民间选拔有识之士，这样看来，政府就是由民间组成的，其意见就是民间的意见，其制度就是民意的产物，因而，我们完全没有必要像西方那样非常麻烦地架床叠屋，搞什么国会、民代、宪法，"强政府以必从？"②钱穆陈述的是中国封建政治存有部分民主的事实。在牟宗三看来，这部分民主是治道的民主而非政道的民主。受孙中山、张君劢等人的启发，牟宗三严分政道与治道。简而言之：政道者，政体之原理也，如"天下为公"；治道者，政府职能之运用也，如"三省六部"。牟宗三认为，中国以往只有"治权的民主"没有"政权的民主"。这个很好理解：关于政权来源问题，中国古人向来有"打天下"的观念，乱世而起，某人提着脑袋打天下，推翻暴政、扫清群雄后，这个天下就是某人的，其合法性的问题旁人不得过问，一过问就是死罪，这就是政权之不民主；当然，取得了天下，还要治理天下，并且，这是个相当大的难题，凭某人一己之力完全不能胜任，一想到"安得猛士兮守四方"的问题，某人便广邀天下杰出人士，让他们替自己打理政权，在这方面，某人还是很有心胸的，他愿意提供机会、创造条件（比如通过科举考试）使天下英雄皆有所用，这就是治权之民主。"但是，真正的民主政治是在'政权的民主'。唯有政权民主，治权的民主才能真正保障得住。以往没有政权的民主，故而治权的民主亦无保障，只有靠着'圣君贤相'的出现。然而这种有赖于好皇帝、好宰相出现的情形是不

---

① 范进学. 权利政治论：一种宪政民主理论的阐释 [M]. 济南：山东人民出版社，2003：70-71.

② 钱穆. 文化与教育 [M]. 台北：联经出版社，1998：114.

可靠的。"① 圣君贤相可遇而不可求，这就造成治权的不稳定，中国历史才出现治乱更迭的乱象。

对于中国历史文化中是否存有发达的科学的问题，历来也是争论不休。通过撰写浩大恢宏的《中国科学技术史》，李约瑟向世人证明了中国文化中科学成就巨大的事实。有学者认为，由于对中国的感情因素和对中华文明明显的个人偏好，李约瑟可能过分夸大了中国传统科技文化的水平，而对于这种夸大，中国人也乐观其成。事实上，因未对"科学"加以严格定义，李约瑟所谓的中国的科学文化与西方的近代科学尚有较大区别。"那种认为中国科学技术在很长时间里'世界领先'的图景，相当大程度上是中国人自己虚构出来的——事实上西方人走着另一条路，而在后面并没有人跟着走的情况下，'领先'又如何定义呢？"②

通过对《周易》的研究，牟宗三发现了中国羲和之官的传统，这一传统近于西方的"学统"，其中亦蕴含有科学的种子，但可惜的是，它们大多只停在感觉的、实用的原始形态，最终未进至"科学"的地步。这种情况，牟宗三说："从认识主体方面说，即'智'未发展至足以成'知识之学'之'知性形态'也。"③ 因太注重实用——比如发明了火药却只用来做爆竹，发明了罗盘却只用来看风水，发明了下西洋的大船却只用来展览天朝的恩威，而未深究这些技术发明之后的原理，中国历史上虽有技术上的辉煌，但远没有达到西方近代科学所及的高度（我们常说"科技"，事实上，"技术"与"科学"尽管有联系，亦有较大区别）。

综合以上讨论，我们大致可以有这样的印象或观点：（1）说中国历史与民主、科学根本绝缘，或完全没有民主、科学的因素，这是不符合事实的，也是妄自菲薄的，我们有这方面的追求、这方面的实践、这方面的成果，并且，在这方面也为世界文明的发展进步贡献良多；（2）但是，如果像一些文化保守主义者那样，说中国历史上民主政治很早就成熟、科学技

---

① 牟宗三. 政道与治道 [M]. 长春：吉林出版集团，2015：18.
② 江晓原. 被中国人误读的李约瑟：纪念李约瑟诞辰 100 周年 [J]. 自然辩证法通讯，2001（1）.
③ 牟宗三. 生命的学问 [M]. 桂林：广西师范大学出版社，2005：51.

术长期领先,西方的那些反倒是后来居上的"小儿科",这样的自我迷恋不仅站不住脚,甚至还很可笑;(3)与西方现代化过程中结出的民主、科学的硕果相比,中国历史在这方面呈现出相对落后的状态,换句话说,民主、科学在中国历史上尚未进至西方那样的"发达"状态。

我们的历史文化在民主、科学方面未能结出繁盛果实的原因是什么呢?在牟宗三看来,中国传统的政治类似于西方的"神治",中国传统的认识方式类似于西方的"神识",而"神治"与"神识"是不需要民主、科学的。具体展开说,中国传统的政治是德化的政治,他把希望寄托在圣君贤相上,只要"陛下心安,则天下安矣",君为风,民为草,风吹草偃,只要君自仁,则臣自义,父自慈,子自孝,夫自和,妇自随,兄自友,弟自恭,友自信,这都是一种自然律,它不需要见之于法律条文,不必有人民之同意,而人民亦无不同意。这样,中国传统政治已经超政治进至德治之观念,超法律进至伦常礼仪之观念,不需要通过国家政治法律之架构,这种治理国家的方式与西方的"神治"极为类似。中国传统的认识方式也是"神智"的妙用,认为"尽其心者,知其性也,知其性,则知天矣",只要德性一显,本心流露,则灵明即可觉照万物,不需要通过逻辑数学之手续和科学之方法。

在牟宗三看来,中国文化重视生命,且认为"生命的学问"是仁智两全、内圣外王、正德利用厚生的学问,但是在具体的发展过程中,中国的文化生命着重彰显了生命之大本大源的仁、圣、德的一面,一心于此,难免偏颇,偏颇之至,我们的民族生命、个体生命就出现了问题。牟宗三说:"是以中国文化生命,在其发展中,只彰著了本源一形态。在其向上一机中,彻底透露了天人贯通之道。在本源上大开大合,一了百了。人生到透至此境,亦实可以一了百了。而即在此一了百了上,此大开大合所成之本源形态停住了,因而亦封闭了。然而人不是神,不能一了百了。人间是需要有发展的。它封住了,它下面未再撑开,因而贫乏而不充实。中国的文化生命,在其发展中,只在向上方面撑开,即只在向上方面大开大合而彰著了本源一形态,而未在向下方面撑开,即未在下方再转出一个大开大合而彰著出属于末的'知性形态'与国家政治法律方面的'客观实践形态'。

中国文化生命迤逦下来，一切毛病与苦难，都从这里得其了解。"①

在这段话中，牟宗三谈到了中国文化生命给我们带来的好处与问题。首先，中国人"先立其大"，抓住德性这一民族生命、人之生命的大本大源。这当然是好的。牟宗三用"一了百了"来形容此好。中国人并不否认政治自由及物质生活的丰裕对生命的重要意义，事实上，在中国文化中，也有一条向外向下用力以实现物质生活丰裕之美的"人为"思想路线，比如墨子、荀子之思想路线，只是，在秦以后，这条思想路线渐而消亡了，这样，中国人就以全部精神力量致力于另外一条思想路线，这就是直接地在人心之内寻求幸福，中国人认为，所失去的一定的物质享受，将会得到更多的"德润身"之回报，因而，中国人不注重"知性形态"上的事业，因为他"毫不需要"②。这种"毫不需要"颇类似于牟宗三所谓的"一了百了"，也与陆九渊所谓的"简易功夫"异曲同工，三者之妙处就在于它使得中国人之生命充满了满足感、潇洒感、快乐感。那么，中国民族生命、个体生命之问题又出现在哪里呢？同样是在这"一了百了"上。首先，我们会把这个"一"不断地粉饰、吹嘘，最终把它推至遥远的天边，成为我们生命的一个异己力量，"天得一以清；地得一以宁；神得一以灵；谷得一以盈；万物得一以生；侯王得一以为天下正"③，谁都可以说自己是"一"之化身，王莽也好、光武也好、曹魏也好，你方唱罢我登场，遂成中国历史一治一乱之循环；其次，没有"百"之支撑，"一"华而不实、立而不稳，在西方列强的坚船利炮面前，我们所津津乐道的羲皇上人之生活轰然而塌、荡然无存。牟宗三认为，中国民族生命、个体生命之毛病与苦难，全在于"智"之不彰，而智之事业，最要紧的莫过于民主与科学两事。民主出来了，首出庶物的皇帝便有了限制而明乎为君之职分，市井之人也不会人人可欲那藉"一"而得的君位，天下人皆能有其私；科学出来了，"百"便不会空，百工千匠万物接连而出，天下人皆能受其利。儒家"仁政"的原本目的是让百姓各适其性、各遂其生、人皆尧舜，因为"一"之不得正常安

---

① 牟宗三. 历史哲学 [M]. 长春：吉林出版集团，2015：172-173.
② 冯友兰. 冯友兰选集 [M]. 长春：吉林人民出版社，2005：302.
③《道德经·第三十九章》.

排和"百"之空乏贫瘠,百姓无私无利,且不说能否成尧舜,连正常的生死都困难。有鉴于此,牟宗三认为,必须将中国未能出现的近代化的国家政治法律及逻辑数学科学收纳到"生命的学问"中来。

在牟宗三看来,中国传统历史文化未能出现民主与科学的硕果,从根子上说是中国文化生命"综合的尽理"的精神发展的结果。中国人之"尽理",所主要成就的是圣贤人格,在权利义务之安排与纯粹知识之成就上,中国人不甚用心。中国人之"综合",讲究的是天人合一,中国人所认可的生命之乐就在人物理事圆融无碍,而无论是民主的架构还是科学的发展,所要打破的就是中国人的这种合一圆融,因为它要分清甲乙丙丁、一二三四、子丑寅卯,而这又需要"概念的心灵"。牟宗三认为,从"道德的形上学"角度看,中国人把握世界主要靠良心安与不安,至于说概念清晰不清晰,中国人实在是不太关注这个。

除了用"综合的尽理之精神"与"分解的尽理之精神"以外,牟宗三还用了另外三组概念来区分中西文化:"理性之运用表现"与"理性之架构表现",这是强调中国文化是道德理性直接的发展、西方文化则是由道德理性跳出去进行的一种架构;"理性之内容表现"与"理性之外延表现",这与上一种说法完全相同,只是将"运用"换成了"内容",将"架构"换成了"外延"而已;"社会世界实体性律则"与"政治世界规约性律则",这是强调中国文化是道德实体性的,西方文化则是制度性的。"这些不同的说法具体含义虽有差异,但并无本质区别。"① 以上区分,牟宗三所强调的是中国文化生命之长在"德"之运用,西方文化之长在"智"之运用,两者实无优劣高下之分,用之皆能开出生命的精彩。但是,民主与科学属于"智识之学",需要"分解""架构"思维,这一点我们要有所意识。

我们想在此强调的是,近代中国在民主与科学上的落后,并不是说中国人智力不行,也不是说中国人缺乏分解、架构思维,其根本是中国历史文化传统"不太注意"这方面的事情。中国人的生命情趣、情调与西方人是不一样的,他并没有把生活、生命的重心放在对自然科学、对物欲满足

---

① 杨泽波. 贡献与终结:牟宗三儒学思想研究:第一卷[M]. 上海:上海人民出版社,2014:266.

的寻求上。当然，中西文化深度交流后，一旦他意识到这个东西也很重要，他在这方面的聪明智慧马上就凸显出来了。牟宗三对此也非常强调，他举例说，佛教传入后，我们消化佛教就消化得很好，相信我们消化西方的民主、科学亦消化得很好，他说我们在这方面是"大器晚成""后来居上"。事实上确实如此，新中国建立后，尤其是改革开放以来，中国人在民主政治、科学技术、物质生活上的进步，让世界为之瞩目赞叹。

### 三、民主与科学硕果之开出

中国文化源远流长、绵延不绝。这是我们引以为荣的事情。但是，在一些域外思想家看来，中国文化生命成熟较早却未能成长、进步。黑格尔说："中华帝国是一个神权政治专制国家。家长制政体是其基础；为首的是父亲，他也控制着个人的思想。这个暴君通过许多等级领导着一个组织成系统的政府……个人在精神上没有个性。中国的历史从本质上看是没有历史的，它只是君主覆灭的一再重复而已。任何进步都不可能从中产生。"① 英国第一个出使中国的使节马夏尔尼勋爵，向英国政府报告中国情况时说："自从被满洲鞑靼征服以来，至少在过去150年里，没有改善，没有前进，或者更确切地说反而倒退了；当我们每天都在艺术和科学领域前进时，他们实际上正在变成半野蛮人。"② 这些评论当然存在着不少偏见或误解，但是也在一定程度上看到了中国传统文化在民主、科学领域进步缓慢的事实。

因此，这就面临着牟宗三所谓的"民族文化生命现代化"的问题，主要是民主与科学得到快速发展并开出硕果的问题。牟宗三认为，对民主与科学方面的成就，我们应该持一种"有就有，无就无"的实事求是的态度。既然事实上没有成就硕果，我们就要把它成就出来。成就民主与科学硕果的关键是什么呢？牟宗三认为，关键是要注意到以下问题。

第一，发展民主与科学，要注意到民主与科学的独立性问题。这个即是要改变我们传统的把智识之学裹在道德境界里说的习惯。我们要正视民主与科学的独立性与独特性。我们不能把民主与科学裹在道德里焖煮，也

---

① 张国骥．清嘉庆道光时期政治危机研究［M］．长沙：岳麓书社，2012：210－211．
② 程万军．看透日本：一衣带水向何方［M］．北京：中国经济出版社，2013：87．

不能直上重霄追求道德那般追求民主与科学。道德与民主、科学是不同的范畴，于个人生命、社会存在上，他们都有各自不同的位置。有学者认为，人之生命有不同的层级和需求，"从下往上说，生命层级构成的第一个层面为体欲，它负责人对物质欲望的追求，与审美问题密切相关。生命层级构成的第二个层面为认知，它负责人对于世界和自身的认识，大致相当于西方哲学中的理论理性。生命层级构成的第三个层面为道德，它负责人的道德生活，保证人的健康发展，大致相当于西方哲学中的道德理性"[1]，从人之生命推而扩之说社会，其存在与发展也同样需要这样三个层级：人们的衣食住行的问题，需要解决，这就是社会的体欲层的问题；认识自然、认识社会，并以此为基础，改造自然、改造社会，这就是社会的认知层的问题；加强道德教育，以保证社会的风清气正，使社会和谐、健康发展，这就是社会的道德层的问题，不管是对个人生命而言还是对社会存在而言，这三个层级缺一不可，也不能互相替代。在我们看来，民主与科学主要是属于认知层级的东西，它下而满足人之体欲需求，上而支撑起人之道德理想，是客观的、重要的存在，我们不能藉着"先立其大""一了百了"的由头把民主、科学闷在道德的葫芦里而任其昂首飘去，相反，道德要俯下身段，照顾到民主、科学之存在。

所谓道德主动俯下身段照顾民主、科学之存在，即是牟宗三所谓的道德之"坎陷"。前面第三章，我们提到过"坎陷"的三层涵义：让开一步、向下凝聚与摄智归仁，只不过，在那里，我们主要从德智关系角度谈"坎陷"的，这里，我们从政治、科学发展的角度具体来谈"坎陷"。我们依"坎陷"的三个基本内涵问三个问题。首先，为什么要"让开一步"？因为中国文化一直重视生命层级、社会层级中的道德一层而忽视了认知一层，而西方现代化表明，只有认知一层得到了重视，民主与科学才能得以发展，故而我们不能再一味地发展自己的兴趣项与长项，必须让开一步，以便有精力、有时间发展我们所不太注重但又十分重要的东西。其次，为什么要"下降凝聚"？让开就让开，为何要下降呢？在上文所述的生命之三层级、

---

[1] 杨泽波. 贡献与终结：牟宗三儒学思想研究：第一卷[M]. 上海：上海人民出版社，2014：53.

社会之三层级中,道德层在认知层之上,我们所不太注意的东西又在认知层上,因之,我们应该往下走,这即是"下降凝聚"的道理。最后,为什么要"摄智归仁"?道德之功用,即是保障、引导人与社会和谐、健康发展,民主与科学之功用,主要在体欲之安顿,假如我们顺着认知进而顺着体欲一味走下去,人之生存、社会之发展,必将趋于混乱、毁灭,强调"摄智归仁",即是表明道德对认知、体欲的引导与提厮,而不使人之生命、人之社会成为动物生命、动物群体一般。

第二,发展民主与科学,要注意支撑民主、科学背后的原则或精神。牟宗三认为,我们学习西方的民主、科学,有时候学的只是皮毛或表面的热闹。比如,设立了议会就是民主么?将县衙变成县政府就是民主么?由学生决定学校里教什么怎么教就是民主么?民国建立后,我们一直在民主的表面文章上折腾不已。牟宗三认为,这些就是没有真正弄懂民主、科学背后的支撑原则或精神。在牟宗三看来,道德、民主、科学不仅有不同的独立功用,亦有不同的支撑原则,道德依从"隶属原则"(principle of sub-ordination),民主与科学依从"对列原则"(principle of co-ordination)。道德需心之内收,内收则全物在心,摄物归心,子法父、妻法夫、臣法君、君之心安则天下安,一步步,一层层,直至那最终的点,这便是"隶属"。民主与科学需心之外投,外投则全心在物,物之甲乙丙丁、一二三四,都要照顾到,不能一个比另一个高,一个想去征服另一个,这就是"对列"。牟宗三认为,"对列原则"是现代化的基本精神,他举例说,不只是政府要办公,就是报社、各公司都要办公,这各方面都要安顿好、照顾好。在牟宗三看来,中国文化生命所首重的是个人道德修养,个人道德修养是向内转向上走之事,在向内向上之方向中,"对列"之局是出不来的,所以要通过"坎陷",将一味向上转而暂时向下,下来后,把甲乙丙丁安顿好,而不搞"率土之滨,莫非王臣",这就是民主,把一二三四分清楚,而不搞"万法归一",这就是科学,做这些,需要"分解的尽理之精神",需要概念的头脑、逻辑的头脑,而培养这样的头脑,需要老老实实下功夫。

牟宗三指出,可惜的是,很多中国人一时半会儿没有这样的精神、头脑,又不愿意下老实功夫,因此,就出现了一个怪现象:你说民主、科学有独立存在的位置及无可替代的功用,需要由道德坎陷下来,那好,我就坎陷下来，下来后，发现民主也不见有，科学也不见有，便一个劲地埋怨老祖宗把路走偏了，激动之下，不在认知一层和对列之局上下工夫，把力气又一股脑儿全洒到上面的道德一层上，认为只有把它砸个稀烂，才有民主、科学的出现。牟宗三认为，这一藉"反传统"而开出民主、科学的做法是幼稚的、令人气愤的。他说："竟出来骂孔子，怨天尤人，为何不骂自己没出息呢？祖宗没对不起我们的地方，孔子替你预备好一切，你要科学，要民主政治，孔子就要魔术般给你科学、民主政治吗？耶稣也没有科学，耶稣的教义也没有民主政治，这不是很值得仔细想一想吗？"① 怪祖宗是不行，我们只有下力气把甲乙丙丁各自的权利、义务及一二三四各自的特点、本质搞清楚，才能开出民主、科学。在牟宗三看来，批判祖宗、光喊口号的胡适就不曾为开出民主、科学下过老老实实的功夫，而张君劢却为此进行了艰苦、扎实的工作，因而，"在自由、民主上的贡献，他比不上张君劢先生"②。

第三，发展民主与科学，要注意其与传统文化的关系。关于这一点，我们在下一节再详细论及，此处只是先说几句。牟宗三认为，不仅不能通过"反传统"开出民主与科学，相反，还要先保留好、继承好传统文化，在此基础上，再扎实开展民主、科学发展事业。他说："儒家历来不反智，故正德、利用、厚生三事并讲，德、智是人类理性的两翼，德智双修是儒者的理想规范。民主政治亦在德智合一中获得其理性之根。随着时代条件的成熟，民主科学在中国扎根已成为我们理性中所必然有者，亦为今日儒者所应当首先正视而应予以理性的说明与肯定，并使之与道德理性相贯通而使之不失其范域。这是儒家思想家的特殊用心。"③ 这表明，只有依赖于自身的、真实的（而不是那些被遮蔽、被歪曲的）传统文化，我们才能更加看清楚德智关系，也才能更好从价值上引领民主、科学之发展而使之不走偏。牟宗三也多次强调，在事实上，"亚洲四小龙"在民主、科学上的进步，与传统文化的助力是密不可分的。

---

① 牟宗三. 时代与感受续编 [M]. 台北：联经出版社，2003：383.
② 牟宗三. 时代与感受续编 [M]. 台北：联经出版社，2003：422-423.
③ 牟宗三. 时代与感受续编 [M]. 台北：联经出版社，2003：436.

第四，发展民主与科学，还要注意民主与科学之关系。牟宗三认为，民主、科学是现代化的关键，而民主又是关键中的关键。他说："科学知识是新外王中的一个材质条件，但是必得套在民主政治下，这个新外王中的材质条件才能充分实现。否则，缺乏民主政治的形式条件而孤离地讲中性的科学，亦不足称为真正的现代化。一般人只从科技的层面去了解现代化，殊不知现代化之所以为现代化的关键不在科学，而是在民主政治；民主政治所涵摄的自由、平等、人权运动，才是现代化的本质意义之所在。"① 牟宗三认为，科学的发展需要民主的土壤，而有些人（比如清末的洋务派、民初的北洋军阀）只想着用科学的好处却不愿意为科学发展提供民主的土壤，这是一种短视。

## 第三节 "三统并建"与"道德的理想主义"

牟宗三认为，因为生命需求之侧重及实践之方向不同，中、西文化生命表现了不同的发展形态：综合的尽理精神与分解的尽理精神。其结果是，中国文化生命之精彩落在"德"的一面，创造了源远流长的道德文化，西方文化生命之精彩落在"智"的一面，开创了民主与科学的事业。牟宗三还认为，生命如囿于"德"之一面而不出，则有华而不实、立而不稳、虚荡干涩之虞，为了避免这一状况，我们应该补上民主与科学一课。牟宗三强调，"生命的学问"是"仁智双彰"的学问，因而，道德、民主、科学等应成为"生命的学问"之发展内容。针对一些人通过反对传统道德文化来为民主、科学开路的论调以及现时代人们价值世界迷失的状况，牟宗三还强调，"生命的学问"应该坚守"道德的理想主义"的立场。

### 一、三统并建："生命的学问"之发展内容

前面讲到过，牟宗三认为，中国文化生命的畅通需要"上下通气"，即

---

① 牟宗三. 时代与感受 [M]. 台北：联经出版社，2003：339.

要有上方向的对传统文化的继承,又要有下方向的对民主、科学的开出。传统文化一而再、再而三地被破坏,民主建国一直未能实现,科技进步徘徊不前,这是近代中国面临的现实问题。牟宗三说:"必须扣住时代之症结而疏导文化生命之发展以冲破此症结,接引中国文化乃至世界文化新形态之来临。以前孟子阳明俱讲'必有事焉',我们必须'必有事焉',我们现在疏导文化生命之发展所必有之事,当为以下三端:一、道统必须继续……二、学统必须开出……三、政统必须认识。"① 牟宗三称此文化生命发展之必有之事为"三统并建"。

依牟宗三:"道统"指"德性之学";"政统"指政体发展尤其是民主建国;"学统"指科学。"三统并建"具体指:一、肯定、维护道统,即是要肯定道德宗教对人之为人的价值、意义,在"无体,无理,无力"之时代,维护孔孟所开辟出来的人生宇宙大本大源的学问;二、开出学统,即正视自己在科学方面的不足,转出"知性主体"并向西方学习,开出学术之独立性;三、继续政统,即意识到民主政治的重要性、必要性及自己在这方面的不足,为实现民主政治持续努力。下面,我们依道统、政统、学统之顺序来详细阐释"三统并建"。

首先说"道统"之建设。我们说,修德安民是中国文化生命的精髓。在历史发展过程中,中国文化一直重视"德"之一面。"德"是人之为人的本质性规定,在什么时候都要讲它。虽在民主、科学上功业辉煌,但西方人在道德世界、价值世界方面的成绩很显不足,故而,其生命提不起来,遂有施宾格勒式"没落"之感。这一点教训,我们是应该汲取的。不幸的是,在学习西方民主(Democracy,即"德先生")、科学(Science,即"赛先生")过程中,一些人力主清算传统道德文化以为民主科学扫清障碍,正如陈独秀所言:"要拥护那德先生,便不得不反对孔教、礼法、贞节、旧伦理、旧政治。要拥护那赛先生,便不得不反对旧艺术、旧宗教。要拥护德先生又要拥护赛先生,便不得不反对国粹和旧文学。"② 还有一些人主张"腾笼换鸟",扫清中国道德文化后,引进西方道德文化(Morals,即"穆姑

---

① 牟宗三. 道德的理想主义[M]. 长春:吉林出版集团,2015:220-221.
② 陈独秀. 独秀文存选[M]. 贵阳:贵州教育出版社,2014:92.

娘")。对以上观点，牟宗三作了如下批评：（1）中、西历史上，"封建"只表示一政治状态，并无其他任何褒贬的意义，不能把"现代"之前的社会概而视为"封建社会"，进而将"现代化"视为"反封建"，孔孟之教并不是凭空塞一些仁义道德的东西给人套一个的枷锁，它也要求将德性光大出去，它不反对民主与科学，孔孟之教挺立的是生命的本源形态，民主与科学挺立的是生命的知性形态，说这两者水火不容，这是没有道理的；（2）历史文化是不断向前发展的，一个文化中政治、经济与其他现实方面的业绩都是有时间性的，并不能在某一时段将所有的好的内容都表现出来，我们现时代需要的、能做出来的，在孔孟之时代，他们并不一定需要、并不一定做得出来，我们并不能奢望孔孟等把好事统统做出来等着我们享清福，西方的民主与科学也是近两三百年才发展出来的，中国没有民主与科学，我们就按照民主与科学的道理，老老实实、诚心诚意地去做就是了，那些光想着骂祖宗的人，其实是些光享福不出力的懒汉；（3）民主与科学是无颜色、无国界的，它是"共法"，是每一民族文化生命在发展中所应视为固有的本分事，不为西方文化所特有，西方文化之独特处而成为西方者，不在民主与科学上说，当就基督教说，虽然西方在此方面走在了前面，但其他的民族也会跟上，尽管其发展会有曲折；（4）再说，民主与科学要靠"人"来推动，孔孟之教给我们留下的就是如何做"人"的财产，这些恰可以成为推动民主、科学发展的根本动力，今日西人在民主与科学上走偏，这不是"法病"而是"人病"，孔孟之教在此处恰能提供许多的启发；（5）前面说，作为人之为人的本质性规定的"德"，任何时候都应将之讲好，因而它不存在现代化的问题（当然有具体的德目在现代的继承和转化的问题），如若说，引入"德先生""赛先生"而把握了"现代化"的精神内容的话，那么，引入"穆姑娘"纯是画蛇添足、多此一举，弃置中国本来就有的极美的"穆姑娘"而不欣赏，转而去外国寻，这如同捧着金饭碗乞讨一样地可笑，西方人就极为欣赏我们的"穆姑娘"，尤其是在两次世界大战之后，他们渴求"生命的学问"，有"生命哲学"之转向，他们纷纷将目光转移到中国这里，认为中国人的生活"很合情理"（怀特海对张君劢语），我们应该注意到这个动向。理解以上，我们才能理解牟宗三所谓的"肯定道德宗教之价值，护住孔孟所开辟之人生宇宙之本源"的真实含义。

其次说"政统"之建设。中国文化生命所蕴含的重德传统同时也凸显了其发展的不足：民主与科学硕果出不来。前面讲过，在民主与科学中，牟宗三更为重视民主的问题。近代中国，战乱不已，民主建国一直未能实现。牟宗三以为，民主建国"自是我中华民族在今天所面临的一个极具究极性的问题。其究极性之所以为究极的，乃在于此问题在我中华民族今日的集体生活中实具有根本性与涵盖性之意义。因为，这一问题如果不得解决，其他枝节问题的解决，如经济、军事、教育、社会等等各方面的建设与进步都很少可能有真常之价值；如果此一问题能够得到一个如如其是的解决，则其他各方面问题之解决皆可事半功倍并可得到其所当得到的真常意义，甚至可根本不成问题"①。民主建国，其意义太大、障碍太大、工程太大，故要尤加关心、努力。

牟宗三认为，"政统"之关键在政权之安排而不是治权之安排。中国已经发展出了很高明的治道。举其大端有三。（1）儒家的德化的治道。譬如孔子说的"道之以德，齐之以礼，有耻且格"，在"亲亲，尊尊，尚贤"中助推每一个人成就其圆满具足之人格。儒家德化治道的最高境界是各正性命、人皆尧舜。（2）道家的道化的治道。人君归于自己之自适自化而让开一步，得大逍遥、大快乐，百姓不起权位纷争意识，息事宁人，让物物各适其性、各化其化、各然其然、各可其可。道家的道化治道的最高境界是庄子所谓的"无物不然，无物不可"。（3）法家的物化的治道。前期法家能客观正视且能用"法"有效安排人之物欲，体现出一种可圈可点的事功精神；后期法家为了对治人之物欲及性恶，吸收了道家的思想，在"法"中加入"术"的内容，言君术、抬君权，走君主专制的路，结果形成政治之黑暗。在两千多年中，中国将儒家治道与糅合了道家的法家治道混为一体，霸王道杂之，阳儒阴法。儒家治道之关键维系在圣君贤相上，其后果是：（1）圣君贤相可遇而不可求，所以，中国古代政治总难逃"人存政举，人亡政息"的怪圈；（2）即便可求，也要求他们"其心如太虚，德量如天地"，这样，圣君贤相负担过重，与此相反的是，人民对国家、政治、法律、负担过轻或基本无负担，人民总是被动地在圣君贤相"君子德风"的

---

① 陈拱，等. 牟宗三的哲学与著作 [C]. 台北：学生书局，1978：375.

吹拂下而处于不自觉的睡眠状态，人民的存在只能成为一个"道德的存在"而不能成为一个"政治的存在"，人们在政治上无主观自由之意识，终而成黑格尔所谓的中国只有君主一人是自由的局面；（3）更有甚者，如碰上一昏君暴君，官员或助纣为虐，或成气节之士，社会道德或堕落为软性之物化，或堕落为硬性之物化，软性之物化为名士风流之放纵，硬性之物化为夷狄盗贼之残杀暴乱，于是，政治就处于一治一乱的怪圈，长期在这个圈里出不来，历史就处于停滞不前的境地。

牟宗三认为，之所以出现这些，其原因是政道没有一安排。光武帝刘秀的那一套政治制度，比如功臣不任吏职、整饬吏治、内外朝判分、三公与尚书权有轻重、注重官员的教化培养等，都是好的治道，问题是，治道所依的政道，即天下归谁所有，没有得到一个很好的安排，在君主专制下，原本"藏天下于天下"的政道变为"藏天下于筐箧"，那些视天下为己囊中之物的君主，"利不欲其遗于下，福必欲其敛于上；用一人焉则疑其自私，而又用一人以制其私；行一事焉则虑其可欺，而又设一事以防其欺。天下之人共知其筐箧之所在，吾亦鰓鰓然，日唯筐箧之是虞，故其法不得不密"①。这样，君主成为非理性的存在而不受限制，依附于君主的外戚、宦官等均成为非理性的存在而不受限制。"政权之民主，其根据正在使一切人民，连君主在内，皆位于一互相限制，互相规定，互相依赖，互相承认，而互得其客观化而并立之格局中……于君主与一切非理性的势力，未尝思本知性之活动，以照临其上，求加以安排，而置之于一客观格局中；使政治之权原，不在君主个人，而在此客观格局。则政权之民主之观念，即终无法转出。而君位之继承问题，宰相之地位问题，朝代更替之问题，乃终不能有理性上原则之解决。而诸非理性势力，不得为理性所安排，乃互为消长而相敌对。则一治一乱之循环，乃终无法自拔。"②

相对于"政统"建设之难，牟宗三对"学统"建设乐观得多。他认为，就科学来说，中国人原本就有这方面的智慧，只要国家有二三十年的承平，即可斐然有所成就。这里，我们就简略说下"学统"之建设。"学统"之

---

① 黄宗羲. 明夷待访录［M］. 李伟, 译注. 长沙：岳麓书社, 2016：25.
② 牟宗三. 历史哲学［M］. 长春：吉林出版集团, 2015：377－378.

"学"要狭义地理解，乃"科学"之"学"。中国虽有德性之学的传统，但科学不出。羲和之官虽有科学种子之萌芽，但仍停留在原始形态（感觉的、实用的）而未往"学之所成"之方向走。我们要承认，在这一方面，西方在近代走在了前面。科学究非西方文化所独有、独占，科学无国界、无颜色，是每一民族文化生命在发展中固有的本分事，我们走得慢、走得后不打紧，关键是要愿意走、切实走、走对路。随着时代的发展，轻视科学、反对科学的人已经不多了，尝到科学的甜头，大家都愿意走到科学这条道上来，问题是，大家只想享受着科学的好处，尽想吃祖宗的现成饭，吃西方人的现成饭，没有人能够静下心来老老实实地发展科学。科学需要我们用"分解的尽理之精神""理性的架构表现""理性的外延表现"去对付，只要意识到了，我们就要照着这些道理真心诚意地去做，一分耕耘一分收获，循序渐进，必有成就。牟宗三认为，可惜的是，"新文化运动"的那些宣扬者，不把力气用在这里而用在了反对传统文化上，这可谓完全走错了道。

## 二、道德的理想主义："生命的学问"之坚守立场

首先，我们要阐释什么是"理想主义"。"理想主义"并不能简单地理解为"对未来的向往或憧憬"，如果是这样，那么，强盗想着发财、贪官想着升官都是"理想主义"，显然，这是滑稽的，因为，我们很容易判断这些行为不合"理"。进一步说，这个合理不合理之"理"不是"逻辑的理"而是"天理"。强盗劫财、贪官贪污，他们皆很容易从逻辑上给出非劫不可、非贪不可的理由，但稍有"良知"的人都知道，这样的行为是"伤天害理"的。由此看来，"天理"之关键就在"良知"之呈现。所以，牟宗三说，"理想"的原意根于"道德的心"，即生动活泼的怵惕恻隐之心。现在，我们又要问怵惕恻隐之"仁心"何以是"理想主义"的呢？这是因为它给人们发出"应当"的指令，指使人们克服或者扭转"顺躯壳起念而追逐下去的一切念头与行动"，使人向更高的层次走。牟宗三认为，人倘若陷入物欲之中，只是顺着躯壳起念的话，就谈不上任何理想，相反，倘若我们能够斩断物欲的诱惑，顺着自己的恻隐之心走并且立志走向那"澄清寰宇"的层次，此时，我们就有理想可言了，简而言之，人之理想就是使自己不

陷溺、不堕落，并且还能使自己上进不已①。所以，"理想主义"一定是与"道德"联系在一起的，坚持"道德的理想主义"的立场，就是坚持"德性生命的价值优先性"，就是要使人之眼光与生命层次由躯壳之念上向更高更远的地方走。

我们从"人性论"的角度看为何要坚持"道德的理想主义"。"人性"是"人"之为人的地方，人禽之辨也在这个关头上见。孟子认为，人之所以异于禽兽者几希，这"几希"之差就在觉与不觉怵惕恻隐之心。牟宗三说："人之所以异于禽兽就在这个良知之觉，由此进一步即说就是这个怵惕恻隐之心：这是人人都有的，也是人的一个特点。人之保持与改进其生活都是靠这个怵惕恻隐之心为其必要的普遍条件的。因为有此怵惕恻隐之心，才能抒发理想改进其生活，因而其生活才可以继续下去，此即是《易经》所论的'生生不息'。人的生活能生生不息地继续下去，才能说保持其生活。否则，很可以死水不流而被淘汰。"②怵惕恻隐之心的畅动，使人不满足于自然的状态，不断走向"更好"。这是人区别于动物的特点，因而就是"人性"。

"人性"不能说有与没有，只能说显与不显。有些人受私欲的蒙蔽，怵惕恻隐之心处于睡眠或放失状态，他的生活与"野人"差不多，这是他的缺陷。但是，不能因为有缺陷而否定"人性"的存在，恰恰相反，因为有了"人性"，人之缺陷方有改正的可能。牟宗三说："人间有缺陷，我们亦唯有根据这个人的性始能改进缺陷。这个人的性，是人类想保持与改进其生存方式之必要的普遍条件。若没有或否定这个条件，缺陷亦不能说，保持与改进亦不能说。因为，若没有善意之抒发理想，悱恻之心之好善恶恶，何能对照出缺陷？何能改进其生活？生活不能继续改进，则死水不流，何能保持其生存？"③ 由此可说，"人"之为人的本性及人对治缺陷以求前进的愿望均要求我们坚持"道德的理想主义"。

我们需要从两个方面坚持"道德的理想主义"。从深度方面讲，要"尽

---

① 牟宗三. 道德的理想主义 [M]. 长春：吉林出版集团，2015：19-20.
② 牟宗三. 道德的理想主义 [M]. 长春：吉林出版集团，2015：30.
③ 牟宗三. 道德的理想主义 [M]. 长春：吉林出版集团，2015：33.

心尽性",即不断地拆散我们与动物相似的物欲,升华我们的精神生活,成就庄美之人格。牟宗三认为,人不甘于蔽于物欲而堕落,但物欲又时刻在影响甚至拖累我们的上进之心,因而,我们应该练就一身"磨炼"的功夫,在不断地磨掉遮蔽本真自我的物欲的过程中,把我们的主体性、道德性凸显出来而感受到生命的大自由。牟宗三说:"在此种磨炼中,一方将感触的或物质的东西剌出去或克服掉,将那原始的直觉浑沦或圆融予以打破,而行自我超转,一方亦即因这种超转而显示那超越的道德实在,即所谓'天理',或程明道所说的'卒殄灭不得'的那点之'秉彝'。在觉悟中显露了这个道德的实在,是真正的'主体的自由'。"① 在牟宗三看来,生命到了摆脱物欲之烦扰而得大自由的时候,就有一种快乐感、一种神圣感和一种庄美感,否则,生命永远只能被物欲推动,疲于奔命、渺小悲哀。可以说,生命之可敬可畏与可惧可悲全系于是否有向上的理想信念并能否下一番苦功去"尽心尽性"。

道德人格是从深度上讲"道德的理想主义",即言我们道德向上所达到的一种境界美。此外,我们还要从广度上讲"道德的理想主义"。所谓广度地讲,即是把人类的精神生活、道德理想在经济、政治等客观的社会实践中展现出来,或者说,使得我们的社会生活符合某种理想化的样子。这就是牟宗三所说的"理想主义的实践之涵义"。一个想法,如仅是玄虚飘荡、可望而不可即的,就不能称其为理想而只能称之为幻想,能使某种想法实现出来,这亦是"理想"的内涵之一。把人之为人的想法观念在社会现实生活中体现出来,扬善祛恶,改良我们的社会,使社会尽量地达至理想状态,这即是"人文化成",也是"道德的理想主义"的一种表现。中国历史上常讲"华夷之辨",我们认为,那种俗赏腥膻、性气贪婪、凶悍不仁、法俗诡异、人纪废弛的社会生活,绝对不是我们向往的社会生活,因为它缺乏"理想"的"点化"。有文化的民族,其社会生活不断地趋于理想状态,而没有文化的民族,其社会生活只能停留在较为原始、野蛮的状态。与孟子坚持"道德的理想主义"以成就圣贤人格的方向不同,荀子主要在成就理想的礼法社会上下功夫,他同样坚持了"道德的理想主义"。再往上看,

---

① 牟宗三.道德的理想主义[M].长春:吉林出版集团,2015:45.

孔子对社会的"人文化成"尤为重视。他认为,管仲在成就道德人格上气量不大,但是,他在"人文化成"上功莫大焉,"微管仲,吾其被发左衽矣。岂若匹夫匹妇之为谅也,自经于沟渎而莫之知也"①。孔子说得很明白,要是没有管仲对理想社会的道德设计与把握,我们恐怕会沦为夷狄之族。

既然"理想主义"有实践层面的涵义,在牟宗三看来,从现时代的实践维度看"道德的理想主义",即是要使得民主、科学较为理想地开出和运行。这里面有两层意思。一是,要明白开出比较好的民主、科学,这是"人文化成"的理想之事,本来就是道德要求的事,可现实总有那么些人,一味埋怨孔孟阻碍了中国民主、科学的发展,老是想着通过反对传统道德文化而为民主、科学开路,这哪里像话。牟宗三说:"凡是诚恳的实践者,践仁的实践者,皆一方必肯定人性为体,一方必肯定智之默察事变为用……在实践中,一方是科学的,这是智之事,一方是道德的,这是仁之事。这两者为什么必不相容呢?然而唯有道德的理想主义始能融和之……排斥仁,就是不能成就任何实践的。"② 另外的一层意思就是,假如有那么一天,民主、科学真的实现了,但是发现其运转得很糟糕,比如,总有那么些人,以民主、科学之名行压迫、欺骗之实,或者,社会上一干什么事,动不动就以"不民主""不自由"去质疑之,最终不仅一事无成,而且有些"好心人"做的"好心事"也被耽搁了、打击了,那么这也不是理想的状态。下一章第一节我们会讲到泛民主主义、泛科学主义,这就是民主、科学发展偏了。在牟宗三看来,这是忽视了道德对民主、科学发展作用的结果,"他们对于道德宗教一项,完全忽视其意义与作用。说到宗教,他们马上想到迷信;说到道德,他们马上想到迂腐。他们完全不知道:道德宗教,在其客观广度方面,有成为'日常生活的轨道'(即文制)之意义,在其主观深度方面,有作为'文化创造之动力'的意义"③。在这种情况下,尤其要高高树立"道德的理想主义"的旗帜,要使人们知道民主、科学不是生活的全部,生活中还有不能被抹杀的道德上的好歹,牟宗三说,道德才是"日

---

① 《论语·宪问》.
② 牟宗三. 道德的理想主义 [M]. 长春:吉林出版集团,2015:55.
③ 牟宗三. 道德的理想主义 [M]. 长春:吉林出版集团,2015:219.

常生活的轨道"。

所以，牟宗三在"三统并建"中凸显"道德理想主义"的立场，有其现实所指，主要针对以下三种人或三种不好的时代思潮：（1）一些落后于时代的文化保守主义者或反对民主、科学者，他们没有意识到民主、科学之开出，乃是道德理想所要求者；（2）一些动不动就骂老祖宗"老封建"，以为通过反传统道德就能为民主、科学开路的人，他们没有看到道德理想的东西实乃对民主、科学的开出起到涵育、推动作用；（3）一些民主至上、科学至上者，总以"不民主""不科学"反对人，他们眼光短浅、狭窄，眼里根本就没有道德理想的存在。牟宗三认为，要对治以上三种怪相，就必须竖起"道德理想主义"的大旗。

坚持"道德的理想主义"的立场就是要坚持"道统"在"三统并建"中的"统摄"地位。前面讲到，"生命的学问"应"仁智双彰"，因而我们需"三统并建"。中、西文化生命各自着重发展了仁智一面，仁与智并不相互抵牾反而会通、统一于生命的体欲、认知、道德的层级之整全中，因而我们能够"三统并建"。现在的问题是，在并建时，我们如何把"三统"和谐统一起来呢？在牟宗三看来，"三统"不可缺少，不可替代，共同推动个体生命、社会存在之发展，但按照"摄智归仁"及"道德生命的价值优先性"等原则，可以认为，政统、学统是从属于道统的，它们是道统的"通孔"，通孔很有必要，也不能堵塞，但毕竟是为道统而开而通，它是道统所自开自通、乐开乐通，因而要归摄于道统。

# 第五章
## 生命"内转"的学问：牟宗三"生命的学问"之展开（二）

民主、科学是国家现代化的必经之路，我们应该积极地促其发展，以使生命有依靠、有挂搭而不干涩、不酷冷。"新文化运动"以来，中国人对民主、科学功用之认识愈加深入，已经能够认识到生命不仅有至高至远的一面，还有至广至大的一面，这是令人欣喜的。但让人忧心的是，大部分中国人也仅停留在对民主、科学之"用"的要求和享受上，很少有人去思考民主、科学得以发展之"体"。因无"体"之滋润、提撕，中国之民主、科学总也发展不起来，情急之下，很多人就埋怨老祖宗挡了路，掀起一股全盘西化、反对传统的歪风。这样，中国人的生命不仅没有依靠，反而还失去了老祖宗给我们留下的根本，生命陷入了平面化与虚无化之中。牟宗三对"新文化运动"以来中国人生命之平面化、虚无化现象进行了深刻批判并呼吁生命"内转"的学问。他认为中国哲学在引导生命内转方面有大学问，我们应该把握好这方面的精彩。

## 第一节 生命平面化之批判

牟宗三认为，"新文化运动"（尤其是其后期）对民主、科学的非理性解读、推崇，使民主、科学发展泛化，导致很多人生命中只有民主、科学，只有物质利益，没有道德理想，没有意义价值，这样，生命就陷入了平面一层。牟宗三说："生命总是纵贯的、立体的。专注意于科技之平面横剖的意识总是走向腐蚀生命而成为'人'之自我否定。"① 他认为，要想对治生命平面化，就必须讲道德文化，就必须"本着自己的文化生命以新生"。

## 一、民主、科学泛化与生命平面化

我们常讲安身立命，如何才能"立命"，这不是一件容易的事情。孟子说："夭寿不贰，修身以俟之，所以立命也。"② 只有颠沛造次犹不须臾离道，才可以"立命"。这还不够。张横渠讲"为天地立心，为生民立命，为往圣继绝学，为万世开太平"，认为只有开了太平、继了绝学，才能"立命"。所谓"开太平""继绝学"，套用今天的讲法，就是开出民主与科学，得其保证，老百姓之生活有正常的途径、方式，生老病死等才能得一正当安顿。生命之"立"需要"顶天立地"。内转上翻，以成就德性，这是"顶天"；外化下降，以开出民主、科学等，这是"立地"。不能"顶天"，人就如同那紧贴地面的木石鹿豕，生命起不来，那闻一善言、见一善行便沛然莫之能御的舜，他的生命便是起来了的生命；不能"立地"，生命若飘尘、若飞絮、若浮萍，稍微有一点风吹草动，它就保不住，那得享天伦、颐养天年的人，他的生命便是保住了的生命。因而，生命是彻上彻下、彻里彻外的。在第三章，我们已得出结论：只有向上穷德向下坎智，上升下降，仁智双修，我们才能"立命"，才能有真正的"生命的学问"。

在第四章，我们了解到，中国文化生命之弊就在德重智轻、升多降少，为了民族生命之绵延、进步，我们应补上民主、科学等智的事业，令民族、个体之生命保得住、安得稳。"新文化运动"所提倡的民主、科学恰是中国所需要的，牟宗三认可其补缺中国文化生命以建设现代化的目的。"新文化运动后"，民主、科学在中国变成了时髦的词汇。但是，牟宗三发现，在一些人的鼓吹下，民主、科学在中国走偏了，形成民主泛化、科学一层的歪风邪气。牟宗三认为，正是此歪风邪气的吹拂——尤其是对年轻学子的蛊惑，令中国人的生命降而不升、去而不返，紧贴在民主、科学之上立不起来，遂陷入平面化之痛苦中。

---

① 牟宗三. 生命的学问[M]. 桂林：广西师范大学出版社，2005：自序1.
② 《孟子·尽心上》.

"新文化运动"以新与旧、先进与落后、现代与保守这样的"两分法"来看待中、西文化之别。这样判别中、西文化,其结果自然是对西方现代文化无限狂热、迷信,对中国传统文化无限轻蔑、打倒。这样的走极端难免会把路走偏。比如胡适认为,在通向现代化及中西文化冲突论战的道路上,抵抗西方文化的论调已经没有市场了,折衷主义的论调骨子里是一种变相的保守主义,也应该予以抛弃,剩下的路径只有一个,那就是"全盘西化",为避免有人将"全盘"强解为"百分之百",胡适主张将"全盘西化"称作"充分的世界化",并表示"充分"在数量上是尽量的意思,在精神上是用全力的意思①。我们看到,"路径只有一个""全盘""充分""百分之百""尽量""用全力"等等词汇,无不昭示着一些人对西方现代文化的崇拜、狂热、迷信。在他们眼里,只要中国引入西方的德、赛两位先生,即天下太平、万事大吉。胡适就这样看。他认为民主政治最大的好处就是保证那些不关心也没有能力去关心国家大事的人平时在家看电视休闲,选举的时候,再去画个圈、投个票、表个态,因而,民主政治是"幼稚园的政治",是不难学的。在胡适看来,民主对人民的素质要求并不高,简单易学,最适宜一个缺乏政治经验的民族操作,中国攀上民主,算是找到了对症之药,君主独裁、军阀混战,皆可对而治之、药到病除。

社会问题,民主可解,人生问题呢,科学来解。著名化学家王星拱就以科学解人生。他认为:人的意志虽自由,但难逃趋乐避苦、爱生恶死的规律;人的感情虽神秘,但可以"理"克之;人的价值观虽迥异,但其形成还是要遵循"遗传与教育决定人生观"的原理。他说:"我的结论是:科学是凭藉因果和齐一两个原理而构造起来的;人生问题无论为生命之观念,或生活之态度,都不能逃出这两个原理的金刚圈,所以科学可以解决人生问题。"②

对西方民主与科学的无限提倡与迷信的观念,认为世界上、生命里唯有民主、科学之事,将民主、科学摆在至上的位置,做人行事以民主、科学为名则一切皆可,否则,就是不民主、不科学,就是很糟很坏。这样做,

---

① 胡适.胡适文存:第四集[M].合肥:黄山书社,1996:400-402.
② 张君劢,等.科学与人生观[M].合肥:黄山书社,2008:278.

结果必然是"民主泛化"与"科学一层"。所谓"民主泛化",就是以宗教的狂热来歌颂民主、自由,把民主、自由绝对化,时时处处事事讲民主、自由,以为有了民主、自由,就有了一切,最后民主、自由变为放诞、放任、破坏。牟宗三对"新文化运动"之后社会上出现的"泛民主主义""泛自由主义"一直保持着警觉。他说:"政治上的民主下散流走而转为社会日常生活上无律无守的泛民主主义。民主里面含有自由平等两观念,如是自由平等亦失掉它政治上宪法上的意义,而下散流走,转为日常生活上无律无守个人自私的泛自由泛平等。此风一直在社会上漫衍,直至今日而不觉……师生之间讲民主,则先生无法教学生。父子之间讲民主,则父兄不能管教其子弟。夫妇之间讲民主,则夫妻之恩情薄。民主泛滥于社会日常生活,则人与人间无真正的师友,无真正之人品,只是你不能管我,我不能管你,一句话是'你管不着',民主本是政治上对权力的大防,现在则转而为掩护生活堕落的防线……社会上泛民主主义愈流行,愈堕落,则政治上愈专制,愈极权。"①"于是自由挥洒,冲破一切:贫富、贵贱、功名、利禄乃至是非、善恶、礼仪、廉耻……全部解放,对一切都不在乎,终于成为'肆无忌惮'。"②"自由主义表现在社会日常生活上就不免于泛滥,变成了所谓的泛自由主义。子女抗拒父母管教,学生不服老师教导,一切不正常的社会现象,都以自由主义为借口……制造了中国的动乱。我们不能不承认,这就是从五四运动以后延续而来的流弊。"③ 牟宗三列举了民主泛化带来的一些问题,比如:认为传统的一些礼节礼法、道德规范不民主而排斥之,以民主的名义肆意要求个人的权益而行破坏之事,很多卓越的优秀的东西在民主的呼声中被拉平从而让人们失去了对照目标,失去了上进之心。总之,在牟宗三看来,民主泛化极易造成个人生活的肆无忌惮、破坏堕落。

所谓"科学一层",即把一切"平铺地"变为科学研究的客观对象,心物一样,人禽一样,这些原本是有价值高下的东西现在并列地放在一起被研究、被控制,知识、道德、艺术、宗教,原本多层并存的人类精神系统

---

① 牟宗三. 道德的理想主义 [M]. 长春:吉林出版集团,2015:217-218.
② 牟宗三. 时代与感受续编 [M]. 台北:联经出版社,2003:456.
③ 牟宗三. 时代与感受续编 [M]. 台北:联经出版社,2003:265.

现在被科学压缩成单薄的一层。牟宗三认为,世界有"事实层"的东西,也有"价值层"的东西,科学之精彩即在它对"事实层"的把握,但是现在,因为迷信科学,人们以科学的名义把"价值层"的东西抹杀了。牟宗三说:"科学是新的,凡不是科学的都是迷信的,都是无意义无价值的。他们是想借科学之新来显示迷信。科学当然可以破除一些虚妄与迷信。但是道德宗教的真理与境界是属于价值世界的,既不是虚妄与迷信,也不是科学的。而当时在科学一尺度下亦俱被铲平了。"① 事实上,"科学一层论"也是将原本限于研究"事实世界"的科学泛化到"价值世界"中搞破坏,甚至以"不科学"的名义清空了价值领域的场地。

在牟宗三看来,民主泛化与科学一层都是"浅薄的理智主义",它们使人类的双眼只是紧紧盯在个人权利、物欲的享受上,而全然忘却了礼仪尊卑、道德宗教等。甚至于,在"浅薄的理智主义"面前,谈道德理想、谈传统文化、谈形而上学,仿佛就是多余、落后、守旧乃至是反动的表现。上面所谈到的胡适和王星拱就有这样的态度。王星拱认为,生命的进化就是物质依一定的成分之配合再经受一定的势力之传递的过程,生命体之高低等级,只是进化程度的不同,我们不必用"灵魂""生命力"等概念去阐释。胡适也认为,今日的科学,已经把许多问题都解决了,而哲学家还在那里谈玄说妙,寻"最后之因",寻"绝对的"东西,寻他们所谓的"命根",实在可笑。牟宗三还记得胡适对他谈形而上学而不屑一顾的往事。在北大哲学系读书期间,胡适关注到了牟宗三所写就的有关《周易》研究的书,一次,牟宗三往见胡适,胡适说牟宗三治学方法有危险,牟宗三不服,说自己讲《易经》是当作形而上学看的,听了他的话,胡适说:"噢!你是讲形而上学的!"言外之意是,两人就不用再谈了。胡适评价牟宗三:"颇能想过一番,但甚迂。"胡适欣赏牟宗三颇有深度的哲学思辨的头脑,但他认为牟宗三醉心中国思想传统及醉心形而上学的态度很落后、很迂腐,因为这与五四以来的思想文化潮流格格不入。

牟宗三批判"浅薄的理智主义"说:"则科学一层论,理智一元论的态度,社会上日常生活的泛民主主义的态度,所摧毁的只是科学和民主以外

---

① 牟宗三. 道德的理想主义 [M]. 长春:吉林出版集团,2015:214.

的人伦人道之大防，抹杀点醒仁义之心性以辨人禽别义利的圣贤之教之为大学问，之为一切文化创造之总根源。"① 他还说："近时学人所假借以自饰之风气，厥为科学一层论、理智一元论之态度。只承认科学一层之真理，而不承认其他领域之真理，则必假借科学以自饰其不诚，而流于谬妄之僻执。只承认对于事象施以理智的知解分析为学问，除此无学问，非学问，则必流于浅薄的理智主义，而抹杀价值，摧毁理想。"② 牟宗三认为，生命一旦落在这里，就平面化了。所谓"生命的平面化"，即是将人原本立体的、多维的生命平面化为实体生命、生理生命一层，导致过分在乎当下的感受，将对感受的追求放在了第一位，造成了生命存在的紧张感和无价值感。动物的生命就是平面化的生命。

在牟宗三看来，重视科学、民主，表现人类实际的、现实的、切实的、紧扣对象的、不离经验、不作狂想的心态，使生命落实，这是好事情，但我们应该注意到人类这种"知解之心灵形态"所蕴含的弊端。牟宗三说："然此种心灵形态之为平庸的、学究的、散文的、平面的、亦不可掩。与个人人格之培养、德性、理智、器识之培养，毫无助益。此近世知识分子之所以卑陋凡尘而毫无旨趣也。盖此心灵形态积习既久，最足以埋没性灵，泯灭价值，窒塞生机，而日引人于琐碎。此古人所谓支离破裂也。再经积习，便不复知尚有真实之学问。如是而科学一层论、理智一元论之态度遂成，收缩凝结而为冻结，胶著僵化，成为僻执而不觉。如是理想毁矣。一味庸俗，一味市侩，彼等不知有培养真实创造心灵之学问，亦不复知有义理根据之理想。凡遇言创造心灵与理想者，皆非彼等所能忍、所愿闻，仍一味以胡思乱想视之。如实科学一层论遂转而为科学独断论，理智一元论遂转而为极端无理者。故理智主义必转而为怀疑主义、否定主义、虚无主义，而在现实方面，又极端唯物、功利与自私。"③

由此观之，泛化的民主、科学极易成为"个人之恶"的挡箭牌。日常生活中，因为民主、科学的泛化，个人的一切欲望，均可以"自由"为之

---

① 牟宗三. 道德的理想主义 [M]. 长春：吉林出版集团，2015：218.
② 牟宗三. 牟宗三先生晚期文集 [M]. 台北：联经出版社，2003：52.
③ 牟宗三. 牟宗三先生晚期文集 [M]. 台北：联经出版社，2003：53-54.

辩护，他人的一切主张，均可以"不科学"而加以驳斥。我们看到，那些把民主、科学喊得震天响的人，事实上恰是最不民主、最不科学的人，民主、科学只成为他们放纵恣肆的辩护词。总而言之，陷入"浅薄的理智主义"而胶着于生命之平面的人，无一丁点儿理想追求，沉迷于蝇头小利，沾沾自喜于自己的小聪明，无任何家国情怀，对民族之苦难无动于衷，听不见别人的批评，生命无根，飘荡不安。借用牟宗三的词来形容，尽是些自私自利、排除异己、窒塞聪明、斫丧生命、依附草木、苟且偷生、无知无耻之徒。牟宗三认为，生命平面化的现象在很多人那里表现出来，而且在一些知识分子那里表现得尤其明显。

事实上，生命平面化之现象不独中国人有，西方早就显露出来了。游欧之后，梁启超便认识到了欧洲"自由主义的金科玉律"及"科学万能之梦"的破产。梁启超意识到：一切讲自由，自由就成了金科玉律，最终流为放任主义，这就为人们的无序竞争和国际大战埋下了祸根；一切讲科学，科学就成为万能，宗教、哲学等都被科学阉割，人之活动都归到物质运动的"必然法则"下，人即是一动物、一物质，无价值与意义可言；自由、科学僭越自身的界限所带来的后果就是军国主义、强权主义、乐利主义、怀疑主义的盛行，整个社会崇拜势力、崇拜黄金、崇拜必然法则，宗教、道德这些东西几无立身之地，"所以全社会人心，都陷入怀疑沉闷畏惧之中，好像失了罗针的海船遇着风遇着雾，不知前途怎生是好"①。在这样的心态影响下，欧洲人干脆就逞强到底、快活到底、享受到底，结果自然陷入弱肉强食、世界大战的泥淖中。

在《欧游心影录》中，梁启超有许多深刻的思考，他提醒我们：（1）自由、科学固然重要，但也要注意到其界限，且不可把自由视为金科玉律，把科学视为万能，今日欧洲之衰败即是我们的教训；（2）我们不必把中国想成明天就要亡的样子，怀着一种以求速效的心思去求民主、科学的发展，中国历史上民主、科学根底本就浅薄，国人又很少养成的机会，如今突然挂起这两个招牌，好像驴蒙虎皮，难免出现种种丑态，但这不要紧，只要我们有扎硬寨打死仗的准备，下番功夫，好好干它个二三十年，必会有所

---

① 梁启超．梁启超文选［M］．上海：远东出版社，2011：197.

成就；(3) 应该注意到宗教道德等精神要素的作用，人类只要精神生活不枯竭，那物质生活自然不成问题，精神生活最重要的是人能"尽其性"，没能像陆象山所谓的"总要还我堂堂地做个人"，将自己的天赋良能发挥到十分的圆满境地，人就不满足，因为不满足，人自然就生出努力，这努力便是活路；(4) 欧战后，西方人纷纷向东看，认为中国文化中有许多的好宝贝，这些东西能救拔他们于水火之中，他们盼望着中国人能帮助他们好好保留中国文化。相比之下，那些一心西化的人，把中国什么东西都说得一钱不值，好像我们几千年来就像土蛮部落一样，这是很可笑的。中国人首先要人人存一个尊重爱护本国文化的诚意，在此基础上，寻求一个中、西文化的融合，叫人类全体都得好处。

梁启超是在自己亲见亲闻及冷静思考的基础上说出以上意思的。可惜的是，狂热的"西化派"根本听不进他的意见。胡适对梁启超揭示"自由主义的金科玉律"及"科学万能之梦"破产的做法深表忧虑。他认为，梁启超的话，以及以张君劢为代表的替梁启超推波助澜的那些人的话，为国内反民主、反科学的势力助长了威风①。应该说，对于政治上混乱、物质上贫穷、科学上落后的中国来说，发展民主与科学，以免落后挨打，这是正确的道路，也是必经的道路。中国现实情况的不容乐观，使胡适等人忧心如焚，他们不得不大声疾呼尽最大可能地向西方学习，并且，还唯恐学得不多，唯恐学得不快，唯恐国人没把民主、科学放在心中最高位置。在这样的心态下，胡适等人自然就少了些对民主、科学的冷静审视。在那个时代背景下，胡适等人的话语还特别有号召力。

牟宗三反思胡适等人发动的"新文化运动"（尤其是后半期）。他认为"新文化运动"是一阵风式的情感的鼓荡，流风所及，热衷于以民主、科学之名反传统、反义理、反思想，这种"浅薄的干枯的理智主义"使生命无本无根而"离其自己"。牟宗三说："五四时的新文化运动，本无在生命中生根的积极的思想与义理，只是一种情感的气机之鼓荡。它只要求这，要求那，而并无实现'这'或'那'的真实生命，与夫本真实生命而来的真实思想与义理……他们对于思想与义理来一个反噬，对于'文化'与'运

---

① 孙秀昌. 重温"科玄论战"[J]. 博览群书，2009 (9).

动'来一个反噬,此即为学风士习之斫丧。"① 牟宗三认为,对治生命之平面化,我们要用文化之"道"来提撕、调护民主、科学之"术",在西方,这个"道"便是宗教,在中国,这个"道"便是传统文化,只有在自本自根文化的滋养下,民主、科学才能畅达而不走偏。

## 二、本着自己的文化生命以新生

牟宗三曾说他少年时特别喜欢吴稚晖的文章和思想。对"浅薄的理智主义"所带来的人之平面化,吴稚晖的理解颇具代表性。人是什么?人生是什么?人生的主要内容是什么?吴稚晖对这三个问题一一作了回答。他说:"人便是外面只剩两只脚,却得到了两只手,内面有三斤二两脑髓,五千零四十八根脑筋,比较占有多额神经系质的动物。""所谓人生,便是用手用脑的一种动物,轮到'宇宙大剧场'的第亿垓八京六兆五万七千幕,正在那里出台演唱。"吴稚晖认为,人生就是唱戏,以往的历史,往往只有诗人和道学家才有登台的机会,他们唱些风花雪月、仁义礼智的东西,如今要改制了,不仅每一个人都有登台的机会,而且唱的内容也得改一改,唱"吃饭、生小孩、招呼朋友"②。

吴稚晖所理解的人,仅仅只有物欲追求,生命陷入物质的平面一层,和动物一般,紧贴地面谋求食与色。我们不仅好奇,被年轻时候的牟宗三所崇拜的吴稚晖,他是这么简单理解人的吗?在谈到吴稚晖时,有学者说:"他的国学本来就出类拔萃的,因为认定现在中国需要的是科学,因为国学里有不少的微菌,他就明知国学另有相当的价值,也要视为九代大仇,尽力拍击,好杀开一条大道让科学奔上前来。"③ 所以,吴稚晖有意避开中国传统文化的正面效应及西方文化的种种弊端,对中国的旧礼俗进行全面批判。

不过吴稚晖也意识到,人毕竟不是山中的木石鹿豕,还要讲一些道德文化,把人之生命提起来,但他对中国那种甚迂的良知天理极其厌烦,他

---

① 牟宗三. 五十自述[M]. 台北:联经出版社,2003:84.
② 吴稚晖. 吴稚晖文存[M]. 北京:东方出版社,2015:10-15.
③ 李新宇. 旧梦重温:民国先知的道路探寻[M]. 南宁:广西人民出版社,2007:130.

## 第五章 生命"内转"的学问：牟宗三"生命的学问"之展开（二）

力主在民主（吴称"台先生"）、科学（吴称"赛先生"）之外，还要引入西方的道德（吴称"穆姑娘"）。他说："我们中国已迎受到两位先生——赛先生、台先生——迎之固极是矣。但现在清清楚楚，还少私德的迎受（只零星的拣些较可作恶者，或胜奇，或细小者，偷偷摸摸，大家拉点扯点，未曾正式的鼓乐迎娶）。这是什么东西呢？就是可以迎他来，做我们孔圣人续弦的周婆的，叫做穆勒儿（moral）姑娘的便是。请她来主中馈，亦且无妨牝鸡司晨。才把我们那位灰葱头的局董，不要老是曲肱饮水。"① 在吴稚晖看来，只有在这位"穆姑娘"对我们的教导下，我们才能有礼貌、讲文明。他说请老迈的孔鳏爷爷溜回桃园洞里或苗山身处，请西方的"穆姑娘"（后来称为"穆太太"）为我们作主，"于是穆太太对一班徒子法孙，温温和和的，常川教导"，教导我们出门时候与家人亲亲嘴、上车帮长辈提提包、吐痰时候用用手巾、吃饭时候摊开桌布、隔三差五修修指甲、不去凑热闹、把账目算得清清楚楚、不贪图小便宜、有危险困难舍己为人②。吴稚晖通过揭露并放大中国传统文化在某些方面的"不讲究"之处，对传统文化进行了全面的绞杀。

年轻时的牟宗三被吴稚晖这种什么也不怕、什么都敢说的批评劲头所吸引。但他马上又意识到这是对传统道德文化极其肤浅的认识和恶劣的态度。他说吴稚晖这一类的人"极端轻薄无心肝"。"提起文化，就是列举。中国文化里没有出现科学与民主，所以一无所有，而列举地说起来，则除了打板子，辫发，缠足，太监，抽鸦片外，再无可称举。就是现在也还有人说，中国文化，只除讲究吃比洋人好以外，再看不出还有什么比洋人好。这种态度看文化，可谓极端轻薄无心肝。知识分子堕落到这种程度，则中国之有今日，你能怨谁？"③

在牟宗三看来，如果真的像吴稚晖那样，请西方的"穆姑娘"来教我们"吃饭、生小孩、招呼朋友"，我们只享受民主、科学的好，这样既无人格，也无干自己事业的理想与责任心，终究也干不出什么事业。牟宗三说：

---

① 张君劢，等．科学与人生观［M］．合肥：黄山书社，2008：407．
② 张君劢，等．科学与人生观［M］．合肥：黄山书社，2008：407-408．
③ 牟宗三．道德的理想主义［M］．长春：吉林出版集团，2015：219．

"以他自己民族文化的精神与智慧肯定他个人的人格与事业,并以他个人的人格与事业肯定他自己民族文化的精神与智慧。人,只有在这种与自己民族文化的精神与智慧真正的同一（identification）中,才能有真正的人格,有真正的事业;才能真正上不愧于祖宗,真正下不愧于子孙;才能真正地正其名分,真正地顺其言辞,真正地为自己的国家民族负得'起'自己的责任。"① 牟宗三眼里,像吴稚晖这样的"轻薄""堕落"的知识分子,动不动就骂老祖宗的不是,动不动就说只要按照他们说的来,中国立马就会强大起来,他们的生命无所攀附、轻飘放荡,他们自高自大,没有什么理想,也没有踏实干事的责任心与恒心。

牟宗三认为,深受传统文化影响的中国乡间农民,其生命气象与吴稚晖们完全不一样。他们首先所看到的所体会到的,是传统道德文化的好处,他们认为,恰是传统的一些东西,才使他们的生命有安全感、踏实感。牟宗三说,正是他的农民父亲才让他看到吴稚晖的"粗野放荡""荒谬肮脏",他的父亲经常晚上读古文、读《曾文正公家书》,从中懂得人"总须身在承当艰苦中磨炼",他终日勤勤恳恳地操持家务,养活一大家老小,他待人做事"手脚都要落实,不要轻飘飘,像个浪荡者",他写字"整齐不苟,墨润而笔秀",并且常教孩子"不要了草,不要有荒笔败笔,墨要润泽,不要干黄。因为这关乎一个人的福泽"②,他踏实过日子的信念坚定,从不附会社会上的一些歪风邪气,对老家附近出没的各种鼓吹"保身家性命"的道门,他从不理会、招惹。在牟宗三眼里,深受传统道德文化熏陶的父亲生命呈现出与吴稚晖等人不一样的气象:懂礼节,守规矩,有追求,有担当,勤恳踏实,刚毅严整,守正不阿,有条有理。

经过对照自己父亲与吴稚晖的生命气象,牟宗三得出结论说:"我从我父亲身上,亲切地觉得这时代的浮薄的知识分子妄逞聪明,全不济事。没有一个是有根的,没有一个能对他们自己的生命负责,对民族生命负责,对国家负责,对文化负责,来说几句有本有根的话。他们全是无守的,亦全是无坚定的生根的义理信念的,只是浮薄的投机取巧,互相耍着玩,来

---

① 牟宗三. 时代与感受 [M]. 台北:联经出版社,2003:447.
② 牟宗三. 五十自述 [M]. 台北:联经出版社,2003:31-32.

践踏斫丧民族的生命。这就是我前面所说的新式的人祸。像吴稚晖那种人物就是祸首之一。像他那无根无本的浩瀚与纵横，真是算得了什么。以我父亲那样一个乡村的农夫，义理教训之存在的见证者，就可以立地把他笼罩住，赤手把他掌握住，使那一切光彩、风姿、花腔顿时纷纷落地，收拾头面，原来是臭屎一堆，痴呆的狂夫。我愿天下人都当到农村里看看什么是生根的生命，什么是在其自己的生命，什么是真理的见证者，仔细印证一番，对照一番，从头想想，重新做一个有根的人，从这里建立自己为一个有本有根的人，从这里建立自己为一个有本有根的政治家、思想家与事业家。如是，中国方算上了路。"①

在牟宗三看来，真正的要想中国上路，必须"本着自己的文化生命以新生"。这是一个很有见识的论断。世界各个民族的现代化进程表明，民主、科学尽管是每一个民族现代化所不可或缺的，但是每一个民族也必须本着自己的文化传统而发展民主、科学，否则民主、科学的发展就总在折腾中。余英时说："民主与科学都只在真正地'尊重并提高人的价值'上才发生文化的意义。文化运动的成败最后系于它能否在自己文化中生根；因之，它发生的原因虽可以是外铄的，它最终的成就却必须是内在的。中国须接受西方的文化，这一点已无可疑。同时中国必须站在完成自己文化的内在发展上接受西方文化，而决不能也不愿走上'全盘西化'的方向……一味向西方文化乞求灵药，而妄想在一夜之间重建一个崭新的文化（如全盘西化论者），正表示出我们解决文化问题在精神态度上的轻松、散漫与卑屈，在思想上的空虚、懒惰与缺乏创造力。"②

这里我们可以说一说殷海光对民主与传统的关系认知。殷海光出生于1919年，被誉为是"五四之子"，去台湾后又被誉为"台湾自由主义的开山人物"。其反传统较之前辈有过之而无不及。据他的朋友说，他的书房少有中文书籍，而且他连过年过节中国人互相祝福这样的习惯也很讨厌。在晚年的时候，他开始反思中国传统文化与民主自由的关系。在他看来，"传统

---

① 牟宗三. 五十自述［M］. 台北：联经出版社，2003：33.
② 王跃，高力克. 五四：文化的阐释与评价：西方学者论五四［M］. 太原：山西人民出版社，1989：46.

至上"和"传统吃人"的观点都不对,我们应以一种经验论者的态度看传统,即把传统视为经验的积累,要承认传统对社群生活的稳定作用,而稳定是社会发展的前提,尽管传统或许与社会发展之要求有不相适应的地方,但是我们也不能将之全盘否定,正所谓"一件破纳头固然不足以御寒,但你骤然把它扯下,足以使人患肺炎的"①。正确的做法是,要根据时代、民族、人生的要求,对传统予以修正、更改、保存、发展。在殷海光的启发下,林毓生提出了"中国传统的创造性转化"的观点。林毓生首先看到了传统之演化为社会之发展所提供的秩序及架构,他认为,我们需要道德信念为个人价值做最终辩护,需要道德秩序确保自由政治及立法制度的功能的发挥,需要道德架构来维护自由的自觉的运动,而上述的道德信念、道德秩序、道德架构,均只能从传统及其演化中来。正因为看到传统之作用,林毓生说:"在抨击传统中有害的因素时,并无需将传统和现代置于对立的地位,铲除传统中不合时宜及有害的成分,并不一定非完全否定传统不可。一个传统若有很大的转变潜能,在有利的历史适然条件之下,传统的符号及价值系统经过重新的解释与建构,会成为有利于变迁的'种子',同时在变迁的过程中仍可维持文化的认同。在这种情形下,文化传统中的某些成分不但无损于创建一个富有活力的现代社会,反而对这种现代社会的创建提供有利的条件。"②

牟宗三很早就反思了"新文化运动"存在的问题:把"孔家店"砸得稀烂后,没有一种更高的精神可以综摄民主与科学,遂使民主与科学泛化,仅成为人们时髦的口号或争权夺利的掩饰,而没有向"尊重并提高人的价值"的方向上走,这样,人的生命势必就会陷入物欲一层而提不起来。牟宗三说:"他们要打倒'孔家店'打倒孔子仁义道德的教训,认为是妨碍了中国民主与科学的产生。他们根本不知'孔家'根本没有一个'店',孔子仁义道德的教训只是把人人心中所固有的知忠知孝、能忠能孝的道德心指点出来而已;孔子不是凭空给人填进些仁义道德的内容,给人加上一个仁义道德的枷锁。再说,科学、民主根本也是孔子所说仁义道德的必然要求。

---

① 殷海光. 殷海光学术文化随笔 [M]. 北京:中国青年出版社,2001:76.
② 林毓生. 中国传统的创造性转化 [M]. 北京:北京三联书店,2011:190.

孔子若地下有知，看到中国两千年来没法解决的政治、经济问题借着你引进的民主与科学解决了，他高兴感谢你还来不及哩！"① 在牟宗三看来，中国传统道德文化讲的是做人之"理"，根本不妨碍民主、科学之"事"，相反，还可以为民主、科学的发展带来土壤养分、秩序保障、责任动力、价值引导，作为中华儿女，必须"本着自己的文化生命以新生"。

## 第二节　生命虚无化之对治

"生命之虚无化"是承接着"生命之平面化"而说的。生命向外向下用力，胶着在民主、科学一层上，久而久之，必有力尽之时、倦怠之意，当其反观自己，顿觉一无所有、爽然若失，就在这一刹，满是虚无之感。牟宗三认为，只有传统道德文化才能让人意识到自身胸腔中充满仁义慈爱并且涌动不已，使人体觉到生命的充实和意义，最终有效对治生命虚无。

### 一、虚无：致死之疾病

如何理解生命的虚无？我们说过，生命是德性生命与自然生命之统合体，并且，于德性生命处，方见生命之本质。人之认识心由天心坎来，很好地照顾到了自然生命之需要，然而，发展至"浅薄的理智主义"后，降而不升、往而不返，胶着于自然生命之满足愈甚，则离德性生命之满足愈远。这样，原本仁守智及、身心谐和之生命便有了撕裂之痛。在这种撕裂之中，生命四方游荡、无有依附。临了的时候，人才发现，本想安放在功名利禄、贤妻孝子那里令之"好了"的生命，竟是荒冢一堆、妻离子散，遂有劳碌一生而实无功德之感。

在牟宗三看来，人原是一个灵与肉的统一体，但经过向外耗散、吊挂后，生命裂碎在功名利禄、酒色财气之上，因没有一个理想把这些破裂的生命碎片收摄、圆融、团聚起来，生命就变成了一些需交待但又无交待的

---

① 牟宗三. 时代与感受 [M]. 台北：联经出版社，2003：429-430.

特殊的、生理的、飘零的零件，而且越向外，生命越有下堕之感。牟宗三说："此破裂全由生命之向外膨胀、向外投注而拉成。由此破裂之拉成，遂使自己现实生命一无所有，全成特殊之零件……此真是一种病，一切挂搭不上而只剩下特殊零件，而又真真感受到痛苦，这是'病至于死'之痛苦、虚无怖栗之痛苦。"①

牟宗三所说的"病至于死的虚无之痛苦"很明显受到克尔凯郭尔思想的影响。克尔凯郭尔对"绝望"这一人之"致死之疾病"深有理解。克尔凯郭尔认为，人是由精神来定义的，精神是自我，而自我又是有限与无限、暂时与永恒、自由与必然的综合体，并没有一个牢固的支点，让人在这些关系中求得一种平衡，人总是在意识不到某种关系状态、不要是某种关系状态和渴望某种关系状态的折磨中陷入绝望，人饱受绝望之折磨而不能以死了之——因为按照某些宗教的观点，死并不是最终的结局而是生之始，只要有"人生"，便有绝望，人饱受绝望的折磨，绝望让人处在想死又死不了的过程中，所以绝望是"致死的疾病"。

我们可由"有限和无限的关系"这一例来理解"绝望"。克尔凯郭尔说了两句颇为拗口的话：无限的绝望是缺乏有限，有限的绝望是缺乏无限②。人有自然生命，自然生命是有限的存在，需衣食住行，有生老病死。人亦有德性生命，德性生命是无限的存在，它充塞天地、至高至广。因自然生命与德性生命的统一并存，人有满足自然生命之欲求，也有满足德性生命之欲求，换句话说，有满足有限之欲求，也有满足无限之欲求。在走向无限的过程中，人很容易患上黑格尔所谓的"精神的饥渴病"，否定现实中的一切，最后，他发现自己的生命飘在空中而无现实的衣食住行上的安顿，他变得绝望，他绝望于他的幻想。克尔凯郭尔说："一般来说，幻想引导人进入无限状态，而这种引导的方式是：使他离开其自身，并因此而使他无法回复到他自身中。当感觉以这种方式成为幻想时，自我只是越来越多地被挥发掉，并最终成为一种抽象的多情善感；这情感却不属于任何人类存

---

① 牟宗三. 五十自述 [M]. 台北：联经出版社，2003：133.
② [丹] 克尔凯郭尔. 致死的疾病 [M]. 张祥龙，王建军，译. 北京：中国工人出版社 1997：25，27.

在者，而是多情地但又非人性地与某种抽象的宿命（比如抽象的人性）相结合。"① 克尔凯郭尔举例说，人在走向无限过程中的绝望就好似风湿病人绝望于不能支配、控制他的身体一样。中国传统道德文化有助于人们走向无限之维，但在此过程中，中国人容易做羲皇上人的迷梦，最终绝望于杜甫《兵车行》所记载的年少戍边、苦战不断、白骨无收、地无产出、县官索租、妻离子散等诸事中，此时，中国人才发现，把控自我肉身，好生好活好死，是多么难的事情。只有让那无限向内向上的文化升而降、内而外，这样，人才能从幻想中打回来，成家、立业、建国，只有很好的事功成就，生命才能少些没有挂搭、没有保障的绝望。

但是，在走向有限的过程中，人又产生新的绝望。在走向有限的过程中，人的生命容易还原到狭隘的物质一层中而忘却精神上的追求，他耽于物欲的享受和满足，不会为成为一个全新的自我而努力而冒险。克尔凯郭尔说："这就是有限绝望的情况。一个人处在这类绝望中，他能暂时活得很好，实际上是更好；他能表现为这样一个人，即一个得到公众喝彩、获得荣耀和尊敬、被所有暂时的目标所吸引的人。事实上，所谓世俗的心智正是由这样的人组成，他把他自己抵押给了世界。他们使用着他们的能力，积聚着钱财，继续着世俗的事业，精明地算计着，等等。他们可能会名垂史册，但他们不是他们自身；从精神上说他们没有自我，没有一个能让他们为之去冒一切风险的自我——不管他们如何自我追求，他们不是在追求自我。"② 在克尔凯郭尔看来，"全新的自我"应该是一个独一无二的、走向他自身最高点的精神个体，他不能被物质包围，不能被世俗羁绊，不能被庸众同化。他说："一千个人比一个人更具有价值乃是一种谬论；这无异于把人视同动物。人类的中心要点在于基数'1'是最高的；'1000'并不说明什么问题。"③ 克尔凯郭尔还认为，苏格拉底的伟大之处就在于，当他

---

① ［丹］克尔凯郭尔. 致死的疾病［M］. 张祥龙，王建军，译. 北京：中国工人出版社 1997：26.
② ［丹］克尔凯郭尔. 致死的疾病［M］. 张祥龙，王建军，译. 北京：中国工人出版社，1997：29-30.
③ ［丹］克尔凯戈尔. 克尔凯戈尔日记选［M］. 姚蓓琴，晏可佳，译. 上海：上海社会科学院出版社，1992：103.

被城邦审判的时候,他看到的不是众人,而是"个体灵魂的优越",同样地,在上帝眼里,他看到的不是"群体的人",而是"个体的人"。

民主与科学在保障"一千个人"的事业上厥功甚伟,但在成就"一个人"上有些"英雄无用武之地"。不能走至自身精神的制高点,这比没有吃饱穿暖更折磨人,所谓"君子忧道不忧贫",并且,即便有了锦衣玉食,仍感觉自己一无所有,就如同《顺治出家偈》中所说的"朕为大地山河主,空在人间走一回"。"空"就是"虚无"。克尔凯郭尔生于丹麦富商之家,继承了庞大的家产,拥有出众的才华,也摆脱不了"空"之绝望,以至于经常产生"想开枪打死自己"的想法。财富与才华只能让克尔凯郭尔有短暂的充实感、欢愉感,热闹之后,他依旧感觉什么也没有,绝望得想自杀。有论者指出:"在克尔凯郭尔,这种绝望是一种生命虚无的绝望。对克尔凯郭尔而言,虚无主义直接源于个体生命的无意义,这种无意义源于个性的夷平。个性的夷平,作为现实的生存状态,表现为反讽、厌倦、沮丧、焦虑和怀疑。"[1]

综上所述,人之生命,有两种绝望:自然生命不得安顿的绝望和德性生命不能升进的绝望。民主、科学能较好地对治第一种绝望,西方人依此建设了一个加尔布雷思所谓的"丰裕社会",这是一个"普通人已经得到愉快生活(像食物、娱乐、个人交通工具以及垂钓)的世界"[2],物质贫乏的观念已经渐行渐远乃至彻底消失。但是,陷入民主一元、科学一层的西方人又产生了获得世界却失去自己的绝望,他们的生活,如《等待戈多》中所描述的:无话找话、没事找事、吵架和好、和好吵架、虚度自己、虐待他人、希望落空、无聊透顶、上吊寻死、以求结束。这是孔子所谓的"饱食终日,无所用心,难矣哉!"的生活。西方人由此产生了第二种绝望,即生命虚无的绝望,这是"致死疾病"的绝望。

近代以来,中国人有不能安顿自然生命的绝望,亦有不能升进德性生命的绝望,即便牟宗三自己,于抗战期间的漂泊生活中,也苦尝生活无着、精神困顿的绝望。不过,中国人对生活上的颠连困苦不轻易感到绝望,或

---

[1] 杨丽婷. "虚无主义"及其争辩:一种思想性的梳理[J]. 现代哲学, 2012 (3).

[2] [美]加尔布雷思. 丰裕社会[M]. 徐世平, 译. 上海:上海人民出版社, 1965: 2.

者说，即便有此绝望，也向不在意，粗茶淡饭、陋床薄被，再差一点的，箪食瓢饮、天床地被，只要过得去，也会乐在其中。这是中国人生活的智慧与艺术。中国人最不能忍受的，就是精神上的困顿与虚无。这样"难矣哉"的生活，孔子说，最不济，也要找找博弈之乐。至于能像颜回那样，在追求至仁之乐中把一切生活困苦都忘得干干净净，这就需"生命的学问"了。中国文化在此处有颇多精彩。许多西方学者认为，中国文化能有效对治生命之虚无。在游欧的时候，梁启超听到许多人讲"输入中国文明以救拔西方人"，他说："我初听见这种话，还当他是有心奚落我，后来到处听惯了，才知道他们许多先觉之士，着实怀抱无限忧危，总觉得他们那些物质文明是制造社会险象的种子，倒不如这世外桃源的中国，还有办法。这就是欧洲多数人心理的一斑了。"①

可惜的是，陷入"浅薄的理智主义"的那些人，全看不到中国文化的精彩，使劲打倒中国文化以鼓吹民主、科学，结果是，民主、科学没有出来，中国人的生活智慧也荡然无存，于生命上说，"挂空"的生命依旧"挂空"，"有根"的生命已是"无根"。牟宗三对此尤为痛心。他认为现时代是"无体，无理，无力"的时代，是一个不鼓励人的时代，是一个令人泄气的时代，"眼看到人的'无家性'，一般生活之庸俗，陷落，趋于'非人格性'，眼看到一般的概念思想之停滞于'事法界'而不进的风气，眼看到……毁灭人类的'物势观'之可惧，这都不能不令人怵惕兴悲"②。因而，如何对治虚无，成为人悲情面对的问题。

## 二、回到生命"慧根觉情之自身"

为了支撑人之自然生命的存在，人们鸡鸣而起、孳孳为利。长此以往便有倦怠之感，如《荀子·大略》中子贡所谓的"赐倦矣"。在牟宗三看来，子贡之倦是"心倦"而非"身倦"。身倦犹可通过睡眠或休息加以对治，待到死亡，便是"没，吾宁也"。身之亡没，任何人也阻止不了，这是无可奈何的事情。但是，"人身难得"之处就在于他不甘心、不满足"人生

---

① 梁启超. 梁启超文选[M]. 上海：远东出版社，2011：201.
② 牟宗三. 道德的理想主义[M]. 长春：吉林出版集团，2015：159.

寄一世，奄忽若飙尘"的状况，他想在另一根源上求得一解脱、一永恒、一无限。此另外一根源，便是心灵活动。在心灵活动中，我们不能一下子就得永恒与无限，这是一个漫长的过程，于此过程中，我们有心倦。此心倦不像身倦，可通过耍一把、歇一会、饱一顿、睡一觉、死一回而得以调伏，耍歇饱睡死之后，正如"举杯消愁愁更愁"，心倦犹不可去。我们永远处于心倦之中，饱受这一过程中的虚无怖慄之苦，故心倦是"'致'死之疾病"，即是说，它永远在"病"之痛苦中但又不能以"死"谢之。

调治此"致死之疾病"的学问即是"生命的学问"。不同的方家有不同的方子。如以中国杨朱学派、西方昔兰尼学派为代表的及时行乐的方子，以柏拉图、康德为代表的西方传统哲学寻一永恒理念或一普遍理性的方子，以耶稣、释迦牟尼等宗教家为代表的登天国、入涅槃的方子，还有以孔孟老庄等为代表的中国传统哲学超凡入圣、逍遥自在的方子。关于这些方子，前面我们以"中西哲学中生命学问的诸种讲法"为主题，已拣主要的作了介绍，此处就不再展开详述。

克尔凯郭尔对虚无有较真切的体验和较深入的洞察，为了对治虚无，他提出了"人生道路三阶段"的学说：一是审美人生阶段，代表人物是唐璜；二是伦理人生阶段，代表人物是苏格拉底；三是宗教人生阶段，代表人物是亚伯拉罕。在我们看来，这一学说基本能囊括上述的及时行乐、系于永恒与普遍之理、归于信仰的方子，并且，这一学说与中国传统哲学的方子也隔得近。牟宗三说，正是克尔凯郭尔的学说逼得我们"回头见父"。下面，我们先来看克尔凯郭尔对治虚无的学说，在其基础上，再来看中国传统哲学对治虚无的办法。

虚无袭来之时，我们难以忍受其烦扰。纵身酒色、及时行乐是摆脱虚无的一个方法。这即是克尔凯郭尔所谓的"审美人生"①。唐璜是其代表人

---

① "美学"（Aesthetic）本意是"感性之学"。德国的鲍姆加登1750年发表 *Aesthetic* 一书，将 Aesthetic 确定为一门科学的名称，中译为"美学"。鲍氏以为感性认识的完满即美，美学因此成了研究人的感性认识的科学，但是，在后来的发展中，美的观念实际上超出了感性范围，例如康德的形式主义美学。克尔凯郭尔基本上是在"感性"的意义上使用 Aesthetic 一词的，他的所谓"审美人生"意指感性的、物化的、大众的生活，甚至还指诗意的感性理想，但这都没有超出感性生活的范围，都不属于精神范畴（见杨大春．沉沦与拯救：克尔凯戈尔的精神哲学研究［M］．北京：东方出版社，1995：113 - 114.）。

物。按照克尔凯郭尔的阐释,唐璜出身贵族、一表人才、生性风流,喜欢同姑娘们胡搅蛮缠,他把全部的时间和精力放在了对女人的追求上,他追求过成千的女人,他完全顺着自己"强烈的""洋洋自得的""不可阻挡的""恶魔般的"感官欲望走,道德规范对他不起任何作用,唯有在不断征服和拥有的过程中,他才能忘却烦恼、得到快乐。在克尔凯郭尔看来,唐璜之快乐只是暂时的、表面的,围绕着他的个体生存还有许多情绪:忧郁、不幸、苦恼、厌烦、焦虑、绝望等。这些情绪或产生于唐璜对某个所追逐的女人厌腻的时候,或产生于唐璜被某个所追逐的女人嫌弃的时候,或产生于唐璜寻觅下一个追逐的目标对象而不得的时候,或产生于唐璜身体有恙或激情退却的时候,或产生于唐璜觉知自己不久于人世的时候。克尔凯郭尔所诠释的唐璜颇类似于中国历史上的刘邦、项羽这些牟宗三所谓的"尽才尽气"的英雄人物。刘邦、项羽有大智大勇,皆不是那些繁文缛节能束缚的人物,他们南征北战、成就霸业,但气短命尽之时,"以布衣提三尺剑,取天下"的刘邦有"安得猛士兮守四方"和"命乃在天,虽扁鹊何益?"的忧虑、惆怅、无奈,"力拔山兮气盖世"的项羽也有"时不利兮骓不逝"之伤感、悲凉、无助。可以说,使唐璜、刘邦、项羽等人之生命辉煌的是其或征服女人或征服天下的欲望,吞噬其生命的,俱是那生命的无可奈何之情绪。

我们奈何不得生命的这种无可奈何,除非我们能让唐璜的身体无恙,让刘邦延年益寿,让项羽再有时机,要做到这些,唐璜下地狱之时,刘邦被流矢所中时,项羽被困垓下时,均不应成为他们生命的终点,换句话说,他们短暂的生命就需攀上一个永恒的、普遍的东西。这样跨越时空的东西不能通过感性欲望来攀援而只能通过精神活动来接上。支撑唐璜、刘邦、项羽生命之辉煌之精彩的是他们的体能、才能而不是精神,在唐璜的不断欲求中,在刘邦、项羽的不断征讨中,他们没有精神,或者说,精神没有"在场"。体能、才能是命定的,精神是后天磨练出来,体能、才能囿于时空,总会薪尽火灭,精神可以跨越时空,甚至还能"先天而天弗违"。人一旦意识到精神的力量,就会从物欲之中超拔出来而全力追求精神。苏格拉底就是这样的人。苏格拉底所代表的人生是"伦理人生"。苏格拉底将其生命攀援在具有普遍性、永恒性的"至善"上。"作为普遍性的东西,它适用于每个人。从另外一个角度来表述这一点，就是：普遍性的东西适用于每一时刻，它建立在其自身的基础上。在它之外，不存在它的任何 telos（目的），而它自身却是它以外一切事物的目的，而一旦它达到了这个目的，便不再进一步追求别的东西了。"① 相对于唐璜、刘邦、项羽，苏格拉底可谓"抓大放小"了。因而，苏格拉底的生命没有那么多的无奈、感慨和虚无，即便是在临死的时候，他依旧笑谈如常、平静而对。问题是，苏格拉底及其以后的伦理学，是通过概念及逻辑架构起来的空洞的存在，"一个以抽象概念制定出一套完整价值理论的哲学家，却依然是孩童般或学究式地存在，从来不曾感到伦理带来的伤痛；这种情况是完全可能的，而且实际上也时有发生。因此，一个人的价值可以这样全部写到纸上，但他的实际生活却可以一如既往，仿佛伦理不曾存在似的"②。所谓"伦理带来的伤痛"，举例说来，大致指安提戈涅在遵守天条、替兄收尸和遵守君命、弃尸荒野之间的艰难抉择，李密在《陈情表》中所述的尽孝与尽忠的两难。所谓"仿佛伦理不曾存在似的"，大致指在认识上明知应进入伦理人生但因为抵挡不住种种诱惑在行动上仍在纵欲人生的那些人。按照克尔凯郭尔的理解，身处"伦理阶段"的人，依旧有挥之不去的痛苦，安提戈涅式的，李密式的，还有，好不容易从肉欲中超拔出来，一不小心，又滑落到肉欲中且越陷越深——这是尚未经历过"花园奇迹"的奥古斯丁式的。以上痛苦，均使我们感受到了伦理的软弱无力，折腾一番后，我们再次陷到更大的绝望与虚无中。

　　伦理的普遍性很难安顿生命的两难，再说，人还有克尔凯郭尔所谓的成为"个体的人"或成为"1"的欲求，而这只有冲破伦理的普遍性才能做到，因为"普遍的伦理规范，正因为是普遍的，便不能整个地包容我这个具体的个人。因此，只要有条统摄着某些行为的抽象规范反对我的最深层的自我（但是它又必须是我的最深层的自我，选择的恐惧和战栗正在于此），我们就出于良心，出于一种优越于伦理良心的宗教良心，觉得非超越

---

① [丹] 克尔凯郭尔. 恐惧与战栗 [M]. 一谌, 等译. 北京：华夏出版社, 1999：48.
② [美] 巴雷特. 非理性的人：存在主义哲学研究 [M]. 段德智, 译. 上海：上海译文出版社, 2007：176.

那条规范不可"①。由伦理良心走向宗教良心,即人生由"伦理阶段"走向"宗教阶段"。亚伯拉罕是"宗教阶段"人生的代表人物。他碰到了该依从普遍伦理保护自己的独子还是该听从上帝的召唤贡献出自己的独子的两难,而这一两难又是成就最真实的"个体的人"的关键。最后,亚伯拉罕坚持了自己的信念,选择了后者。在理性看来,这种选择和做法是荒谬的,是没有什么道理可讲的,即便亚伯拉罕自己也不确定,他的"良苦用心"上帝能否感知得到。但是"惟其荒谬,我才信仰",通过冒险的"惊险一跃",亚伯拉罕赢得了一切,留住了以撒,并且在此后的永久之期,他可以随心所欲,数千年过去了,他仍旧得到人们的纪念。与亚伯拉罕一样,克尔凯郭尔也碰到是该遵守伦理规范与未婚妻雷琪娜结婚还是该听从上帝召唤成为一个"真正的基督徒"的两难,而这一两难是克尔凯郭尔成就最真实的"个体的人"的关键——"个体的人"四个字,是克尔凯郭尔想死后刻在自己的墓碑上的。克尔凯郭尔选择了后者。他说:"正如熟练的射手的箭矢脱离了弓弦,在命中目标以前不得停息,人也是上帝以上帝为目标创造的,只有在上帝那里,他才有安宁。"② 否则的话,"结婚,你会后悔;不结婚,你也会后悔;结婚或者不结婚,两者你都会后悔;要么你结婚要么你不结婚,两者你都会后悔"③。在克尔凯郭尔看来,只有在独自面向上帝的信仰中,才能成就"个体的人",生命之虚无才能得以对治。

  牟宗三与克尔凯郭尔有相似的人生体验。正因为如此,牟宗三对克尔凯郭尔的人生哲学颇感亲切。在克尔凯郭尔之前的西方哲学中,讲道德基本上都由解悟入,故其所说的一切皆离开"个体的人"而成为"非人格的",这使人有一种生命散出去成为一套理论之感。克尔凯郭尔的贡献是于个人存在的践履上讲道德,由"存在的证悟"入,这就突出了个体生命之重要。牟宗三说:"契氏思想之出现,实一眼看到西方近代思想末世衰微之倾向。非人格的倾向、非立体的倾向。故一反其传统而主往里收,即重归

---

① [美] 巴雷特. 非理性的人:存在主义哲学研究 [M]. 段德智,译. 上海:上海译文出版社,2007:178.

② [丹] 克尔凯郭尔. 基督徒的激情 [M]. 鲁路,译. 北京:中央编译出版社,2001:32.

③ [丹] 克尔凯郭尔. 非此即彼:上卷 [M]. 京不特,译. 北京:中国社会科学出版社 2009:26.

自己主体，肯定人格个性，以另开辟出一光明之源、透露一真生命之机，吾人顺契氏之学回到自己来接中国学问，当能有一番新意思。吾人之讲法也能较契氏积极。"①

在牟宗三看来，克尔凯郭尔通过"证己苦，证己悲"来揭示人生的"虚无"，这是他有同于中国哲学的地方，但是通过对上帝的信仰来对治"虚无"，这是他的讲法没有中国哲学"积极"的地方。牟宗三说："基督教'证所不证能'的个体性，乃至整个西洋人的个体性，是在激情激荡中的个体性，悬空吊着的个体性，时而向上昂扬时而向下沉沦的个体性，这个体性总在过程中而始终停不下的。这就表示个体性总无交待，生命总无交待也。他们是想交待给那外在的个体的父，但是这父若不能内在于生命中而为主，总是攀援不上的。因为这父根本就是那慧根觉情之自身，你偏把他推出去，此之谓骑驴找驴，乃是永远打旋转而找不着的，除非回机就己。"②克尔凯郭尔认为人是有限的存在，有限之人傍依上帝才能无限，在牟宗三看来，他之"不积极"，就在于对上帝的攀援，因为走向上帝的生命反而是"离其自己"的生命，"依基督教义，只能说人人皆可经由信仰而成为一个基督'徒'，不能说人人皆可经由自己的修养而成为基督。就在这地方基督教与儒、释、道三教便格格不入。它根本开不出儒、释、道三教所必肯定的主体实践之门。主体之门不开，人道倒悬于神道，所以它与东方文化精神始终不能相契合"③。证了"苦"、证了"悲"的克尔凯郭尔惜乎没能证到"觉"，即牟宗三说的"这父根本就是那慧根觉情之自身"，这"慧根觉情之自身"即中国儒释道所讲的良心、菩提心、道心。所谓"佛在灵山莫远求，灵山就在汝心头"，把握了它们，人之精神在不断涌动、生长，哪有什么人生虚无，满世界的都是快乐、逍遥与春光。下一节，我们要讲的，便是中国哲学在对治人生虚无、推升德性生命上的精彩。

---

① 牟宗三. 人文讲习录 [M]. 长春：吉林出版集团，2015：180.
② 牟宗三. 五十自述 [M]. 台北：联经出版社，2003：172.
③ 牟宗三. 时代与感受 [M]. 台北：联经出版社，2003：439.

## 第三节 儒释道"生命的学问"之光彩

对中国哲学,牟宗三有一个整体认识,即认为中国哲学是"生命"的学问。注意这里的引号,它是强调从人之道德生命的角度来谈生命的。在中国哲学看来,人之自然生命与情欲生命落在了与动物同样的层次,不应该成为"生命的学问"的关注重点,只有在道德生命上,我们方才抓住了生命的根本。因为道德的不断涌动和升进,人之生活就有了充实感、意义感,人之生命才不会走向平面化、虚无化。儒家的性理、佛家的空理、道家的玄理,都属于道德宗教方面的,都为了调护润泽生命,为了使生命不胶固于物欲而出现的,因而都是"生命的学问"。牟宗三认为,没有意识到这一点或者对这一点没有兴趣,就不必讲中国哲学。

### 一、释道生命学问之光彩

牟宗三认为,要想打破生命的无聊化、平面化、虚无化,需要好好把握儒释道的学问精彩,因为他们皆重视人的道德理想,能够让人有一种生命的充实感、意义感、无限感。牟宗三说:"人底实有(人之为一实有)是因着他体证本心、道心、或自性清净心这无限而绝对普遍的实有而始成为一实有(有其实有性=有其真实性),是在成圣乃至成圣底过程中成为一实有,在成佛乃至成佛底过程中成为一实有,在成真人乃至成真人底过程中成为一实有。成圣、成真人、成佛,是因他体证证现了本心、道心、真常心这无限而绝对普遍的实有而然。因此,成圣、成真人、成佛,始有他的实有性,则他的实有性就是如此,即:在现实上他虽是一有限的存在,而却取得一无限性,他是一个有'无限'这意义的存有。本是一有限的存在,而却能取得无限性,这就是他的可贵。"① 儒释道皆是从道德角度把握生命的本真和价值的。他们皆提醒人们:只耽于物欲之享受,那是"执的存

---

① 牟宗三. 智的直觉与中国哲学 [M]. 台北:联经出版社,2003:448-449.

有"，是"猪的学问"；人之生命的本真在"无执的存有"上，这里才有"生命的学问"，也只有"无执"，生命才得大自由、大自在。

问题是，作为动物界一员，人毕竟不是神，他仍需生活在物欲有待满足的现实世界中。因此，如何很好地安顿人之自然生命与现实世界，亦成为生命的一大难题。儒释道三家在这个问题上有了分向。儒家正面看待肉身，承认肉身尽管有阻碍灵魂飞扬的可能，但人的精神生活又必须从肉身安顿这一"通孔"中表现出来，故而，既强调"正德"也不忘强调"厚生"。在释道两家看来，肉身是人之成道的阻碍，比如老子认为，人得道之大患在"吾有身"。牟宗三说："佛道二家都很重视生命的负面。在他们的心目中，人的生命恒在精神与自然的交引矛盾之中，因此如要做'正德'的修养功夫，必先冲破肉体的藩篱，斫断一切欲锁情枷，然后稍稍可免有身之大患，把精神从躯体解放出来，得以上提一层。"① 牟宗三认为，佛道是面对人生命的欲求痛苦而向上翻，求止求寂，形成"解脱的形而上学"。下面我们具体看看佛道两家在这方面的精彩。

先来说佛家的"解脱的形上学"。一般的世间哲学，都研究"是"或"为实有而奋斗"，在佛家看来，执着于"是"或"实有"即是无明，佛家的智慧，就是要把"是"或"实有"给挖掉。佛家讲"缘起性空"，认为万物待缘而生，缘生就涵着无自性，无自性就涵着空。佛教说"空"，不是睁眼说瞎话，不是说某某东西不存在，而是说它没有永恒的自性，正如僧肇说的，是"不真空"，不真实故而空。比如美女，她难道有"美"的本性么？不是的！某个美女之所以为美，是各种"缘"的缘故，譬如她刚好穿得漂亮，她刚好换了个新发型，她刚好做了个优美优雅的动作。当这些"缘"消失的时候，美女已经不美了，见色起意是自己骗自己，为之身死国灭更是悲剧。在现实生活中，正如《好了歌》所说的，我们陷入追逐功名、金钱、娇妻、儿孙的泥淖中而不能自拔，这就是执空为实的结果。要知道，我们所执着的，常不是常、乐不是乐、我不是我、净不是净。一些人不懂这个，觉得自己的追求、自己过的日子、自己所处的世界好得很，陷溺其中，不思精进。牟宗三认为，如果把这些不实的东西看成实相，那么生命

---

① 牟宗三. 中国哲学的特质 [M]. 长春：吉林出版集团，2015：12-13.

就会胶着在这上面而得不到升进，就不会有什么生命的智慧，"吾人之生命亦即吊挂在此实相上而成停滞之境，此则便是死慧或干慧"①。

问题又来了。既然什么都是假的、空的，什么都不应执着，那我们的现实世界还有什么意义呢？这就如同一棵树，既然根空干空枝空叶空，还不如早日倒下算了。佛教最为反对的便是这种"枯木禅"，认为在"空"中"死而不活"是"俗汉"之举。佛教认为，现实世界尽管没有其自性，但也不能说其全是虚妄，从"方便"的角度来说，它们的存在也有相当的必然性，毕竟，芸芸众生仍要吃喝拉撒，仍要繁衍后代，仍要生活在现实世界之中。为了普度众生，菩萨也只能顺着这一事实走。牟宗三打比方说，这就像那做了总统的圣人，为了治国理政的方便，他也只能暂时搁置圣人的身份而遵守政府办事的轨度。佛教所讲的，不是抛弃自然肉身或现实世界，而是不能陷溺，不能为之所累，而忘却了更为重要的境界提升。牟宗三说佛教要保留尘世的物质生活，这是"方便"，是为了"适化众生"，"适化众生就是过现实生活，此自然要处于域中而不能蹈空，此之为'涉有'。'涉有'是方便，涉有而'不染尘累'是般若"②。佛教的般若智慧就在于，身处尘世有欲望也不打紧，关键的是，不要陷溺其中而被其拖累，要知道对人而言，还有更好的东西值得去追求。

佛教既要告诉根器浅者，他所追求的自以为"常乐我净"的那一切其实都是假的，所谓"诸行无常，诸法无我，有漏皆苦"；同时，也要告诉根器深者，生命不能因为识破了"空"而妄自菲薄、悲观叹气，其实这世界上还是有真正的"常乐我净"值得追求，这即是"涅槃寂静"。"涅槃寂静"即是"真谛"。宋代的法常法师的辞世词写道："此事楞严尝露布，梅花雪月交光处。一笑寥寥空万古。风瓯语，迥然银汉横天宇。蝶梦南华方栩栩，斑斑谁跨丰干虎。而今忘却来时路，江山暮，天涯目送飞鸿去。"③对法常法师而言，跳出三界外不在五行中，不再有轮回之苦，这就是"常"了；万古千愁，不再执着，只是微微一笑，这就是"乐"了；像蝴蝶、老

---

① 牟宗三. 智的直觉与中国哲学［M］. 台北：联经出版社，2003：272.
② 牟宗三. 智的直觉与中国哲学［M］. 台北：联经出版社，2003：272.
③ 金梅. 悲欣交集：弘一法师传［M］. 福州：福建教育出版社，2004：222.

虎、飞鸟一样，想飞就飞，想走就走，无拘无束，这就是"我"了；身处梅花、雪花、月光几重洁白交织在一起的世界，这就是"净"了。真正的"常乐我净"好比国王的一把宝刀，但是从没见过这把宝刀的人们却妄自猜想，说刀像牛角，像黑蛇，像优钵罗花，对这些自以为是的人，国王只好说："我府藏中，无如是刀。"国王只是说他的宝库中没有"这样的"宝刀，但并没有说，他的宝库中没有宝刀。同样的道理，佛教要告诉人们：人生并不是没有"常乐我净"，只是没有我们执空为实的那样的"常乐我净"。因而，我们应该化"是"去"有"，走向"涅槃寂静"，达至真正的"常乐我净"。

再来说道家的"解脱的形上学"。道家讲"无"，"无"可作动词解，可作名词解。牟宗三说："这作动词的无所要无掉的东西，在道家思路里面，可分几层，一层层往上想。首先无掉的，是我们自然生命的奔驰（或纷驰），故道家说养生（养性），含精抱朴，把生命养在这里面，而不让其向外奔驰。所以'无'并不是干枯的否定，它的意思很活。向上一层，是要无掉'生理欲望'。再往上想，是心理的情绪（七情），我们说某某人在闹情绪，这闹情绪便是道家所要郑重正视的问题。再往上看，是意念的造作，这对我们生命的影响，是最凶猛的。道家说自然，便是要对治这不自然的造作。再往上一层是一切观念系统，所有一套一套的观念系统，在道家看来，都不是好东西。"① 在道家看来，自然生命的纷驰、心理的情绪、意念的造作，都是"有为"，使生命黏着固定在特定的方向上，这样，生命就横剖面地挂搭、束缚在眼前时间的这一瞬、眼前空间的这一点，"无"就是要化掉"有为"，使生命进入高度精神生活的境界，即作为名词来理解的"无"的境界：洒脱、自在、无待、逍遥。

"无"所显示的境界就是"虚一而静"。先来看这个"虚"字。倘若我们的心灵被某一方向的欲望、情绪、意念占满，它就不虚，不虚就不灵活，就不得妙用。再来看这个"静"字。静就是使泛动不已的欲望、情绪、意念定下来。"静不是物理学中相对的运动和静止（motion and rest）的静，而是绝对的心境，是定，是随时将心灵从现实中超拔出来，浮在上层的一种

---

① 牟宗三. 牟宗三先生晚期文集［M］. 台北：联经出版社，2003：223-224.

境界，是精神的（spiritual）。无、自然、虚一而静都是精神的境界，是有无限妙用的心境。"① 在牟宗三看来，欲望、情绪、意念驱使我们的心灵走向"定用"，定用是有方所、有限定、不自由地用，动物的生命多处于"定用"层次，"妙用"则是无方所、无限定、大自由地用，只有无限妙用才能应付这千差万别的世界。

对自然生命与现实世界，道家在"无"掉之后，还得回过头来作一安排。假如说佛家对现实世界的保存是"方便地保存"的话，那么，道家对现实世界的保存就是"作用地保存"。具体说，即对世界万物，不禁其性、不塞其源，让它们自己生长，自作自用。在道家看来，对生命也好，对世界也好，都不应过多地加以干涉，只有"不生之生"才能让世间万物"尽得其生"。

生命陷入平面一层，则人与动物无异。只是，受此情此景、此时此地的限制，人之生命又极易陷入眼前一点一瞬的泥淖。牟宗三认为，无论是佛家还是道家，他们皆打开了人之生命的"纵贯线"，引导人向高处走、向远处走、向境界上走，这是对生命平面化的对治。牟宗三说："现在一代的年轻人的头脑渐渐都变成横剖面的，纵贯的文化背景、文化生命的意识亦渐渐变淡薄了，但对这种问题就需要纵的态度。生命严格来说不只是横剖面地挂搭在现在的时空中，若只是那样，生命就没有意义；一定还要有纵贯线，因此有生长、觉悟过程。所谓觉悟，就是要把人的纵贯线唤醒，这才是生命的扩大。横断面的扩大要保得住、要有意义，得靠纵贯的扩大才行，那才是真正的扩大。所以不能将生命只限制在眼前时间的这一瞬、空间的这一点。一旦横切，人就什么也没有了。现在的年轻人渐渐地横断面的意识特别强，或表现得特别明显，这样，纵贯的线索就连不起来了，因此没有文化生命，不了解文化背景，因而也就不了解这套智慧之根源、性格以及其在人生中的作用。"② 佛家的"常乐我净"，道家的"无"给我们展示了境界的高度和生命的精彩，让我们充满向往。但是，也仅是向往而已。因为，视自然生命与现实世界只是一"暂时的方便"或一"自作自

---

① 牟宗三. 中国哲学十九讲［M］. 长春：吉林出版集团，2015：85.
② 牟宗三. 中国哲学十九讲［M］. 长春：吉林出版集团，2015：79.

用",而把全副身心都投到境界上去,这对一般人来说,还是太难。牟宗三也说,佛道两家斩断欲望之锁,把精神从躯壳中解放出来不断往上提,这种正德的功夫,谈何容易。

## 二、儒家生命学问之光彩

牟宗三认为,佛道讲境界上的逍遥自由,其实是"非道德而超道德的自由",而真正的道德理想,不仅有境界一层的追求,还应有现实一层的照顾,与佛道相比,儒家的道德理想更加关照到现实世界和日常生活。牟宗三把佛道称为"境界的形上学",把儒家称为"道德的形上学"。

关于"道德的形上学"的概念由来,前面我们已有介绍。对"道德的形上学"而言,"道德的"是修饰语,"形上学"是中心语,这个概念意味着,我们由"道德的"进路来理解"形上学"本身。何谓"由道德的进路入"?譬如,在西方,古希腊人认为世界是由水、火、原子等组成的,中世纪人认为世界是上帝创造的,黑格尔认为世界是绝对理性的展开,这些都是不同的看世界本质的入路。对儒家而言,世界是由道德支配的,如阳明先生在《传习录》中说:"天没有我的灵明,谁去仰他高?地没有我的灵明,谁去俯他深?鬼神没有我的灵明,谁去辩他吉凶灾祥?天地鬼神万物,离却我的灵明,便没有天地鬼神万物了。"之所以从"道德的"进路看世界,恰表明儒家对道德的格外重视。

对什么是"形上学",牟宗三亦有比较独到的见解。他说:"康德的'道德底形而上学'主要是讲道德,对存在界一点都没有讲。可是一般说的形上学,它一定要讲存在,讲 being,这是 ontology;还要讲 becoming,这是 cosmology。形上学主要就是这两部分,这是形上学最恰当的意义。"① 在牟宗三看来,"形上学"包括存在(being)和生化(becoming)两部分内容,这也就是说,对世界"存有"和"活动"的双重说明,才是"形上学本身",一般的"形上学"只讲"存有"不讲"活动",这是有缺失的。借用"云门三句",牟宗三认为,儒家的道德是"截断众流,函盖乾坤,随波逐流"的,是"即存有即活动"的。

---

① 牟宗三. 中国哲学十九讲 [M]. 长春:吉林出版集团,2015:65-66.

牟宗三反复强调，儒家的学问，并不是纯粹是道德，它还牵涉到存在的问题。牟宗三说儒家的道德："虽特显于人类，而却不为人类所限，不只限于人类而为一类概念，它虽特彰显于成吾人之道德行为，而却不为道德界所限，只封于道德界而无涉于存在界。它是涵盖乾坤，为一切存在之源的。不但是吾人之道德行为由它而成，即一草一木，一切存在，亦皆系属于它而为它所统摄，因而有其存在。所以它不但创造吾人的道德行为，使吾人的道德行为纯亦不已，它亦创生一切而为一切存在之源。"① 这也就是说，儒家要将道德讲到自己之外的他物他人上面去，要使他物他人得到一个合理的安排。牟宗三最喜欢用"纯亦不已"和"于穆不已"来讲儒家道德"为一切存在之源并创生一切"。

因为两个"不已"，世界才显得不芜杂，才显得有生机，生命也就不会陷入只有自身物欲和利益的平面与虚无中。因此，对生命而言，首先就是要觉到这两个"不已"，其次，要努力地把这两个"不已"展示出来。我们可以在"敬以直内，义以方外"两个方面来追求、展示这两个"不已"。"敬以直内"是主观世界之事，"义以方外"是客观世界之事。牟宗三认为，主客观世界十字打开、无隐无遁，才是真正的"生命的学问"。

对于主观世界之事，首要的便是成就伟大之人格，因为人格是人之为人的关键，怠慢不得。在牟宗三看来，西方喜于宗教、科学处讲人，但总也讲不好。在宗教看来，人悉有原罪，是遭鄙视被贬抑之对象。在科学看来，人是进化之巅峰，能藉智驭物、无往不利。西方讲人，或自损或自负，其结果皆有放弃人格成长努力之虞。相比而言，中国哲学对人多了些自知之明。在中国哲学看来，人上同尧舜下近禽兽，是一个处于实然与应然间不稳定的存在，这一不稳定的状态要求他自强不息，"人性之伟大在于全幅发展，端赖扩而充之，大而化之、藉超脱点化、教化、理想化之过程，而止于至善。其最后产生之结果……乃是个人品格之崇高化，儒家谓之高明峻极之人格典型或圣贤；道家谓之神人或至人；佛家则谓之觉者，而上参

---

① 牟宗三. 智的直觉与中国哲学 [M]. 台北：联经出版社，2003：246.

佛性。"① 虽然方法各异，但在中国哲学这里，不管是儒佛道哪一家，皆重人格之养成。"十有五而志于学""学而不厌""见贤思齐""一以贯之""发奋忘食""死而后已"等等这些我们耳熟能详的《论语》里的词语，为我们揭示了儒家确立志向、不断学习、迁善改过、一往直前、奋斗终身的人格成长之路。牟宗三说："儒、道、佛的相似处只在（一）讲直悟顿现本心，（二）讲最高的浑化境界，（三）讲破执着。"② 儒释道皆认为，人要从物欲一层中挺起来，借助自己的仁心、菩提心、道心走向"至善"。

生命之"不已"不仅体现在主观世界之事上，还要体现于客观世界之事上。尽管儒释道三家均重视人格之养成，但差异处不可不辨。牟宗三认为，佛教只有"空理"而没有"实理"，而儒家认为万事万物中都有事理贯之，他说："'君子敬以直内，义以方外。'二程特别喜用此语，因为它最能显出儒、佛的差异。这亦表示'合内外之道'，并从此可以表现出道德性的实理、天理之实有或存有。佛教只有'敬以直内'的意义，但没有'义以方外'的意义……然无义以方外。其直内者，要之其本亦不是。"③ 黄宗羲说："释氏于天地万物之理，一切置之度外，更不复讲，而止守此明觉。世儒则不恃此明觉，而求理于天地万物之间，所谓绝异。"④ 在人格养成之过程中，佛家有隐遁客观世界之虞，在其看来，肉体之欲、世俗之事是精神之藩篱，破得了此藩篱，才能说涅槃。

"一切置之度外"，释氏如此，道家如此，中世纪基督教哲学亦如此。儒家则不然，他认为只有通历史文化家国天下，人格才能完全彰显。在儒家看来，怎样了解、处理、应付、控制历史、政治、科学等客观世界之事，也是事关生命的大学问，这是"外王"的学问。通过"内圣"之学，儒家不断地提高人格修养，直至通及于天，但通及于天之后，儒家还要回来，还要贯注在现实世界上面，在此人间世中把高尚的道德理想兑现出来。对客观世界，儒家也丝毫不敢松懈，如临深渊，如履薄冰。在儒家看来，假

---

① 方东美. 生命理想与文化类型：方东美新儒学论著辑要 [M]. 北京：中国广播电视出版社，1992：319-320.
② 牟宗三. 宋明儒学综述 [M]. 台北：联经出版社，2003：65.
③ 牟宗三. 宋明儒学综述 [M]. 台北：联经出版社，2003：75-76.
④ 黄宗羲. 明儒学案：上册 [M]. 沈芝盈，点校. 北京：中华书局，1985：182.

如有一物不得其所，便是仁之未尽处，他会在心灵深处责备自己、呼唤自己，以此鞭策自己继续努力。杜维明很形象地说，生命是一份期望我们关照自己以及我们所生活的世界的请柬，儒家的成圣之道只在介于精神的个体性和伦理的社会性之间的"狭窄的山脊"上。

主观的精神世界和客观的物质世界是儒家哲学的两大支柱，向上超越和向下贯注是儒家生命学问的双向回环。不过，不少人对此存有误解。例如，在黑格尔看来，儒家哲学缺乏超越性。他认为，孔子与其弟子的对话，只不过是日常生活的点滴，是一种经验、一种常识，而这些经验与常识在其他的民族也见怪不怪，"这是毫无出色之处的东西。孔子只是一个实际的世间智者，在他那里思辨的哲学是一点也没有的"[1]。而在另外一些人，比如颜元、戴震等看来，宋明理学空谈心性，以理杀人，缺乏现实性、有用性。我们认为，这样理解是不全面的。无论是孔子知匹夫匹妇践仁之不易故多在日常生活中随机指点将仁稍往低处说，还是宋明理学在佛教大盛及残唐五代道德堕落的时代风气下把仁稍往高处说，均是随机说法，并不表明儒家缺乏超越性和现实性。当然，在超越性和现实性上，不同人的有不同的侧重，这我们承认，但要说儒家只关注此一点而抹杀彼一点，我们是不赞同的。儒家孜孜不倦、竭力而求的只"内圣外王"一事而已，格物、致知、诚意、正心、修身、齐家、治国、平天下，儒家的自我超越性与现实关怀性在"八目"里面体现得很明显。事实上，不管是在超越性还是在现实性上，儒家都认为自己做得还不够，都强调生生不息、健行不已。

---

[1] ［德］黑格尔. 哲学史讲演录：第一卷［M］. 贺麟，等译. 北京：商务印书馆，2017：130.

# 第六章
# "圆善"的实现与牟宗三"生命的学问"的圆成

牟宗三认为，20世纪的中国人，生命面临着"失根""挂空"之苦。生命不能"失了根"，故而我们要向内向上，抓住"人性"或"人文"这一生命的根本；生命不能"挂了空"，故而我们要向外向下，努力地把"人性"拓展出去或实现人文之"化成"，这两个方向分别安顿了人之德性生命与自然生命。牟宗三的"生命的学问"具体就在这两个方面展开。现在的问题是，分别展开的这两个方面，又如何统合到生命的整全中来呢？即如何使德与福在生命中同时获得呢？在牟宗三那里，这就是"圆善"的实现问题。牟宗三认为，康德提出了"圆善"的问题却没有很好地解决其实现的问题，只有在"圆教"之中才能实现"圆善"，而"生命的学问"最终在乐境中实现圆成。

## 第一节 "圆善"问题及其解决

"敬以直内，义以方外"是"生命的学问"。生命内、外之学问，所求无非是德与福二事。牟宗三将德福一致或德福两者皆有的生命状态视为"圆善"。他认为，康德提出了圆善问题但并没有很好解决圆善如何实现的问题。

### 一、"圆善"问题：德福一致

众所周知，康德对人类的理性进行了划分，即纯粹理性和实践理性，并且还认为实践理性高于纯粹理性,以凸显人的崇高。康德说,"头顶上的星空"和"心头的道德律"是最令他赞叹的。在我们看来:纯粹理性注重的是"头顶上的星空",探求自然,形成外化下降的生命学问,令作为动物的我们获得"生命活力",尽管作为动物的我们最终仍会变为宇宙中的一粒微粒而还归宇宙,但纯粹理性还是让我们的自然生命在短暂的人生旅程中得到更好的安顿;实践理性讲"心头的道德律",反求诸己,形成内转上翻的生命学问,令作为动物的我们获得"人格魅力",它"通过我的人格无限地提升我作为理智存在者的价值,在这个人格里面道德法则向我展现了一种独立于动物性,甚至独立于整个感性世界的生命"①。可以说,因"心头的道德律",人才趋于无限,才显得高贵。

康德的理性二分,分别安顿了人之自然欲求和价值追求,他所坚持的"心头道德律"至上的观点亦道出了人禽之辨的关键,这些与牟宗三"敬以直内,义以方外"和"德性生命的价值优先性"的"生命的学问"有异曲同工之妙。前面第四章,我们讲生命"外化"的学问,主要目的就是安顿好人之自然欲求。第五章,我们讲生命"内转"的学问,主要目的就是安顿好人之价值追求。现在的问题是:这两方面如何可以同时获得以实现生命的圆满呢?

康德注意到了这个问题。他把同时成就的人之自然欲求的满足(幸福)与价值追求的拥有(德行)称之为"至善"②。康德认为,对价值的追求是人独立于动物界的根本,德行永远是绝对的、无上的善,但对生命而言,仅仅拥有德性还不够,还需照顾到生命在自然欲求上的幸福,因而,拥有德行和获得幸福一起构成"至善",而"至善"才是整体的善、完整的善。

牟宗三把康德所希求的同时也是包括他自己在内的所有人都希求的"至善"理解为"究极、整全、圆满的善"并称之为"圆善"。他明确说:"就人而言,所欲所乐之幸福与所性之德既两不可化除,则此两者必须关联起来……吾人总希望'两者皆有'方是最好。两者皆有而被综合起来,康德名之曰'最高善'……'最高善'最好译为'圆善',意即整全而圆满

---

① [德] 康德. 实践理性批判 [M]. 韩水法, 译. 北京: 商务印书馆, 2010: 177.
② [德] 康德. 实践理性批判 [M]. 韩水法, 译. 北京: 商务印书馆, 2010: 121.

的善。"①

牟宗三认为，在中国哲学中，孟子也触碰到了"圆善"问题。借鱼与熊掌之例，孟子所谓的生义得兼就是人们希求"圆善"的表现。孟子还说："有天爵者，有人爵者。仁义忠信，乐善不倦，此天爵也；公卿大夫，此人爵也。古之人修其天爵，而人爵从之。今之人修其天爵，以要人爵；既得人爵，而弃其天爵，则惑之甚者也，终亦必亡而已矣。"② 孟子天爵人爵之分合，与康德德福之分合一样，都涉及"圆善"问题，并且，在"圆善"问题上，孟子与康德还有许多相似的看法：第一，与康德将德行视为绝对的、无上的"善"一样，孟子亦将仁义忠信等"天爵"内容视为绝对的、无上的"贵"——这种"贵"是定然如此的贵，而不是因为别的什么原因（如追求人爵）而贵，生命应该紧紧攀附在"无上的善""定然的贵"上，可以说，康德与孟子都为人之生命立了"根本"，换句话说，他们都抓住了"圆善"问题的根本；第二，康德说，"人属于感觉世界；人的理性当然有一个无可否定的感性层面的使命，即照顾感性的关切"③，与康德肯认"有限的理性存在者的欲求能力"一样，孟子也正视了"人爵"的存在，他并不否认人有幸福之欲，这从他劝导君主与民休息、树桑养畜、使民养生丧死无憾中可以看出来，这一比较表明，康德与孟子都看到了"圆善"所涵盖的另一个方面的问题，即人之欲求满足的问题；第三，承接着第二点而说，在康德看来，尽管人之动物性欲求必须照顾到，但是，人毕竟不是动物，倘若我们仅把理性用在物欲之满足上，那么，我们就还没有从动物性上升华出来，孟子也有与康德所认为的在欲求满足基础上生命再需精进相类似的看法，孟子曰："广土众民，君子欲之，所乐不存焉。中天下而立，定四海之民，君子乐之，所性不存焉。君子所性，虽大行不加焉，虽穷居不损焉，分定故也。君子所性，仁义礼智根于心，其生色也睟然，见于面，盎于背，施于四体，四体不言而喻。"④ 依孟子这段话，我们认为，君子之乐有三：利己的欲求的满足、利他的社会的贡献、睟面盎背的道德的充实，

---

① 牟宗三. 圆善论 [M]. 长春：吉林出版集团，2015：128 - 129.
② 《孟子·告子上》.
③ [德] 康德. 实践理性批判 [M]. 韩水法，译. 北京：商务印书馆，2010：66.
④ 《孟子·尽心上》.

三者层层递进，至"所性"后，睟面盎背，生命才见"生色"，才有"生机"；第四，这是承接第一点说的，既然德行是生命的"根本"，那么，在德行这一"至善"的根本要素和幸福这一"至善"的不可或缺的关系上，康德说："德行作为条件始终是无上的善，因为后者在自身之上不再有条件。幸福总是这样一种东西，虽然对于拥有它的人是愉悦的，但就它自身而言并不是绝对地和在所有方面善的，而是在任何时候都以道德上合乎法则的举止为先决条件。"① 与康德所认为的幸福以道德为依归的观点相似，孟子亦认为，"天爵"本身就是目的，它不应该沦为"人爵"的手段，相反，"人爵"应以"天爵"为依据，"修天爵，要人爵；得人爵，弃天爵"，这是孟子强烈批判的。第三、第四点共同表明，对"圆善"所涵盖的两个方面的问题，康德与孟子并不是等而视之的。

　　孟子之所以对生义、人爵天爵、所欲所乐所性做出区分，乃是他看到了圆满生命所需的各个方面以及圆满生命的根本之处。这两点是"圆善"问题的关键。所以我们说孟子触碰到了"圆善"问题。不过，正如我们所了解到的，究其一生，孟子把思考和言说的重点都放在了圆满生命的根本上。个中缘由，在孟子自述其为何好辩中可得究竟。孟子认为，自己所处的时代是世衰道微、欲行恣肆的时代，首要的任务是正人心、立根本。故而，在道德与幸福或天爵与人爵如何俱得、如何一致的问题上，孟子并无十分关心。"牟宗三认为，孟子虽然注意到了道德与存在的分际，但孟子做出这种区分的主要目的是要确立并凸显道德的价值，而对于道德与幸福之间如何谐和一致的问题，却并没有进行正面的思考。换言之，'道德与存在如何统一'在孟子那里还没有真正成为一个自觉的哲学问题。"② 我们看到，孟子以后，无论是魏晋玄学、隋唐佛学还是宋明理学，几乎都在人心、人本、人极上着力，甚少关注感性层面幸福事业（或说事功事业）之开创，及至近代，在列强的坚船利炮下，中国人才发现，所迷醉的"羲皇上人"之生命有"挂空"之虞，尊生保命的重要与急迫使中国人意识到"所性之道德面虽是绝对价值之所在，然存在亦有其独立的意义而不可被化除，是

---

① ［德］康德. 实践理性批判［M］. 韩水法，译. 北京：商务印书馆，2010：122.
② 闵仕君. 牟宗三"道德的形而上学"研究［M］. 成都：巴蜀书社，2005：182.

以幸福亦不能被化除。存在与幸福而被化除，则人即不复是人，而成为神"①。

今日社会，人们越来越重视现实生活中的存在感与幸福感，如何在传统儒学"立人极"的基础上，妥善安置人之自然欲求，使德福一致，实现生命的"圆善"，是当代儒学面临的一个重要任务。作为一个生活在20世纪的哲学家，牟宗三看到了中国人因缺陷感性层面幸福事业之开创而落后挨打、苦寻出路的悲慨，于是便有了"坎陷论""三统并建"等学说之运思。我们看到，牟宗三之学说，无论是"内圣"一面，还是"外王"一面，都是朝实现"圆善"的生命目标迈进。

## 二、康德对"圆善"问题的解决

孟子谈"天爵""所性"之重要性，思考如何尽心尽性，可谓抓住了"圆善"的生命的根本，抓住了根本，则一了百了，因此，孟子很少谈"人爵""所欲""所乐"之独立意义，虽然他意识到并且亦不否定它们的存在。在孟子看来，"存其心，养其性"才是首要的大问题，而如何得到"人爵"则根本不成其为问题。孟子的态度是，能得到"人爵"固然是好，得不到也没有关系，只要反身而诚，仍可以乐莫大焉。因而，孟子虽然触碰到了"圆善"问题，但他没有在德福如何一致这方面详细地分析、解决"圆善"问题。牟宗三说："孟子未视圆善为一问题而期解决之。视之为一问题则来自西方，正视解答之则始自康德。"② 牟宗三认为，就德福如何一致这一问题而言，康德大致给出了两种思考方式：第一，德性与幸福原非两种各别的行为，而是完全同一的行为，依照同一性规则寻求统一；第二，犹如原因产生结果，两者依照因果性法则而连接。

在康德看来，古希腊的斯多亚学派与伊壁鸠鲁学派就持第一种连接方式。他们或认为幸福的情感包含在德行的意识之中，坚持"道德即幸福"的观点；或认为德行的概念居于幸福的准则里面，坚持"幸福即道德"的观点。所谓"道德即幸福"，即是认为道德包含幸福，只要有德行德性，自

---

① 牟宗三. 圆善论 [M]. 长春：吉林出版集团，2015：128.
② 牟宗三. 圆善论 [M]. 长春：吉林出版集团，2015：9.

会得到幸福,换句话说,幸福是德行德性的附属物。在斯多亚学派看来,美德就是生命的全部,幸福与快乐是美德出产的产品,只能在美德中寻求。他们说:"美德是心灵的一种倾向,永远是一贯的与和谐的,人应该为了它自身的目的把它发现出来,而不是由于希望或恐惧或任何外在的动机。并且,快乐也正在美德里面,因为在心灵里产生出永远与自身一致的生命的和谐","如果有快感这样的事情,它也只是附属的,当自然自己还没有寻找并发现适于动物存在或结构的方法时,它根本不会出现的","美德本身对于快乐就是足够的"①。与斯多亚学派的观点相反,伊壁鸠鲁学派认为"幸福即道德"。所谓"幸福即道德",即是认为幸福包含道德,只要有了幸福,就可以说其有德,不幸福就是不道德,道德的意义,就在于它能增进人的幸福。在伊壁鸠鲁看来,人需有些必要的欲望之满足,尤其是肉体的健康和灵魂的平静,这样才快乐,并且,这种快乐就是"最高的善",我们的一切取舍皆从这里出发,我们的最终目标也皆回到这里。他说:"我们说快乐是幸福生活的开始和目的。因为我们认为幸福生活是最高的善,我们的一切取舍都从快乐出发;我们的最终目的乃是得到快乐,而以感触为标准来判断一切的善。"②

康德认为,斯多亚学派与伊壁鸠鲁学派把道德与幸福依照同一性规则连接到了一起,但是,分析表明,德行与幸福是两类事物——尽管它们之间相互联系、相互牵制、相互矛盾,斯多亚学派与伊壁鸠鲁学派无视两者的实在差别,在"精细的头脑"中,把原本不可调和的两个概念强制同一,这是"以求哲学的扩张征服"的冲动使然,结果是,他们均没能让德性和幸福同时并存而成就"至善"③。

第一种连接方式不行,再来看第二种连接方式,即依据因果性原则把德行与幸福连接起来,这也有两种连接可能:求福以生德和求德以生福。"前一种情形是绝不可能的,因为将追求幸福作为意志决定的根据,就是'他律','他律'不可能产生真正的道德行为。至于后一种情形也不可能,

---

① 北京大学哲学系. 古希腊罗马哲学 [M]. 北京:三联书店,1957:374-377.
② 北京大学哲学系. 古希腊罗马哲学 [M]. 北京:三联书店,1957:367-368.
③ [德] 康德. 实践理性批判 [M]. 韩水法,译. 北京:商务印书馆,2010:123-124.

因为我们不能期待借着遵守道德律,而必然获得幸福。如此一来,在最高善理念中德福连接的问题上便产生了'二律背反',即在德福连接的必然性中,既不能求福以生德,也不能求德以生福。这种'二律背反'乃是'实践理性的二律背反'。"①

不过,在康德看来,求德以生福也不是绝对不可能的,只有在我们把求德生福之因果关系理解为自然界中的因果关系以及把感性世界当作人的唯一存在范围的时候它才是不可能的。举例来说,好人有好报(佛教谓之因果报应)这不是绝对虚妄的,但就像自然界一摩擦便生热一样,行一好事马上就指望得一好报,这肯定是不可能的。等的时间再长一点,到死的时候,好报还没来,就彻底怀疑了好人好报的说法,这样怀疑,好人好报自然就是虚妄的。在康德看来:(1)有福者必须有德、有德者才配享福,这种圆满性是纯粹实践理性的必然要求,但是,这种圆满性没有哪一个感觉世界的理性存在者在其存在的某一个时刻能够达到,它惟在无限的进程中才能达到,而这个无限进程必须预设存在和人格的无限延续才有可能,这样,我们必须需要"灵魂不朽";(2)其次,动物只能单纯地求福以满足本能之需,人虽属动物界一员,但与其他动物相比,人又有其特殊性,即他在满足甚至还未满足本能之需的情况下,还"好是懿德",因而,我们必须设定人有自由意志,以表明人与动物的区别,因自由意志的存在,人就有了"你应该"和"你能够"的意识,这就为人走向德福一致奠定了基础;(3)然而,在实际生活中,好人不长命的现象并不少见,为了保证有德者能够享福,我们必须要寄希望于一个能够认识和实现合比例地按道德来分配幸福的力量,这个全知全能的力量就是上帝。这样,"意向的德性作为原因与作为结果的幸福有一种若非直接也系间接(借助于一个理智的自然创作者)而必然的联系,这并非是不可能的"②。康德把灵魂不死、意志自由、上帝存在视为"纯粹实践理性的三大公设"。这三大公设保证了我们在趋于无限的生命进程中积极主动地追求那最终能被上帝保障的德福一致。

在康德那里,三个公设虽然并列呈现,但不可同等对待。康德认为,

---

① 朱高正. 朱高正讲康德 [M]. 北京: 北京大学出版社, 2005: 61 - 62.
② [德] 康德. 实践理性批判 [M]. 韩水法, 译. 北京: 商务印书馆, 2010: 126.

自由是整个理性体系的"拱顶石",它是道德法则存在的条件(存在或成立的依据),而灵魂不朽和上帝存在不是道德法则成立的条件,它们只是"至善"的条件,是依附于自由概念而存在的。牟宗三认为,康德以三大公设来解决"圆善"问题的做法是"虚幻不实"的。下面,我们从牟宗三对康德"自由意志"的批判入手来把握他对康德解决"圆善"问题的批判。

自由意志在康德那里是一个为成全道德法则之故而被"逼"出来的设准,康德认为,道德法则要想先验而普遍有效地建立起来,必要肯定我们的意志是自由的,只有肯定了意志自由,我们才能自己为自己立法而不由他人来决定自己的行为。同时,在康德那里,自由意志在因果律之外,又是不可知的。"康德证明,只有建立在自由意志上的道德才是真正的道德,一切建立在天道、天性、自然本性、心性之上的道德都不是真道德。而自由意志是不可规定的,自由意志不可知,是自发的,是在动态的历史过程中发展自身并且修复自身。"① 自由意志在康德那里是不可知的设准而消极地存在那里。这是牟宗三所不能同意的。在牟宗三看来,自由意志虽不可通过概念思考去理解去辨识,但不能说不能用任何方式去理解去辨识,即便不能去理解去辨识,也不能怀疑它的真实存在。

王阳明的"良知"类似于康德的"自由意志"。王阳明在龙场就"悟"出了不可言说、不可思议的良知的真实存在与大化流行。不仅不可言说、不可思议的良知在儒家这里是真实存在的,同样地,不可言说、不可思议的"道"与"真如"在道家、佛家那里也是真实存在的,并且,它们也经常被那些高僧大德所感悟到。牟宗三说:"'道'虽不可说,即不能用一定的概念去思考,然而它的真实性(绝对必然性)也还是呈现于我们的'虚一而静'的道心之前的,决不能说它超出人类理性的力量之外,非任何人类理性所能辨识。佛家的真如佛性虽是'言语道断、心行路绝',不是条件方式所能把握,不是概念思考所能契悟,然而它的真实性、绝对必然性,也还是真实地呈现于我们的般若智中、菩提心中,决不能说它非任何人类理性所能辨识。"借着儒释道三家的思维,牟宗三接着批判康德说:"依此,自主自律的自由意志这道德性的最后真实以及它所自立的无条件的实践法

---

① 邓晓芒.从康德道德哲学看儒家的乡愿[J].西南政法大学学报,2005(1).

则、定然命令,其'绝对必然性'为什么不可以亦依这方式在道德的践履中去理解(证悟)去辨识(默识),因而使它真实地呈现于吾人之道德心灵之前呢?为什么必依条件的方式,概念思索的理性,而把它摒除于人类理性的力量之外,而视之为假设呢?如果道德尚不是人类理性的力量所能及,尚不能使之成为真实的呈现,则试想我们这个人类是个什么存在呢?他还能作什么呢?"①

康德把"现象"与"物自体"二分,并认为,有关现象界的知识,人可以感性直观的方式来把握,而有关"物自体"的知识,需以"智的直觉"来把握,而这又不是人类所具有的,它只属于上帝。在康德看来,自由意志属于"物自体"的范畴,因而,其不能被人类所认知而只能为一消极的设准。受西方文化影响,康德严格区分了人的"有限心"和上帝的"无限心"。牟宗三以为,中国哲学没有西方哲学那样严格的人神之别,人亦有"无限心",比如儒家的良知、佛家的菩提心、道家的道心,这些都是匹夫匹妇皆有的,通过它们,人或成圣或成佛或成仙,因而它们都是人的"无限心",人有了"无限心",也就有了"智的直觉",这样,就没有什么"物自体"是不能把握的。牟宗三说:"吾人既可展露一唯一的本体(无限心),即可有智的直觉。'智的直觉'即是那唯一的本体无限心之自诚起明。此'明'既朗照并朗现物之在其自己,亦反照其自身而朗现其自身,故智思物不只是一消极之彼岸(此就物自身而言),亦不只是一设准(此就康德以自由、不朽、上帝存在为实践理性之设准而言)。当吾人展露一唯一的本体无限心时,吾人即不复有自由、不朽,以及上帝存在,这三者之并列。"②

站在中国哲学的立场,牟宗三认为"人虽有限却无限",意志自由、灵魂不死、上帝存在等在中国哲学所理解的"人"这里是毫无疑问能得以体现的,是不需要预设的,康德画蛇添足地把它们设准出来并以此来保证"圆善"的实现,是枉费心机的。批判康德后,牟宗三提供了与康德不同的另外一条走向"圆善"的道路——由"圆教"而至"圆善"。

---

① 牟宗三. 心体与性体:上 [M]. 长春:吉林出版集团,2015:140-141.
② 牟宗三. 现象与物自身 [M]. 长春:吉林出版集团,2015:42.

## 第二节 "圆教"之判别与"圆善"之实现

牟宗三认为，圆善实现的问题，"康德之解答是依据基督教传统而作成者，此并非是一圆满而真实之解决"，而只有他自己"依圆教义理解决之，则期予以圆满而真实之解决"①，那么，什么是圆教，在圆教之中又如何实现圆善呢？

### 一、"圆教"的判别

首先要说什么是"教"。牟宗三对"教"有一个断言："笼统方便言之，凡圣人所说为教。即不说圣人，则如此说亦可：凡足以启发人之理性并指导人通过实践以纯洁化人之生命而至其极者为教。"② 简单地说，"教"是提撕、调护人之自然生命向德性生命转化的学问，一个受过"教育"、得到"教化"、富有"教养"的人，绝不再只是一个顺其本能的自然人，否则，他与"野人"无异。按照这样的理解，西方的耶教、中国的儒释道三教等都可称为"教"，因为它们的目标皆是"纯洁化人之生命而至其极者"。该如何理解"纯洁化人之生命而至其极者"呢？我们认为："纯洁化人之生命"主要指人之自然生命应得以纯洁化，道德在这方面功莫大焉，所谓"德润身"是也，哲学的古义"爱智慧"即涵此意；但是，人之自然生命不只存在纯洁、提升的问题，还存在着基本欲求满足的问题，抛却此点，便称不上"生命之极"；故而，"生命之极"与康德所谓的"至善"的内涵是一样的，即一个人对德行和幸福的同时拥有。在牟宗三看来，能引导我们的生命走向"生命之极"的"教"也就达到了"教之极"。关于"生命之极"与"教之极"，牟宗三讲得十分清楚，他说："'依理性通过实践以纯洁

---

① 牟宗三. 圆善论 [M]. 长春：吉林出版集团, 2015：9.
② 牟宗三. 圆善论 [M]. 长春：吉林出版集团, 2015：序言1.

化一己之生命'这是教中的一主要部分。这一部分，笼统地言之，就是成德的一部分，不管这所成之'德'是什么意义的德，是儒家的，道家的，抑或是佛家的。我们先独立地把这德训为'德者得也'。将某种东西通过实践而实有诸己谓之'得'。如此得之而纯洁化人之感性生命便是'德'……但是吾人有实际之存在，吾人之实践以成德不能不顾及此实际之存在。若置此不理，光只看成德一面，则是偏枯之教，或至多可说这是在扭转一阶段上为然，非人生实践之极致。因为吾人之实践并非欲抹去此存在者，实践而不肯定此存在等于自杀。自杀非可云实践。是以在实践中必然函着肯定存在，因而亦必然函着'改善存在'之期望……在成德以外而有独立意义的'改善存在'之期望即是'幸福'之期望。这是教中的第二部分，这一部分必涉及'存在'。因此，期望'德福一致'便是教之极致，即'自然存在与德间相应和而谐一'是教之极致。"① 概而言之，德福一致是"教之极致"之关键，而只有"教之极致"者才可称之为"圆教"，德福一致又是圆善，由此，我们可以说，圆教能够成就圆善。

圆教本身是中国佛教的观念。佛教传到中国，译经者多、传经者众、讲经者辈出、宗派复杂纷呈。面对着众多的佛典及对佛典的各种诠释，"释门弟子的要务，就是必须对这些经典寻出一个内在联系，并就其内容所涉的大小、通别、深浅、渐顿作出分辨（判释），才能对它们有一个全面的恰当的理解，这就是中国佛教史上判教产生的由来"②。物有高低，法有深浅，我们要对深浅不一的诸法进行整理、识别以找出一个循序渐进而达最后了义的程序，因而也就产生了判教学说。在中国佛教的诸多判教学说中，最有名的还得数天台宗"五时八教"之说：从释尊说法之顺序将教判为华严、鹿苑、方等、般若、法华涅槃等五时之教；从释尊教导众生之形式将教判为顿、渐、秘密、不定等四类；又依释尊适应众生根机而教导之教理内容将教判为藏、通、别、圆等四教。

这里单说在整个天台判教中处于核心地位的藏、通、别、圆四教。为

---

① 牟宗三. 圆善论 [M]. 长春：吉林出版集团，2015：9.208-209.
② 李耀仙. 判教是中国佛教发展的必然趋向 [J]. 中华文化论坛，1995，(4).

了比较的方便与明显,天台智者大师在判教中常用内外、大小、界内界外、偏圆权实等概念。"内外之辨以能不能出世解脱为标准。智者以佛教能教人出离生死烦恼的苦海而谓之'内学',佛教以外的其他宗教不能使人获得解脱而谓之'外道'。大小之辨以有没有慈悲为标准。智者意味藏教只教人自我解脱,故为'小乘'。通、别、圆三教兼能普救众生,所以是'大乘'。界内界外之辨以断不断无明、说不说佛性为标准。智者认为藏、通二教只讲调伏、断除欲界、色界、无色界三界的烦恼,但根本无明尚在,昧于佛性中道之理,觉行不够圆满,故为'界内'之教。别、圆二教不仅讲出离三界,还讲佛性中道,二教的菩萨与佛皆能调伏、断除根本无明,臻于圆满之域而成佛,所以为'界外'之教。偏圆权实以作为终极归宿的彼岸与作为现实世界的此岸是不是相即不离为标准。智者主张藏、通、别三教皆不能即现实而获解脱,故为偏而不实的'方便权说',圆教能于当下而得究竟,所以是终极圆满的'一实之论'。"① 仅以此段引文观之,"圆教"之"圆"乃是在以下方面说:不仅见空还能见有,不仅度己还能度人,不仅断除烦恼还能成就佛性,不仅讲彼岸世界还讲此岸世界。

牟宗三认为,"圆"有两层意思:一是圆通无碍(round),一是圆满无尽(perfect),作为圆教,这两层意思缺一不可,而只有圆满无尽才是"圆教"的本质意思(essential meaning)②。在天台宗看来,仅仅讲空、讲度己、讲断除烦恼、讲彼岸世界,即便讲得再合逻辑,也只能算"圆通无碍",还算不上"圆满无尽",因其执于此而遗于彼。按天台宗的看法,空也好、度己也好、断除烦恼也好、彼岸世界也好,释尊都能把它们讲得"圆通无碍",但这些只是释尊针对不同根器之人一时苦难的"权教",权教自是不圆之教,只有透至"实教",才是"圆满无尽",圆教才显现。举例来说,针对一个陷溺于酒色财气之中而不能自拔的人,比如红楼梦中的贾瑞,就应该对他说"空",要让他明白,所谓美貌之人,经过"风月宝鉴"一照,也不过是白骨一堆,但是,讲"空"就完了么?如《五灯会元》中那位坐

---

① 韩焕忠. 天台判教论[M]. 成都:巴蜀书社,2005:31-32.
② 牟宗三. 中国哲学十九讲[M]. 长春:吉林出版集团,2015:276-277.

"枯木禅"而不顾他人冷暖的"痴汉"①，执"空"以求解脱，无有慈悲之心，不知人世疾苦，针对这样的人，就应该对他讲"有"，要让他明白佛教真正的"常乐我净"之所在。讲"空"讲"有"都是权教，只有讲到"空有不二"，才算"圆满无尽"。

在牟宗三看来，佛有第一层序（First order）的说教和第二层序（Second order）的说教，权教即一切经文所说之特殊教义或教法，是释尊针对不同根器之人不同苦难的一时说法，它属于第一层序，是不圆满的，而实教是能体现"佛之本怀"的说教，属于第二层序，是圆满的。"佛之本怀"下，第一层序的权教必将要走向第二层序的实教。有学者对此分析道："佛之所以来到人世间，唯一的目的就是为了教化（开、示、悟、入）众生，让他们都能具备佛的知见（智慧、见解），都能成佛。从这四字大纲出发，就得出一个结论：既然佛入世间的唯一目的是要让一切众生都能成佛，那么就不能再有'二乘'或'三乘'，因为这会使部分众生不能成佛。而这是有违佛的宗旨的，所以只能讲'一乘佛'。"②"二乘""三乘"皆是权教，"一乘教"才是实教，为了凸显佛教化众生并皆令成佛的本怀，因而要"会三归一"。

"会三归一"的过程其实也就是"开权显实"的过程。需要注意的是，这里的"开"，不是开除、除去的意思，而是开决、畅通的意思。三乘之法虽是权法，但也皆是通于佛的一个法门，因而也应该保住，只是这种保住不是执着地、封闭地保住而是开决地、畅通地保住——就像不是通过把子女留在家里互相照看而是让他们去闯荡互相牵挂而保住父母子女之情一样。开权显实的过程就如同花开莲现的过程，只要权教一开决、一畅通，实教即显。牟宗三说："天台宗所说的圆教是不离权教，所谓'醍醐不离前四味'，就是用前四味来显出醍醐味；同样的，圆教是不离开前三教的。所以成佛是即九法界的众生而成佛，没有任何一法可以去掉。"③ 把一切法都保

---

① 《五灯会元》里有一段关于"枯木禅"的公案，是这样讲的：有位老太婆建茅庵供养一位和尚修行二十年，平时都由一位二八佳人送饭服侍修行和尚。一次，老太婆对女子说："等一下你送饭去时，抱住他试试他修行的功夫。"女子送饭时依言抱住僧人，问他感觉何如，那僧人说："枯木倚寒岩，三冬无暖意！"就是说，我已经心如枯木，对什么都没有兴趣了。老太婆听了，非常生气地说："我二十年来供养的竟只是一个俗汉！"于是她赶走和尚，一把火把茅庵烧掉了。

② 徐嘉. 现代新儒家与佛学 [M]. 北京：宗教文化出版社，2007：257.

③ 牟宗三. 中国哲学十九讲 [M]. 长春：吉林出版集团，2015：311.

住了，这样的教才可以称为"圆"。

为什么说圆教成就了圆善呢？牟宗三认为，"每一法都得以保住"是圆教的要义所在，而恰是在这里，德福一致的问题亦能得以解决。这很好理解：一方面，法的存在就是现实世界的存在，每一法都保住了，现实世界就保住了，幸福就有所寄托；另一方面，每一法都是通达成佛的一个"法门"，于每一法处成佛，德性就可以随时显现。例如，我们说"即九法界而成佛"，也就是说，我们可以即着地狱、饿鬼、畜生等而成佛，在地狱、饿鬼、畜生处成佛了，德（virtue）就在这里显，福（happiness）也在这里显，两者就合在一起了。牟宗三解释说："我们平常认为地狱、饿鬼、畜牲是很苦的，哪有幸福呢？但圆佛是即地狱、饿鬼、畜牲而为佛，在地狱、饿鬼、畜牲这里就是德，同时也就是福。佛不是地狱，地狱里没有福，但是当他即地狱这个法界而成佛时，就佛的立场看，地狱就是他的德（佛教称为"功德"），同时也就是他的福，因为他的功德是即地狱而为功德。这时德福才能一致。"①

以上是从"圆满无尽"或"一切法皆保住"这个方面说圆教之"圆"的。这是圆教的本质涵义。那么，圆教成立的原则或标志是什么呢？牟宗三说："依天台，成立圆教所依据之基本原则即是由'即'字所示者，如说菩提，必须说'烦恼即菩提'，才是圆教。如说涅盘，必须说'生死即涅盘'，才是圆说。如依烦恼字之本义而分解地解说其实如何如何，进而复分解地说'断烦恼证菩提，或'迷即烦恼，悟即菩提'，或'本无烦恼，元是菩提'，这皆非圆说。"② 牟宗三认为，天台宗即在这一"即"上成就了圆教。牟宗三阐释这一"即"是"诡谲的即"而不是"分解的即"。依同一律而说的 A 是 A，如分析"迷"的概念内涵，进而得出"迷即烦恼"的结论，这是"分解的即"；而"烦恼即菩提"这是"诡谲的即"，其诡谲之处即是把原本互相抵牾的两者联系起来了。以世俗分解的思维看，"烦恼"是无明，"菩提"是法性，两者是异体，依而不即；以天台宗的思维看，无明即无住无本，必即于空，而一切法无自性，以空为性，故可以说："无明无

---

① 牟宗三. 中国哲学十九讲 [M]. 长春：吉林出版集团，2015：328.
② 牟宗三. 圆善论 [M]. 长春：吉林出版集团，2015：211.

住，无明即法性，法性无住，法性即无明，两联交互一观，即可见两者纯依他住，并无自住，此即两者同体也。"①

在牟宗三看来，"圆教"是"保住一切法"之教，而一切法必含抵牾之法，只有通过"诡谲的即"才能把一切法平铺在一起而保住。正是依靠"诡谲的即"，天台宗把空与有、度己与度人、烦恼与菩提、彼岸世界与此岸世界等这些原本异体的组合变为同体的组合而成就了圆教，实现了空假中、现象与本质、现实与理想的最为圆满的融合统一。

有学者对"诡谲的即"加以阐释说："佛道'即'于非道而见，解脱'即'于贪嗔痴而得解脱，佛之'即'于众生而成佛。众生世界本是秽恶之淤泥，但成佛不是高蹈事，必即于这淤泥处而成佛。所以，成佛必即于凡夫、二乘、菩萨之任一行而成佛，扩大之，必即于九法界（六道众生、声闻、缘觉、菩萨）之任一法界而成佛，这就是佛之'即'众生而成佛。"②如果定要隔断凡夫之行方可成佛，则部分众生最终成不了佛，这与前面所说的"佛之本怀"是不相符合的，因而便称不上圆教。

最后一个问题即是圆教的表达。"诡谲的即"之所以能够被表达出来，乃是因为人类有"分别说"与"非分别说"两种表达方式。"分解的即"是"分别说"，"诡谲的即"是"非分别说"。把甲是甲、乙是乙搞清楚，这就是"分别说"，它有助于人类思考的清晰，也因为有"分别说"，我们才能知道哲人所立之教，并为我们自己的生命决定一个方向，立下一些规范。但是，在天台宗看来，凡是"分别说"所建立的概念，都有所限，一有所限，人就顺此限制而有所执着，一有执着就不能成佛，"三乘教"是分别说，不圆不实，故要"会三归一"，"会三归一"就是要化除"分别说"带来的封限，将"分别说"的一切权教归于"非分别说"的实教。因而，要真正表示圆教，一定要用"非分别说"的方式来说。

由天台宗，我们知道：（1）圆教的本质涵义是"圆满无尽"，即"保住一切法"；（2）圆教的成立原则是"诡谲的即"；（3）圆教的表达方式是"非分别说"。以这样的标准，我们来看中国哲学中的圆教以及德福一致这

---

① 牟宗三. 圆善论 [M]. 长春：吉林出版集团，2015：212.
② 徐嘉. 现代新儒家与佛学 [M]. 北京：宗教文化出版社，2007：254.

一圆善问题在圆教中的解决。

## 二、"圆善"在中国哲学中的实现

在说中国哲学的圆教与圆善之前，有必要先说一下康德哲学为什么不是圆教及其为什么没有根本解决德福一致的问题。牟宗三认为，康德以"三大公设"来保证德福一致，这是虚幻不实的，康德之所以未能很好解决德福一致的问题，乃是在他那里，德与福、现象与物自身、人与上帝等是截然异体的，他没有"诡谲的即"的思维，也没有采用"非分别说"的表达方式，故而他的哲学还不能达到"圆教"的境地。为什么会这样？在康德看来，人受时空的限制，他的特长在"分解的即"，他的局限同样也在"分解的即"，他承受不住同时"把一切法都保住"这样的重荷，对人而言，把现象界一切能说清楚的都说清楚，这已经是很不错了，只有上帝才能做到"诡谲的即"，因为他有不受时空限制的"智的直觉"，人对此是不敢奢望的。在牟宗三看来，受西方宗教传统的限制，康德所理解的人太渺小，而在中国哲学这里，不管是佛家的般若智、道家的玄智还是儒家的良知，都是不受时空限制的"大智"，都表明人有"智的直觉"，都能做到"诡谲的即"和"非分别说"，故而三家皆是圆教，德福一致这一圆善的问题在三家这里都能解决。

先来说佛家的圆教与圆善。依据判教，天台宗认为，《法华经》开权显实，是圆教的代表。牟宗三认为，在《法华经》中，"诡谲的即"和"非分别说"体现得十分明显。牟宗三这样解释《法华经》的"开权显实"："经此开决，法性与无明同体依而复即，如来藏乃就迷就事而言，非分解地偏指清净真如心而言，故惑、业、苦三道即般若、解脱、法身之三德。惑道即烦恼道，此道即般若，如指薪为火尔。业道即解脱，如指缚为脱尔。生死苦道即法身，如指冰为水尔。开决了诸权教而说的'一念心即具三千世间法'不与一切分解说的诸权教为同一层次，因而亦非这同一层次上此一说彼一说之分解地另立一说。它是非分解地，即诡谲地说的圆实教。"① 牟宗三认为，天台宗的"三道即三德"成就了佛教式的德福一致，因为：般

---

① 牟宗三. 圆善论 [M]. 长春：吉林出版集团，2015：214.

若、解脱、法身之三德,依德福问题言,俱属德边事,但般若之智德、解脱之断德、涅盘之法身德又都是在三千世间法中成就的,这样,主观面之德与客观面之法存在根本未曾须臾分离,幸福不是空中楼阁,只能依附于"法之存在"者而言,在苦道、烦恼道、业道的基础上而实现,人即三道而成佛即是德,成佛后,在三道中存在得很如意即是福,福随德转,德福一致。

接着说道家的圆教与圆善。牟宗三认为,庄子在《天下篇》中所谓的"万物毕罗"的浑化境界即是圆满境界,庄子对最高最圆之化境善作"诡谲的即"的点示,例如《大宗师》有言:"其好之也一,其弗好之也一。其一也一,其不一也一。其一也与天为徒,其不一也与人为徒。天与人不相胜也,是之谓真人。"庄子所运用的大量寓言、重言、卮言皆是"非分别说",是他表达最高最圆之境的方式。因而道家浑化的圆境有如佛家保住一切法的圆教。牟宗三说:"此一圆境唯是就无限智心(玄智)之体化应务(亦曰体化合变)与物无对(顺物者与物无对)而成全一切迹用亦即保住一切存在而说。"① 在道家的圆境中,德福一致的问题亦可以得到解决。牟宗三说:"在此圆满之境中,一切存在皆随玄德转,亦即皆在无限智心(玄智)之朗照顺通中。无限智心在迹本圆融中而有具体之表现以成玄德,此即为圆善中'德'之一面(道家意义的德);而一切存在(迹用)皆随玄德转,即无不顺适而调畅,此即为圆善中'福'之一面。故主观地就生命之'体冲和以通无'而言,即谓之为'德';客观地就'体化合变顺物无对'而言,即谓之为'福'。此即是'德福一致'之圆善。"② 结合道家的思想,牟宗三的阐释很好理解。《道德经》中说:"生而不有,为而不恃,长而不宰,是谓玄德。"③ 道家讲"不生之生",这就保存了万物,对万物不有、不恃、不宰,这就是人之玄德,在这个过程中,万物不受约束、各遂其生,这就是包括人在内的万物之福。在道家,"体冲和以通无"的过程和"体化合变顺物无对"的过程是一致的,"通无"即是德,"顺物"即是福,因而,德

---

① 牟宗三. 圆善论 [M]. 长春:吉林出版集团,2015:232.
② 牟宗三. 圆善论 [M]. 长春:吉林出版集团,2015:233.
③ 《道德经·第十章》.

福一致在道家这里也不成其为问题。

再来说儒家的圆教与圆善。儒家有重视"教"的传统并且有一成就圆教的历史轨迹。牟宗三认为，孔子的"践仁知天"已略启圆教之规模，孟子的"尽心知性知天"相应孔子之规模而展开，经过宋明儒者的开发，至王龙溪提出"心是无善无恶之心，意即是无善无恶之意，知即是无善无恶之知，物即是无善无恶之物"，儒家之究竟圆教才有充分展现。那么，如何理解王龙溪的"四无教"呢？我们认为，通过"四无教"，王龙溪所要化掉的，是那些我们所执着的相对的善，引导我们走向至善。这一过程与佛家"开权显实"与道家"迹本圆融"的过程是一样的。牟宗三也说："四无者心、意、知、物四者皆非分别说的各有自体相，而乃一齐皆在浑化神圣之境中为无相之呈现之谓也。在此无相的呈现中，四者皆无相对的善恶相可言……此即浑化之境中四者之无相的呈现，即皆是天命之性之神感神应其机自不容已之自然流行，即如如呈现。"① 牟宗三认为，在王龙溪这里，心意知物总只是那粹然至善神感神应的自然流行，所谓"心意知物只是一事"，恰是这样，德福便求得了一致。牟宗三说："在神感神应中，心意知物浑是一事。吾人之依心意知之自律天理而行即是德，而明觉之感应为物，物随心转，亦在天理中呈现，故物边顺心即是福。此亦可说德与福浑是一事。"②

## 第三节　牟宗三"生命的学问"的圆成

牟宗三认为，圆成的生命应该是真善美的合一，只有在"圣心无相"中，真善美才能合一，而此时，生命可以进入一种"乐境"，"生命的学问"在此"乐境"中实现圆成。

---

① 牟宗三. 圆善论 [M]. 长春：吉林出版集团，2015：242-243.
② 牟宗三. 圆善论 [M]. 长春：吉林出版集团，2015：249.

## 一、真善美的"分别说"与"合一说"

通过"一心开二门",再安排"物随心转",牟宗三实现了"圆善"。原以为可在此处歇一歇,但是,牟宗三又发现,讲到"圆善"还不行,因为还没有把"美"包括进来,真善美没有放在一起讲,就不算是最后的圆成。牟宗三晚年决定把康德的《判断力批判》翻译出来并力图消化康德、超越康德。他认为康德尽管以审美来沟通自然与自由,但因其理论的缺陷,这种沟通并不成功,没有达到"即真,即善,即美"的合一境界,而中国哲学却在这方面有相当的精彩,能给我们不少启发。

康德认为,人有认识能力,亦有欲求能力,前者遵循的先天原则是"合规律性",后者遵循的先天原则是"终极目的",前者主要在自然世界里得以应用,后者主要在自由世界里得以应用,因为有着不同的先天原则和应用范围,我们就不能把它们混为一谈,因而应把自然与自由(或知识与道德)进行两分,目的是"将它们置于它们的合法性的边界之内"以防止"一方损害另一方",但是,在批判世界泾渭分明的两者毕竟在感官世界"不停地牵制着",那么,如何跨越横亘在它们之间的那条不可逾越的鸿沟,自然就成了一个问题。康德认为,人的心灵有三种机能:认知能力、愉快和不愉快的情感以及欲求能力,愉快和不愉快的情感对应的是人的判断力,它应用在艺术世界内,它的先天原则是"合目的性",而恰是判断力的这个合目的性能够把知性的合规律性和理性的终极目的联系起来。康德说:"这个先天地、置实践于不顾地预设这条件的东西,即判断力,通过自然的合目的性概念而提供了自然概念和自由概念之间的中介性概念,这概念使得从纯粹理论的理性向纯粹实践的理性、从遵照前者的合规律性向遵照后者的终极目的之过渡成为可能。"① 简言之,真与善通过美得以合一。

对于康德所谓的审美的"合目的性",牟宗三理解为:"在现实人生中,我们的想象力与知性对付我们的自然现象好像到处很幸运,总是有可用武之地。现象无论如何花样繁多,如何变化多端,我们的知性好像总能把它整理得很有系统,能成一套一套的……康德说目的性原则,就是说,现象

---

① [德]康德. 判断力批判[M]. 邓晓芒,译. 北京:人民出版社,2002:31-32.

尽管花样繁多，但无形中，隐隐约约之间总是合目的，总有合目的性。能合目的才能使你的知性与想象力可以运用，也能凑合起来成一堆……无限繁多的现象也可以凑合起来成一套，但这个没有客观的原则，没有客观的根据，只能说无形中有这个根据，也就是说这些现象无形中合目的。"① 牟宗三对康德所谓的审美的"合目的性"原则表示怀疑乃至否定。他认为：第一，康德的这一原则会把"神意"或神学目的论引入审美判断。牟宗三说："'当我们遇见经验法则下的系统性的统一时，我们也会很欣慰而高兴'，读者当知依据'合目的性之原则'来反省自然，觉得自然是如此之美好，如此之有条理而可赞叹，心中自然会感到一种快乐。但这种快乐之情正是'上帝存在之物理神学的证明'之所宣示者……而在这原则下所观的自然正是牧师传道之所赞美者，而这所赞美的世界之美好不必是'审美判断'所品题之'美'，而快乐之情亦不必是审美判断中之'愉悦'。这正是第三批判关于审美判断之超越原则之最大的疑窦。"② 第二，康德的这一原则会将审美判断与人的认知活动混扯在一起，牟宗三说："审美固须有自由的想像，但须与知性谐和一致，这便冲淡了审美。知性究竟有多少显豁的作用于审美，这不能无疑。审美而须以此种谐和一致之心灵状态以为其主观条件，这实在太穿凿而迂曲，亦太学究气。"③ 牟宗三认为，康德的"合目的性"原则，既有自然神学目的论的色彩，又有认识论的色彩，而这两种色彩会戕害审美。

通过批评康德，牟宗三透出了自己关于审美的理念：第一，人类原则，即审美只对人类而言，不对神或禽兽而言；第二，非目的性原则，即反对康德将审美套在合目的性的框架中；第三，无向原则，即审美无任何利害关心，也不依靠于任何概念；第四，妙慧妙感原则，即审美的思维方式既不是逻辑的，也不是道德的，它是一种特殊的直感直觉；第五，欣趣原则，即审美是人类特有的对于对象的一种品味、品鉴和欣赏，这些都属于欣趣，欣趣的最大特点是能产生愉悦④。苏东坡曾写道："惟江上之清风，与山间

---

① 牟宗三. 康德第三批判讲演录（二）[J]. 鹅湖月刊，2000（10）.
② 牟宗三. 康德"判断力之批判"[M]. 台北：联经出版社，2003：12-13.
③ 牟宗三. 康德"判断力之批判"[M]. 台北：联经出版社，2003：49.
④ 杨泽波. 牟宗三后期合一论的两个理论贡献[J]. 现代哲学，2013（4）.

之明月,耳得之而为声,目遇之而成色,是造物者之无尽藏也.而吾与子之所共适。"牟宗三举苏东坡夜游赤壁的例子认为,听清风、赏明月、无牵挂、无欲求,如此这般,即是美境。

牟宗三对审美的理解表明美具有不同于真与善的特性,因而我们要分别去说真善美。牟宗三认为,真善美是在人的特殊能力与这个世界照面过程中而凸现的,有如陆象山经常说的"平地起土堆":真是由人的理性对"现象界"进行探求而起的"土堆";善是由人的意志依据定然命令去行动而起的"土堆";美是由人的静观直感不依概念不为目的对自然或美术作品进行品鉴所起的"土堆"。在牟宗三看来,对人之生命而言,真善美都是很重要的内容:真是生命的"窗户通孔",是生命的"呼吸原则",只有求真,我们的生命才能向外向下开拓出去,才能求得物质世界的丰富,才会充满生机与活力;善是生命的"奋进之门",是生命的"精进不已之原则",只有求善,我们的生命才不会像动物一样紧紧贴在欲望的本能上,才能勇猛精进、不断超升;美是生命的"自在之门",是生命的"闲适原则",只有求美,人才闲适洒脱、自由自在。

从"分别说"的角度来看,真善美对生命均是"功莫大焉",但是,生命不能只是唯有真、唯有善、唯有美。唯有真,则生命只能停留在"现象界"而进不了"本体界"(或永远在"生灭门"进不了"真如门");唯有善,则生命永远处在向内向上不断反省不断超升的状态中,太重太累;唯有美,则生命一味地闲适洒脱,稍不留意,有如魏晋时人,走入狂放无忌的"病态美"。因为真、善、美的这些限制及其对生命的影响,我们就要考虑把"分别说"的真善美"合一说"。

牟宗三认为,真善美的"合一说"不能走康德的那种以美来沟通真、善的路径。因为,正如上面分析的,康德所谓的审美的"合目的性"之原则经不起推敲。在牟宗三看来,"合一说"之实现只能走"即真即善即美"的路径。那么,何谓即真即善即美呢?牟宗三认为,只要我们把真善美之"土堆"归于"如相"这一"平地",在"平地"上,真无真相,善无善相,美无美相,真即是善,真即是美,余者亦然。在牟宗三看来,王龙溪所谓的"体微显用只是一机巧,心意知物只是一事"就是真善美的"合一说"。

牟宗三认为,能引导真善美合一之境者仍在道德心,它经过如下三关达至真善美的合一之境：第一，道德心严辨人禽，从物欲之中解放出来，先立其大，这就叫"挺立"关；第二，此挺立的"大体"需要不断地以义与道去充实，以使之达到"充实而有光辉"的地步，人睟面盎背的样子才称得上"有光辉"，到了这一关，人才显示出"道德相"，我们可以把这第二关称之为"道德相"关或者"伟大相"关；第三，人不能紧紧抱住"道德相"不放，倘若道德心一味地向上，则易使人自己显"胜利相、紧张相、敌对相"，易使人（不若己者）生"恐惧心、忌惮心、厌憎心、奚落心"，因而，我们要学会"大而化之"，把一切"伟大"皆化掉，使之又归于平平，"吉凶与民同患"，这时候的人，不自卑、不自矜、和蔼可亲，轻松自在，举手投足令人有如沐春风之感而让人生愉悦之心，我们可把这一关称为"无相"关。

在牟宗三看来，经过了"道德相"又无"道德相"的人是有"圣心无相"之人，"圣心无相"的人自由翱翔，具有洒脱之美，故而"圣心无相"即是美，这就是"即善即美"。同时，"圣心之无相不但无此善相，道德相，即连'现象之定相'，即'现象存在'之真相，亦无掉。盖现象之存在由于对人之感性而现，而为人之知性所决定。但圣心无相是知体明觉之神感神应，此神是'圆而神'之神，已超化了人之感触的直觉与辨解的知性"①，也就是说，"圣心无相"不仅能把"道德相"无掉，还能把外物之"物相"无掉，物无"物相"即是物之"如相"，也就是康德所谓的"物自体"，"真"就在"物自体"上显示，故而"圣心无相"是"即善即美"，同时亦是"即善即真"，因而也是"即真即善即美"。

## 二、生命在乐境中圆成

在牟宗三看来，真善美皆是"圆而神"的"圣心"的无限妙用与显现：于"现象之存在"处，显一"认知的我"乃至"逻辑的我"，成就"真"；于"道德的存有"处，显一"道德的我"，成就"善"；于"审美品位"处，显一"美感的我"，成就"美"。真善美的上述显现即是真善美的"分别说"，它们是"圆而神"的"圣心"的"有相"（或凸起的"土堆"）。

---

① 牟宗三. 康德"判断力之批判"[M]. 台北：联经出版社，2003：82.

"圆而神"的"圣心"又可以通过"无相"把"分别说"的真善美皆化掉，使之归于"合一说"。当凸起的真善美的"土堆"被化掉归于"平地"后，真就是"物如"之存在，善是"天理"之平铺，美是"天地之美，神明之容"。"物如""天理""神明之容"等等都归于"圆而神"的"圣心"。到了这个境界，真善美之间的一切鸿沟皆消失不见，人与人间真正是"莫逆于心，相视而笑"，生命可谓"圆成"矣。

何谓"圆成"？牟宗三说："今言圆成世界，则融有向于无向，即将其向反而融之于本体之自身，而单自本体之如如处以言和。此和即圆成。立于礼，成于乐之谓也。万物皆在理（当然之理）中立，皆在乐中成。成者圆成也。"① 在牟宗三看来，乐境即是生命的圆成之境。牟宗三又说："圆成之和亦并非一第三者，借以为彼两界之媒介。乃只是依据本体之如如的创造，融其向而归于无向，所成之最后之境界……由认识之心所见的命题世界，与由形上的心所见的道德世界，亦如自本体之创造处言，并非隔而不通者。吾人将视之为形上的心（即天心）之贯彻过程中之曲折，而一是皆由天心以贯之，此却并无一媒介足以沟通之。沟通之者不是一第三者之媒介，而是天心之贯彻。若不自天心之本源处言其贯，却向何处凭空寻一第三者以媒介之？若不自天心之下贯言，则所寻以沟通彼两界之媒介，若非只有工巧之价值，亦必为虚悬而不能实现者。"② 牟宗三在这里讲得很清楚，将自然世界和道德世界，或将人之幸福与德性沟通起来的并不是一个如康德所公设的"第三者"，而是人的天心本体，在其彻上彻下、彻里彻外的涌动的过程中，主体获得一种快乐的感受，于此即是生命的圆成之境。

为什么需要讲"生命的学问"？因为生命折腾不已：一方面，人之德性生命不断地要求自我超越以走向"大全"；另一方面，它又不断地被物欲拖拽着往下堕落。上上下下、欲上实下的痛苦感使很多人去追寻"生命的学问"。在这个过程中，我们会去找寻能贞定我们折腾不已的生命的"定准"：有酒色财气、有宗教信仰、有逻辑理性、有仁厚宅心。在牟宗三看来，只有最后者才能真正贞定我们的生命，因为它"十字打开"，一方面向内向上

---

① 牟宗三. 认识心之批判：下册[M]. 长春：吉林出版集团，2015：624.
② 牟宗三. 认识心之批判：下册[M]. 长春：吉林出版集团，2015：626.

以成就个人修养之事，使得我们的德性生命得以安顿，另一方面向外向下以成就人文世界之事，使得我们的自然生命得以安顿，这一十字打开的过程也就是求真就善的过程，是德智双彰的过程，而德智双彰的过程也是"理"与"气"、自由与自然、真与善保合圆融的过程。当然，在德智双彰的过程中，我们难免会有紧张感，因而，在"提得起"的同时，我们也要学会"放得下"，在仁厚宅心"放下"的那种闲适中，我们会感受到一种愉悦，这即是"美"。当真善美皆归于仁厚宅心并收放自如时，生命便达到一种圆成之境。

生命需充实、需圆满、需快乐，真善美三者即可对应此三需求。人有认识心，能帮助我们从被动地生存变为主动地求生存、谋发展，让我们体会到生命之富裕之充实。人有道德心，能帮助我们从生存、发展之上一跃而起而不断地迈向神性，让我们体会到生命之庄严和伟大。人有审美心，能帮助我们把不断跃升的道德心全体放下而感悟到生命之闲适之快乐。作为个体生命，我们首先用自己的智慧解决吃穿住行的问题；把这些问题解决后（甚至是在这些问题解决之前），我们又不安于现状，想有些精神的创造尤其是道德的完美以走向"大全"，当然，我们明白，所谓"大全"、所谓"圆满"不仅仅是对自己而言，我们要尽心尽性、参赞化育、遍润万物，当物物皆得其所的时候，我们才说生命之"全"之"满"；但是，我们又不执着、不拖累于此"全"此"满"，我们有一种"功成不必在我"的心态和"尧舜事业如太空中一点浮云"的胸怀，这时，我们在生命之"全"上更进一层而至生命之"美"，到了这里，生命即是既充实又圆满还快乐的生命。简而言之，首先，有德，我们的德性生命会得到妥善安置；其次，按照孟子"人爵"从"天爵"的说法，我们的福随德转，自然生命也会得到妥善安置；即便物质生活清贫、条件艰苦，我们也不以为意，也会有一种洒脱、淡定和自由，这样的生命也是一种有成而非空虚的生命。

从折腾的痛苦到快乐的圆成，这是生命的成长过程。对"成于乐"的生命，中国哲学尤其赞美与向往。儒家很重视"乐"。"学而时习之，不亦说乎？有朋自远方来，不亦乐乎？"① 《论语》辟头就谈"乐"字。在儒家

---

① 《论语·学而》.

看来，乐首先表现为"不忧"，即要免除衣食住行、生老病死等方面的忧虑，获得基本生存需求的满足，实现个体身心的安全与安宁。"莫春者，春服既成，冠者五六人，童子六七人，浴乎沂，风乎舞雩，咏而归。"① 从孔子"吾与点也！"的喟然而叹中，我们可以看出孔子对百姓生活"不忧而乐"这一理想的向往。孟子谈"人之三乐"，也谈"文王之乐"，在孟子看来，父母俱存、兄弟无故、有麋鹿鱼鳖并与民同乐等，都是可乐之事。除了物质的充裕、身体的康健、生活的安宁等乐事外，儒家还十分重视精神追求的快乐。孔子说："饭疏食饮水，曲肱而枕之，乐亦在其中矣。"② 孔子自谓"其为人也，发愤忘食，乐以忘忧，不知老之将至云尔。"③ 他称赞颜回："贤哉，回也！一箪食，一瓢饮，在陋巷，人不堪其忧，回也不改其乐。"④ 这表明，与物质生活的满足相比，孔子更为看重追求精神境界的乐趣，即便过程痛苦，亦能以苦为乐。

"寻孔颜乐处"在宋儒那里成为重要课题。周敦颐观窗草，二程观盆鱼、鸡雏，张载观驴鸣，他们于茂草、游鱼、雏鸡、鸣驴处识得生机之趣，体会到天地生物之气象"与自家意思一般"，有心物交融、天人无隔、万物自得之感，乐即自此中产生出来。明道有段话说得甚是好："医书言手足痿痹为不仁，此言最善名状。仁者，以天地万物为一体，莫非己也。认得为己，何所不至？若不有诸己，自不与己相干。如手足不仁，气已不贯，皆不属己。故'博施济众'，乃圣之功用。仁至难言，故止曰'己欲立而立人，己欲达而达人，能近取譬，可谓仁之方也已。'欲令如是观仁，可以得仁之体。"⑤ 在医书上，手足麻痹、气之不贯是"不仁"的表现，反过来看并类推到人之道德生命上，仁者感通而润物，如同春雨一样，感通一切、遍润一切，这样，天下事皆仁者分内事。试想，人生天地之间，物我不隔、天人一体、无碍无滞，怎不快活？李泽厚说："到这境界，'万物皆备于我'（孟子），'人能至诚则性尽而神可穷矣'（张载）；人与整个宇宙自然合一，

---

① 《论语·先进》.
② 《论语·述而》.
③ 《论语·述而》.
④ 《论语·雍也》.
⑤ 程颢，程颐. 二程集：上册 [M]. 王孝鱼，点校. 北京：中华书局，1981：15.

所谓尽性知天、穷神达化,从而得到最大快乐的人生极致。"① 李泽厚把以儒家文化为主干的中国文化称作是"乐感文化",我们认为,这种概括是可以成立的。

我们可以总结儒家之乐的三个层次:安而不忧、善美愉悦、自然顺适②。安而不忧揭示的是免除生命基本需求难以满足的恐惧与忧虑后获得的一种安全感、安宁感;善美愉悦揭示的是个体在追求生命至善至美即实现理想人格并又全体放下的过程中获得的满足感、愉悦感;自然顺适揭示的是万物一体、天人无隔下个体率性而为的自由感、自在感。孟子的"父母俱存,兄弟无故"、孔子的"发愤忘食,乐以忘忧"以及"随心所欲而不逾矩"就分别是安而不忧、善美愉悦、自然顺适的快乐体验。

生命圆成之关键在仁心。仁心之大化流行,首先是立己,其次是立人,在致使天地有心、生民有命、圣学不绝、万世太平的过程中,生命由有限走向无限、由有待走向无待,由"苦"走向"乐"。有学者认为,宋儒寻"乐"的路线图中交织着几条主要的线索:"(1)心体之乐(宁静、祥和,'顺''公''无滞',所谓'静观'是也)。(2)生机之乐(生意、生物气象,所谓万物皆有春意是也)。(3)体知之乐('自理会得',不是解知之乐,而是体证之乐。所谓到那田地,自然心领神会之是也)。"③ 我们认为,对儒家而言,生命之乐其实就是一个人见仁(心体)、觉仁(生机)、践仁(体知)之过程。生命之学问就是一个人能将其固有的满腔恻隐之心化成对伟大人格的不懈之追求及对天地万物的不竭之责任。主客观世界俱得满足且不滞于这种满足,生命方是圆成。

---

① 李泽厚. 中国古代思想史论[M]. 北京:人民出版社,1985:311-312.
② 李煌明,李红专. 传统之"乐"与人生"幸福"[J]. 船山学刊,2008(3).
③ 陈立胜. 王阳明万物一体论:从"身体"的立场看[M]. 北京:北京燕山出版社,2018:190-191.

# 第七章
# 牟宗三"生命的学问"的定位、批评与继承

对传统道德文化精髓的诠释,对"道德理想主义"的坚守,对民族文化生命、个体生命现代化路径的构想,是牟宗三"生命的学问"比较有特色的地方,由此亦奠定其在 20 世纪中国伦理思想史上的显著地位。但是,在与马克思主义伦理思潮、自由主义伦理思潮的交流交锋中,牟宗三的"生命的学问"亦遭到理论和实践两个方面的批判。从诠释辩护和反思推进的角度,"鹅湖学派"对牟宗三"生命的学问"有所继承。在民主、科学得到极大进步的现时代,牟宗三的"生命的学问"对人们安身立命仍有很深刻的启示。我们认为,只有在与其他思想思潮的交流中,在道德—经济—政治的联动中,牟宗三的"生命的学问"才能更好呼应时代的变化与需求,打开进一步发展的空间。

## 第一节 20 世纪中国伦理思潮中的"生命的学问"

马克思主义伦理思潮、自由主义伦理思潮、保守主义伦理思潮是 20 世纪中国社会的三大伦理思潮。它们在互相交流与激荡中,共同为纾解近代中国人的生命困境而努力。通过对传统伦理文化的继承和转化,牟宗三既高扬了"道德理想主义"的大旗,又为实现民族文化生命、个体生命的现代化提供了一个路子。相比较而言,牟宗三的"生命的学问"特色显著,在 20 世纪中国伦理思想史上有其独特的地位。

## 一、20世纪中国三大伦理思潮的交流与激荡

鸦片战争后,外国侵略者入侵中国的野心尽现,步伐加快,中国一步步沦为半殖民地半封建社会,与列强坚船利炮相伴而来的,还有外国资本的大量入侵和中国自然经济的逐步解体,中国正经历"三千年未有之大变局"。甲午海战后帝国主义掀起的瓜分中国的狂潮以及辛亥革命后权力真空带来的军阀混战,使这种变局益发激烈。对中国人个体生命体验而言,这种"大变局"所带来的后果有二:一是自然生命的无依恃,一是道德生命的无主持。列强对中国的大肆掠夺以及统治阶级无止境的剥削使得中国人穷困潦倒、无依无靠,接连不断的战争又使得中国人经常处于朝不保夕的惊恐之中。仅在人口问题上,我们便可以对20世纪上半叶中国人饥寒困苦、多病早亡、颠沛流离的生命场景作一概览。有学者研究表明:1912—1949年的36年间,中国人口年平均增长率仅为3.3‰,人口数量长期停滞不前;并且,人口质量也十分低劣,民众生活条件差、疾病多、平均寿命低,被外国人贬称"东亚病夫";再者,因为求生存,人口迁徙频仍,人口向土地肥沃的东北、工业较为发达的东南和作为抗战大后方的西南等地流动的规模较大;毋庸置疑,以上人口特征与其时社会战乱频繁、灾害频现、赋税频征等状况有极为密切的关系①。试想,在炮火连天、灾害不断、生产落后、压迫重重的社会,人们能很好地安身其中么?生命如浮萍,随时都有可能被雨打风吹去。

除了自然生命的脆弱外,20世纪的上半叶,中国人的道德生命也混乱不堪:"羲皇上人"的美梦被打破,孔孟之道的圣教被怀疑,建立在宗法血缘关系上的温情脉脉的道德观念被列强带来的工业文明、商品经济的浪潮冲毁,体制、规范、观念、风习、信仰、道路等祖宗遗留下来的能为我们生命做主的价值体系自身也是泥菩萨难保,与此同时,一些过惯了好日子的"赵老太爷"们怀念逝去的时光,不断掀起尊孔读经、宣扬复辟的浪潮,一些自以为得时代风气之先的"假洋鬼子"们不断吹鼓欧风美雨的温暖和畅。总之,在这样的时代中,我们像阿Q样感觉"所有的抱负,志向,希

---

① 忻平. 民国人口特征论[J]. 江汉论坛, 1991 (3).

望,前程,全被一笔勾销了"。这样的道德状况让我们的生命有一种"何处是归程"的无根感、渺茫感、焦虑感。

个体生命的重重苦难与四无傍依使得中国人呼唤国家的强大,正如郁达夫的小说中所写的:"祖国呀祖国,你快富起来,强起来吧!你还有许多儿女在那里受苦呢!"中国人深知,只有摆脱亡国、亡种、亡教的危险,才能摆脱个体生命的苦难。于是,救亡与启蒙成为中国现代思想的双重变奏。20世纪,中国的三大伦理思潮,无论是马克思主义伦理思潮、自由主义伦理思潮还是保守主义伦理思潮,在其产生和发展过程中,都对民族危机以及伦理危机表示了集中的、共同的关注。这种集中的、共同的关注使得三大伦理思潮具有明显的相关性,具体表现在:第一,就动机看,三大思潮都有强烈的民族意识,都是出于救亡图存、振兴民族的考虑,都希望中华民族不再受苦受难而能自立于世界民族之林;第二,就途径看,它们将富国强民与国民的素质尤其是国民的道德素质联系在一起,都对中国社会的道德危机表示强烈的关注,都赞成道德革命和伦理启蒙的口号,都希望加强道德建设;第三,就结果看,它们都不反对且都希望中国走出中世纪、迈向现代化,并建设起与现代化相适应的中华伦理文化,李大钊所谓的"新造民族之生命,挽回民族之青春"可以说是三者的共同目标。

可以说,三大伦理思潮面临着相同的历史处境和时代问题,但是,在各自选择的救亡与启蒙的具体道路上,三大伦理思潮分歧明显。以毛泽东为代表的马克思主义者号召人民同心同德用革命的手段挽救民族的危机,力倡古为今用、洋为中用,建设民族的、科学的、大众的新型伦理文化。以胡适为代表的自由主义者通过宣扬个人主义和个性解放来谋求中国的独立和解放,认为争个人的自由便是争国家的自由,而束缚个人自由的便是以贞节牌坊、封建家庭、廷杖板子等为特色的中国传统文化,因而需要全盘否定这种"造就奴才"的文化然后再死心塌地接受西方文化。以梁漱溟为代表的保守主义者认为一个民族的伦理文化是这个民族存在的内在基础,欲拯救民族危亡,一定要复兴民族伦理文化,再说,以意欲向前为主要标志的西洋伦理文化已呈现气息奄奄之态势,不可寄予厚望。三种伦理思潮其实是三种纾解生命苦难的考量:在自由主义者看来,只有在一个自由权利得到保障、自由意识得到倡导的社会,才能谈得上个体生命之存在、发展、创造;在保守主义者看来,只有在一个人人向善的社会,大家才不会为逐利而斗智斗力,这样,不仅鳏寡孤独皆有照应,人们还能见贤思齐;在马克思主义者看来,只有在宗法社会、封建制度及帝国主义都被颠覆之后,物质改造与精神改造才有保障。历史表明马克思主义才能真正纾解中华民族及中国人的生命苦难。

因为道路选择的不同,三大伦理思潮经常爆发论战,如五四前后延续十余年的东西文化论战、20 年代的科玄论战、30 年代的中西文化论战、40 年代的马克思主义者与作为保守主义的新儒家之间的论战,50 年代以后,在中国大陆,占支配地位的马克思主义对自由主义和新儒家的批判,在港台等地,自由主义者和现代新儒家在不断地互相批判的同时,又一起攻击中国大陆的马克思主义。从这些论战中,我们可以看出 20 世纪中国三大伦理思潮的各自特点及某些问题①。一般来看,自由主义提倡科学、追求民主、好尚自由、倾向进步,但与传统脱节使其易陷入民族历史文化的虚无之中,再者,工具主义的倾向使得中国自由主义思潮强烈的功利性的目标遮蔽了人道主义的诉求,最终流于浅薄、放任、耗散。保守主义坚守民族立场、高扬人文精神、强调道德本位,但在注重文化的民族性、继承性的同时又相对忽略了文化的时代性、批判性,其自以为是的喃喃自语有时候很难对剧烈变动的社会现实产生影响。马克思主义重视经济基础、暴力革命、意识形态,但其中国化的过程并非一帆风顺,尤其是"左倾",给中国的革命、建设事业带来了一些挫折和危害。站在各自的思想立场,自由主义常常批评保守主义对中国传统文化过分推崇,保守主义又经常批评自由主义对西方文化盲目崇拜。马克思主义既反对全盘西化的虚无,又反对死守传统的保守,因而它有时候与自由主义联合起来反对保守主义,有时候与保守主义联合起来反对自由主义,它认为精神的改造也好,物质的改造也好,应与无产阶级革命并举,而其重视阶级斗争的观点又经常遭到自由主义与保守主义的误解和反对。

---

① 在论战中,马克思主义者不仅宣扬了自身正确的主张,同时也认真倾听了来自自由主义者、保守主义者的善意批评,越来越注重将马克思主义同中国具体实际相结合、同中华优秀传统文化相结合,不断推进马克思主义中国化的历史进程,不断以新的理论成果引领推动中国社会的发展繁荣。

三大伦理思潮的交流与激荡有助于启发我们去思考"生命的学问"。马克思主义启发我们重视经济基础。我们认为，解决好吃、喝、住、穿问题，生命存在才有牢靠的前提条件，任何离开经济利益的道德只会使自己出丑，"饿死事小，失节事大"之类的说教是赤裸裸地扼杀生命。自由主义者启发我们重视自由、民主。我们认为，人是社会性的存在，会互相帮助同时也会互相伤害，没有自由、民主，互相帮助无法实现，互相伤害不可避免，互相帮助的最小化使得我们获得基本的物质财富变得困难，互相伤害的最大化又使得我们包括经济利益在内的各种利益得不到保障，这都会严重威胁到我们的生存。保守主义启发我们关注道德。我们认为，人是精神的动物，他不满足于像动物那样仅求温饱，他还想不断创造、走向大全，这就需要道德理想的支撑和牵引，同时，只有道德才能帮助我们抬起死死盯住财富和权利的眼睛，最终也才能守护得住我们所创造的财富与所争取的权利，正如殷海光所认识到的："自由主义世界并不缺乏经济力和器用力，但在道德上总是打不起精神的样子。自由世界的道德力之萎缩，抵消了它在经济上和器用上的优势。这是自由世界的弱点之基本所在。"① 当然，历史最终选择了马克思主义。中华民族不仅站起来、富起来、强起来了，民主建设、道德建设等各项事业也得到了根本发展和长远进步。

## 二、牟宗三"生命的学问"在 20 世纪中国伦理思想史上的地位

牟宗三以学术为志业，著作等身，学思经历几乎贯穿整个二十世纪。临终前，他说他一辈子"只写了一些书，却是有成，古今无两。"蔡仁厚认为其师的"古今无两"如理如实并详述其师学术贡献如下：（1）通盘表述儒佛道三教之义理系统；（2）贯彻顾、黄、王等晚明诸儒之遗志而开事功之新途径；（3）以一人之力，全译康德三大批判并作整体消化；（4）持续疏导中西哲学会通之道路并达到前所未有之精透；（5）深入发掘中国哲学所涵蕴之问题，使中国哲学得以真正进入世界哲学之林；（6）从大学尚未

---

① 蔡振丰．台湾新儒学与自由主义：以台湾认同论述为主的讨论［J］．华东师范大学学报（哲学社会科学版），2010（6）．

毕业到八十五岁高龄,正式著述之岁月逾一甲子①。刘述先亦从圣学的阐明与学统的开拓等方面认可牟宗三的"古今无两"说,他认为牟宗三是把中国哲学由主观体验转变成客观学问的关键性的人物,在中国哲学的研究中可超过而不可绕过。

系统地评价牟宗三学术成就和人格风范这样的大问题是本书力所不逮的。仅从牟宗三的"生命的学问"看,我们认为,在20世纪的中国思想史上,牟宗三应占有一极其重要的地位:他在思想上为中国人之生命"置了跟""补了空",并将这两者紧密联系在了一起。

首先,牟宗三抓住了生命问题的根本并把这一根本推至"道德的形上学"之层次,这一上推,有力地彰显了中国哲学的特质,有效地对治了时代的弊病。在中国哲学,人禽之辨是一个至为重要的问题,因为,于此问题中,我们会明白人之为人的根本——对道德的追求。从植物学的角度看,根是植物的营养器官,负责吸收土壤里面的水分及溶解其中的无机盐,具有支持植物生长的作用。人上通神圣下近禽兽,他难满足、不稳定、爱折腾、易堕落,这就需要有一个如同植物之根一样的能贞定他、营养他、激发他的根,假如没有这样的根,生命就会疲软、枯萎。20世纪的人,无论是战火纷飞年代的逐力还是商品浪潮中的逐利,皆有抛却根本的危险。以自己的生命体验为基础,像克尔凯郭尔一样,牟宗三给我们展示了人之为人的艰难以及人对道德的热烈呼唤。牟宗三对道德的呼唤受到了熊十力的接引。以熊十力为代表的第一代新儒家,面对其时道德混乱、堕落的社会现实,所做的主要工作就是重新立人极、树根本。这是熊十力启发牟宗三的"生命的学问"的大方向。牟宗三顺此方向勇猛精进并建构了自己的生命学问体系,在高扬生命的根本上,他做了以下几个方面的工作:

第一,通过中西哲学的比较研究,牟宗三指出重主体性、道德性是中国哲学的特质,因而,中国哲学是"生命的学问",只有这样的学问才能挠到生命的痛痒,否则,于生命仍旧是隔开一层。第二,通过对儒释道三教义理的系统阐释,牟宗三认为中国哲学承认人皆有"智的直觉",而"智的直觉"即存有又活动,涵盖乾坤、沟通天人,能让我们走向成圣成佛成仙

---

① 蔡仁厚. 牟宗三先生学思年谱[M]. 台北:联经出版社,2003:92-93.

的生命极致，走向德福一致的生命圆善。第三，与自由主义伦理等思潮进行论战，认为全盘西化的自由主义者不珍视自身悠久的历史文化传统，"抛却自家无尽藏"，是"浅薄的理智主义"。第四，对20世纪这一"不鼓励人"的时代各种人性堕落现象进行深入的揭示和批判，高举"道德的理想主义"的大旗，叮嘱人们不要忘记道德，不要忘记价值追寻，警醒人们时刻思考学风何以如此、人性何以如此、家国何以如此的问题。

前面两点，牟宗三告诉我们"生命的学问"是什么，后面两点，牟宗三告诉我们"生命的学问"不是什么，是与不是的唯一判定依据，即在于是否坚守了道德，是否明白，生命乃至世界的存有和活动，一刻也离不开道德。因为在兹念兹、心无旁骛，也因为享寿较长、著述丰富，还因为会讲授徒、开枝散叶，可以说，在20世纪的中国伦理思想史上，牟宗三是将道德讲得最为浓墨重彩、光芒四射的一位。杨泽波教授认为，牟宗三著作之所以能打动人心，就是他重言道德。他坦言自己潜心研究牟宗三的心路历程："在接触现代新儒家著作的过程中，一开始我并没有特别的偏好，各门各家都读，但读来读去，最让我心仪的还是牟宗三。为什么会这样？想来想去，有一原因是跑不了的，这就是读牟宗三的著作可以有一种心灵的感动，生命的沟通，精神的超升，一句话，牟宗三的书里面有一个道德的真人。如果有人问我，你研究牟宗三最大的体会是什么？我会毫不犹豫地说，是牟宗三让我懂得了道德的理想主义，懂得了道德对于一个健全人格之不可或缺，懂得了无论在任何情况下都必须坚守道德的重要性，这些是其他学派的思想家很难明白告诉我的。"① 这是对牟宗三思想的一种很深刻的把握。

生命的意义问题是吸引人的大问题，在这个问题上，20世纪的中国人感到巨大的迷失。张灏认为，这种迷失表现在以下三个层次：第一是道德上的迷失，当五四的狂热者要求否定一切传统道德规范时，这种迷失状态到了极致；第二，紧随着"道德迷失"的是"存在迷失"，当人之道德与信仰出现危机时，存在的悲观意识便会泛起；第三是"形上的迷失"，使外在

---

① 杨泽波. 从"十力学派"的视角看牟宗三儒学思想的贡献 [J]. 社会科学研究, 2015 (2).

世界更加合理的科学的输入冲击了知识分子在传统中广涵一切的世界观，而后者又确是人所需要的。张灏说："位于现代中国之'意义危机'的底部，是此三种迷失的融合。惟有从这个背景才能把握到：新儒家学者在许多方面将自己关联于传统。他们的思想大多可视为'意义的追求'，企图去克服精神迷失，而精神迷失正是中国知识分子之中许多敏锐灵魂所感受到的问题。"① 牟宗三的"生命的学问"的价值就是集中全力去对治中国人所面临的"意义危机"问题。

在牟宗三看来，道德是人之存在的依据，但人之存在，不能仅有道德，他还需生存与发展，因而，真正的"生命的学问"也要很好地处理政治、经济等方面的问题，按照中国哲学的习惯说法，即要成就外王方面的事功。中国近代史表明，事功不出，民族生命与个体生命皆无保障。20 世纪，中国人的生命状况的真相是"挂空"与"失根"，重视道德就"置了根"，开出事功才算"补了空"。通过复活儒学的真精神，保守主义伦理思潮弘扬了儒学的现代价值及意义，同时，他们亦敏锐地看到了儒学的不足，他们并不讳言不足，他们都在儒学如何开出事功、如何走向现代化的问题上有所思考。有学者认为，在这个问题上，思考得最为精深、最成系统的还是要数牟宗三。熊十力、梁漱溟、张君劢等人，要么西学素养相对不够，要么忙于实际的政治事务，在儒学如何现代化的问题上，仅做些开拓性的工作②。唐君毅意识到了儒学现代化的问题并自觉地承担起解决这一问题的使命，提出了"依本成末""化圆于方""由圆纳方"等重建中国文化的重要命题，但论述稍欠精微——唐君毅思想体系成熟较早，自确立"道德自我"这一中心观念后，他注重思想文化的横向扩张而相对忽略了思想本身的纵

---

① 张灏. 幽暗意识与民主传统 [M]. 北京：新星出版社, 2006: 100.
② 李翔海教授认为, 以熊十力为代表的第一代新儒家在强调"重立大本"的同时也强调"重开大用", 但就义理规模而言, 第一代新儒家"重开大用"是慎微而有限的, 这主要是因为："首先, 身处于一个人人皆曰'奴儒误国'的时代, 第一代新儒家很难对于以儒学开创全面的外王事功抱持满怀信心的乐观态度。其次, 更为重要的原因还在于, 身处现代新儒学的开创期, 第一代新儒家的首要任务, 就是必须将儒学从已逝的专制体制中游离出来, 把儒学中所包含的价值内涵与以往的社会政治形态区分开来, 以赋予儒家学说不为特定的历史时期和社会政治形态所限定的普遍意义与恒常价值。"(李翔海. 从"内圣外王"到"批判精神"——略论第三代新儒家的新动向 [J]. 河北大学学报（哲学社会科学版）, 1994 (3).)

向超越,生命的后十年,他的精力几乎全部耗在新亚书院上,并且,与牟宗三同龄的他又先于牟宗三十七年离世,而这十七年,恰又是牟宗三思想阐发的"兴奋期"。

与上述诸位相比,牟宗三有更为充沛的学养、时间、精力放到儒家传统形态如何向现代形态过渡这样的问题上。在疏通儒释道义理系统、揭示中国哲学的特质、表明中国哲学是"生命的学问"之后,牟宗三做了第二步的工作,即面对中国文化"有道统而无学统""有治道而无政道"的现实,将西方文化拉进来,与中国文化层层对照,以见中西文化的长处与短处,然后以彼之长补己之短。牟宗三分别用"综合的尽理之精神"与"分解的尽理之精神"、"理性之运用表现"与"理性之架构表现"、"理性之内容表现"与"理性之外延表现"、"社会世界实体性律则"与"政治世界规约性律则"等四组概念来考察中西文化,通过"良知自我坎陷说",将中西文化之长融合了起来,肯定了道统、学统、政统之并建,从而显明了一条中国文化的现代化之路。

倘若说,与自由主义伦理等思潮相比,对道德理想及自身道德文化传统的重视和坚守,是牟宗三"生命的学问"的一大特色和一大贡献的话,那么,与同属保守主义伦理思潮阵营的熊十力、梁漱溟、张君劢、唐君毅等人相比,在如何开出事功这一问题上更显圆熟、更具概括的思考,也应该成为牟宗三"生命的学问"的一大特色和一大贡献。

牟宗三一方面高扬心性之学,另一方面尝试开出智识之学,现在,如何使这两者统合起来以成就生命的圆善呢?这就到了牟宗三构建"生命的学问"所做的第三步的工作。在康德"物自体"与"现象"二分的哲学骨架上,牟宗三力证人有"智的直觉",此"智的直觉"能摄本体与现象为一,并且,在此"智的直觉"中,物随心转,而仁心涌动又使人进入一种乐境,生命由此走向幸福与至善。牟宗三的这一步工作几乎涵盖了蔡仁厚所谓的其师六大贡献的后四大贡献,即全译康德、会通中西、提进中学、笔耕不辍。

颜炳罡指出:"20世纪中国文化正处于由传统走向现代的转型时期,牟宗三对这种转型探讨无疑具有重要的理论意义。他把中国文化'为何'要现代化,如何现代化,现代化的中国文化'如何'三个层面的问题予以系统地展示。这种展示将中国文化走向现代化的探讨推向了新水平,它具有立足于儒家人文主义立场整合20世纪以来科学主义与人文主义冲突的意义。牟宗三以其对中国文化的创造重构，确立他在20世纪中国文化史上的重要地位。"① 我们认为，这段话是对牟宗三"生命的学问"在20世纪中国伦理思潮中的地位的最好概括。

## 第二节 牟宗三"生命的学问"之批判

牟宗三"生命的学问"有其精彩的地方，当然亦有其不足的地方。一些学者从反思道德的形上学、坎陷、圆善等核心概念的角度，批评牟宗三"生命的学问"存在理论成熟及论证逻辑上的缺陷。另外一些学者则认为，牟宗三"生命的学问"主要是对传统道德文化的一种美化，理想浪漫有余而现实观照不足，不仅要讲"道德的理想主义"，亦要讲"道德的现实主义"。

### 一、牟宗三"生命的学问"自身的理论问题

经过证苦、证悲、证觉，牟宗三建构了"生命的学问"。牟宗三所证之"苦"乃是人之精神、肉体的不得安顿，牟宗三所证之"悲"乃是对生命何有此苦的追问，牟宗三所证之"觉"乃是仁心大化流行、遍润万物下生命的元、亨、利、贞。整体来看，我们认为，牟宗三"生命的学问"建构经过了以下三个步骤：第一，讲明道德对生命的重要性，抓住生命的根本，安顿人之精神；第二，讲明事功对生命的重要性，抓住生命的关键，安顿人之肉体；第三，讲明内圣外王的合一，使得人之精神肉体和谐无间，生命走向圆善。在20世纪的中国伦理思想史上，牟宗三"生命的学问"问题意识强、理论概括性强，可谓是精巧完备。当然，这并不是说，它完美无缺、无有疏漏。抛开那些细小的问题不说，单就牟宗三建构生命学问的三个步骤上看，我们认为道德的形上学、坎陷、圆善等三大核心概念及其理

---

① 颜炳罡. 牟宗三学术思想评传 [M]. 北京：北京图书馆出版社，1998：305-306.

论尚有许多地方值得再思考。

首先，牟宗三"先立其大"，抓住人之为人的根本——道德，通过对儒释道三教义理的梳理，认为重视道德是中国哲学的特质，在中国哲学的支撑和康德哲学的启发下，牟宗三将道德的重要性推至极致，得出"道德的形上学"的概念。简而言之，"道德的形上学"即是从道德的进路来打量世界的生成与变化，道德生天生地、大生广生，放眼望去，满世界皆是道德之生化。显而易见，为了凸显道德在生命中的根本性地位，牟宗三把道德当成了本体。

问题是，道德能否成为本体？按照一般的理解，所谓本体，乃是绝对无他、普遍显现、至高无上的。"但是道德心却不是绝对的，而是相对的，它有一个对待者，即是认知心。道德心是伦理学范畴，认知心是知识论范畴，它们都不足以充任本体，而是处于本体之下一个层次的分野。"但是，牟宗三把有对的道德心提升到无对的"形上学"的层面并名之曰"道德的形上学"，"此时，道德忽然变成了一个绝对的东西，它似乎不再与知识相对了。这是如何可能的呢？"①

如果以上的批评主要针对的是"形而上学"内蕴的绝对义，那么，接下来的批评主要针对的就是"形而上学"内蕴的普遍义。在《智的直觉与中国哲学》一中，牟宗三认为本心仁体显于人类但不限于人类，必涉及存在界而为其体。傅伟勋对此批评说："牟先生以儒家'道德的形上学'为既是主观（道德主体的自我体认）又是客观（超乎道德主体的天理或仁体），无异宣称其为唯我独尊而不可移的'绝对真理'，很有混淆'科学（客观性）真理'与'哲学（相互主体性）道理'而堕落到宗教信仰之嫌。"② 傅伟勋认为，牟宗三"道德的形上学"所导致的最大的问题就是主客观混淆不清的"泛道德主义"，一切出于道德、显于道德、归于道德，这是一种无有证明的唯我论、独断论。韦政通对儒家的"泛道德主义"亦有批评。他认为，在传统儒家那里，文学方面"文以载道"的思想、政治方面"德治

---

① 黄玉顺."伦理学的本体论"如何可能：牟宗三"道德的形上学"批判［J］.西南民族大学学报（人文社科版），2003（7）.

② 傅伟勋.从西方哲学到禅佛教［M］.北京：三联书店，1989：454.

主义"和"政治神话"的思想、经济方面"谋道不谋食"的思想,都是"泛道德主义"的表现。

在"形而上学"内蕴的至高无上义上,"道德的形上学"亦遭到不少批评。批评者认为,把道德抬到至高无上的地位,会带来严重的封闭性。事实上,通过"道德的形上学"的建构阐释,牟宗三醉心于儒家陆王一系哲学的高明与博大,相比之下,他认为释道是"太阴教",朱熹是"别子为宗",在现代中国大家里,胡适"浪费无成",冯友兰"经不住挑破",金岳霖是"外行",梁漱溟、马一浮、熊十力等皆在"客观的了解"上不够,至于说现代西方哲学则大多是未闻君子之道的"机巧哲学"①。当然,牟宗三的以上认识,不乏狂者的自信与可爱,但这样的视野自然也缺乏些开放与包容,因而傅伟勋认为,牟宗三仍自我封闭在"中体西用"这个传统格套里。

还有一个问题:在"后形而上学时代","形而上学"如何可能?我们知道,在历史上,构筑的形而上学的哲学大厦层出不穷,但最后都根基不牢、脆弱不堪,辉煌一时之后,就被送进了哲学史的展览馆。进入20世纪,兴起了一场"拒斥形而上学"的哲学运动。"自此以后,形而上学便不断遭遇来自外部和内部两股力量的批判:外部的批判以实证主义和语言哲学为代表,它们站在形而上学以外,认为形而上学命题不仅是不可论证的,而且根本就是无意义的……内部的批判以存在主义等非理性主义为代表,它们站在形而上学之内,颠覆了传统形而上学中居于主导地位的理性概念,代之以意志、情绪、直觉、虚无等非理性概念,从而变换了形而上学的内容。"② 在《偶然、反讽与团结》一书中,罗蒂论证了语言的偶然、自我的偶然、社会的偶然,以此来驳斥传统哲学对本质的坚守。在罗蒂看来,我们已经处于"后形而上学时代",处在这样的时代的伦理学,应该是"无根基的伦理学",对伦理学而言,"无根基"并不是什么坏事,相反,它还是一种希望,即让我们突破绝对,听到更多的声音,获得多元的参考和借鉴,

---

① 牟宗三. 牟宗三先生晚期文集 [M]. 台北:联经出版社,2003:422,424,432.
② 程志华. "道德的形而上学"与"后形而上学时代":牟宗三对传统形而上学困境的化解与超越 [J]. 哲学研究,2009 (11).

从封闭的"最好"走向不断发展的"更好"。

在形而上学不断受到质疑、批判的时代浪潮中，牟宗三构建"道德的形上学"体系就显得是"不合时宜的思考"。有学者在与傅伟勋交流的时候说："虽对于牟宗三的哲学成就表示钦佩，却仍觉得，牟宗三毫不考虑康德以后的西方形上学、解释学乃至批判理论等等的有力冲击，而只不过假借康德哲学，当做奠定新儒家'道德的形上学'的一块跳板，似对有志于继承新儒家衣钵的年青一代容易产生负面影响，误认以儒家'道德的形上学'这副有色眼镜去研究康德（或西方哲学），即是真正了解并超克康德（甚至西方哲学）的最佳捷径。"① 傅伟勋怀疑，因主要谈康德并以比较简易的方式吸收又扬弃了康德，牟宗三匆匆建立"道德的形上学"体系，是否经得起现代哲学的严格检验？

其次，我们要说"坎陷论"的理论问题。关于对牟宗三"坎陷论"的批评，杨泽波归结为如下九点：内圣实非可能论、内圣外王俱失论、无法直接开出论、反泛道德主义论、内圣取代外王论、良知不可坎陷论、坎陷须行两步论、坎陷或非必要论、实践理性优越论②。我们把上述较为复杂的九种批评意见大致归纳为以下三点：（1）从坎陷前来看，是否考虑过良知自身的问题，是否考虑过内圣与外王有无逻辑上的关联性的问题？从良知坎陷开出民主、科学，这就好比我们乘车从甲地到乙地，出发前，我们当然要考虑盘缠充足的问题，要考虑欲乘之车的目的地是否是乙地的问题。千百年来，中国的学术思想界对内圣之学缺乏必要的深度的反思，直到熊十力和冯友兰这里，还在为良知是呈现还是设准争论不休，有学者认为，所谓内圣之学只不过是历代儒生构想的精神乌托邦，在这样本身尚不牢靠的基础上开出民主、科学，难免成为无稽之谈。再者，假如内圣与外王本没有逻辑上的关联性，说内圣开外王，岂不是说牛产马崽？内圣属于价值问题，而外王属于存有问题，两者不同类属，风马牛不相及，怎能保证它必然由甲到乙呢？（2）从坎陷中来看，良知有陷溺于物欲之中的危险。人心惟危，对待良知，人只有不断地去提起，倘若让它"跌宕""下落"

---

① 傅伟勋. 从西方哲学到禅佛教 [M]. 北京：三联书店, 1989：489.
② 杨泽波. 坎陷开出民主不同理解九种 [J]. 天府新论, 2014 (1).

"屈降",一个可能的危险就是收拾不住,这样,私欲就会膨胀,社会就会混乱,现代化所带来的精神困顿其实就是良知陷溺在物欲之中而不能振拔的后果。我们经常说"拿得起,放得下",今天,很多人将良知放下而未拿起——放其心而不知求,因为良知的不在场,毒奶粉、毒馒头、毒牛肉等现象才接连出现,整个社会为此付出了惨重的道德代价。(3) 从坎陷后果看,预期效果不佳。良知坎陷后,我们并未在现实的生活中感受到由道德跃出的民主、科学的进步,相反,一旦外王诸事的发展出现阻碍或问题,我们还回过头来说内圣的不是,指责它管得宽泛,阻碍了民主、科学的进步——有如不争气、不努力的孩子埋怨年迈的双亲拖累了他的发展一样,这时候,就会出现内圣不成、外王不就、内外俱失的尴尬后果。因此之故,还不如让内圣外王分家,两者好自为之、各奔前程。这样看来,费力不讨好的坎陷倒是多此一举。

当然,以上的批评有合理的地方,也有力度不够的地方。比如担忧因为坎陷,良知陷溺于物欲之中而不能自拔,这有望文生义之嫌,没有很好地把握牟宗三坎陷的应有内涵。在牟宗三那里,坎陷是为了将一味地向内向上的道德心暂时转为向外向下而对外物作客观的理解,这怎么能说是堕落为物化呢?牟宗三对道德的强调反对的就是生命的物化。再者,对那些动不动就拿民主、科学未能在现实中立即开出来以质疑坎陷的人,牟宗三也毫不客气地进行反击。他说自己并不是如来佛,说能就能、说有就有、说开就开,民主政治要靠自己努力争取,不是祖宗或哪个哲学家设计好了,我们拿现成的享受,要求现成的纯属无理取闹,是懒汉思想,既不科学也不民主。

之所以对"坎陷论"有批评或误解,乃是牟宗三在论证的时候确实有做得不够的地方,对民主、科学本身的发展,他谈得不多。"他只看到发展民主必须'让开一步'、'下降凝聚',由仁的系统,变为智的系统,而没有将精力更多地放在经济的层面,解说并不到位。牟宗三这一整套说法很容易给人一个误解,好像只要发展道德之下的智识层而,就足以完成开出民主的任务了。仅就这个问题而言,牟宗三仍然只是一个观念论者,其相关的论述很难说是深刻的。也正因为如此,尽管他反复讲坎陷,但坎陷如何开出民主的问题,不仅学界能够真正了解者甚少,而且在现实层面上也很难真正落实。"①

批评牟宗三的第三个焦点就是他的"圆善论"。生命的极致当然是德福一致，牟宗三将生命的这种状态称为"圆善"，他认为康德提出了德福一致的问题而没有解决之，而他借助中国哲学资源将这个问题彻底解决了，因而有进于康德。在牟宗三看来，仁心创生而遍润一切，故一切存在必然地随心而转，这样，德即存在，存在即德，德与福通过"诡谲的即"便浑是一事。牟宗三一再强调"一切存在之状态随心转，事事如意而无所谓不如意，这便是福"②。这个强调有一定的道理。人毕竟是精神的动物，在看万事万物时，他会赋予其意义，所谓山含情、水含笑，"我看青山多妩媚"。除了对万物赋予正向价值外，我们还能对万物之上的那些负面价值进行"转正"，在这个过程中，我们也有满足的感觉。在生活中，一些人认为"吃苦"是美德，"吃亏是福"，哪怕吃再多的苦、受再多的累、遭再多的难，只要他认为"值"，他就会释然苦难、甘愿如此并且还幸福满满。生当如此、追求极乐、苦不觉苦、反是大福，这不是德福一致又是什么呢？颜回的箪食瓢饮就是这样的例子。杨泽波也认为"照我的理解，孔颜乐处与牟宗三所着力彰显的诡谲的即的基本精神正相符合"③。

问题是，孔颜乐处有多少人能追寻得到呢？一般来说，生命的苦难所引发的切肤之痛，绝大多数人是难以忘怀的，更遑论转化成快乐，除非像阳明先生那样，九死一生、幡然彻悟，所谓"不经一番寒彻骨，怎得梅花扑鼻香"。要有这样的体悟，那得把苦难进行到底，在对生命之绝望之中窥见生命的那一丝生机，如奥古斯丁所听到的花园里的声音，如克尔凯郭尔所听到的神的声音，如牟宗三自己所听到的隔壁的梵音，此所谓"置之死地而后生"。而要有置之死地的勇气，那又得能明了自己勇于赴死的原因和意义，即明白苦其心志、劳其筋骨、饿其体肤、空乏其身的原因是"天将降大任于斯人也"。很明显，这样的承受与体悟是一般人所不能接受的，对颜回的箪食瓢饮，大部分人是"不堪其忧"。

---

① 杨泽波. 坎陷与民主：牟宗三"坎陷开出民主论"的启迪、补充与前瞻 [J]. 中国哲学史, 2012 (2).
② 牟宗三. 圆善论 [M]. 长春：吉林出版集团, 2015：249.
③ 杨泽波. 诡谲的即与孔颜乐处 [J]. 中山大学学报（社会科学版）, 2010 (2).

对德福一致，我们不能仅仅是"站得高"（正面心态），也不能仅仅是"想得开"（化苦为乐），还要"摸得着"——考虑到实实在在的物质上的满足与幸福。在牟宗三那里，更多的只有"德"而没有"福"。"我们顺着牟宗三的思路，承认通过道德之心创生存有，在存有论的视野下出现'物随心转'、'物边顺心'的情况，由此将成德过程中的苦和罪转化为一种幸福，但这种幸福只是一种精神上的满足，是一种道德幸福，怎么能够断定由此便可以解决康德意义的圆善问题呢？"① 很明显，在"物随心转"的方式下，牟宗三得到的只是道德幸福而不是康德所强调的物质幸福，两者属于不同的领域，即便在心上，牟宗三能把它们想到一起，在实际上，他也无法把他们谐和起来。建立了"道德的形上学"体系的他自己，在临终的时候，还不是说"不能买一安身地"么？

读《圆善论》，我们有一种先喜后惑的起伏的情感体验，我们认为，这与牟宗三解决德福一致问题思路的精彩与缺陷不无关系。前五章，牟宗三提到了康德的德福一致问题及这个问题在中国哲学中的体现，我们感觉到这个问题的重要性和普遍性，为之激动，并且，我们对解决德福一致充满了期待。后面部分，从佛道儒三家的角度，牟宗三提出了在"圆教"视域下如何彻底地解决"圆善"的问题，答案是"物随心转"，读至此处，我们就有一种"唯心的！太唯心的！"失落感。即便这样，读《圆善论》后半部分，我们仍有许多的收获，那就是，牟宗三为解决德福关系提供了一种新的思路，对我们而言，这也是启发。

当然，对牟宗三的批评还有很多。比如，我们可以批评他对儒佛道三家义理的诠释有问题，也可以批评他对康德的解读有问题，还可以批评他早期的逻辑学研究、晚期的美学研究有问题。当然，从专业上讲、从细节上讲，我们的批评或许有对的地方，但是，我们也应该把握一点，与熊十力一样，牟宗三不太在细节上谈问题，他谈的是"生命的学问"，与"生命"不相干的那些所谓的"真理"，他是不太会关注的。因而，倘若我们在某一个逻辑问题上、某一个解释问题上、某一个翻译问题上去批评牟宗三，

---

① 杨泽波．贡献与终结：牟宗三儒学思想研究：第四卷［M］．上海：上海人民出版社，2014：141．

这不是不可以，但我们也很容易被他教训：浅薄的理智主义。换句话说，我们最好不要在 2 + 2 是否等于了 4 这样的问题上批评牟宗三，尽管我们把这个问题的道理讲得很清楚、很明白，在牟宗三看来，我们还是"理大而心小"，还是很浅薄。

## 二、牟宗三"生命的学问"遭遇现实的问题

除了理论上的问题，人们对包括牟宗三在内的新儒家思想最大的观感就是理想性有余而现实性不足。李泽厚就如此评说牟宗三的老师熊十力的哲学："熊谈纯粹哲学，并未涉及政治，其哲学始终处在中国革命洪流之外，也自然地为这一洪流所彻底掩盖。熊所著书及其哲学在中国社会及思想界影响极小……它毕竟晚产了，已与时代进程脱节。"① 与其师相比，牟宗三更加注意中国文化现代化的问题并且写了"外王三书"，但因其念念不忘其师昭示的生命之"慧命"的方向，最终还是一头扎进了"道德的理想主义"之中。在其自述中，熊十力多次表示对现实的失望，牟宗三也说"这是一个不鼓励人且让人泄气的时代"，我们猜测，或许以上心态才使得熊、牟等人"躲进小楼成一统"，为生命立体寻极。

对新儒家现实性不足的批评还是轻的。有些人认为，新儒家的保守态度成为中国现代化的莫大阻碍。姜义华说："中国的'保守主义'不是太弱，而是太强了，这也正是百年变革不断受阻的真正原因。"② 李泽厚同样持这样一种态度来评价新儒家的另一位代表人物梁漱溟。他认为，20 世纪，中国面临着由前现代走向现代化的任务，而以梁漱溟为代表的新儒家"不满意资本主义、尖锐揭示西方现代化社会的病痛，要求以中国传统来补救的理论，在客观历史上却恰恰成了阻碍中国前进的绊脚石……这也就是为什么梁漱溟七十余年一直为西化派、为马列主义者所批判所冷淡，在几代青年中并无影响的根本原因"③。

对牟宗三的学问，傅伟勋给予了极高的评价，认为牟宗三是 20 世纪中

---

① 李泽厚. 中国现代思想史论 [M]. 天津：天津社会科学院出版社，2003：275.
② 姜义华，陈炎. 激进与保守：一段尚未完结的对话 [J]. 开放时代，1997 (2).
③ 李泽厚. 中国现代思想史论 [M]. 天津：天津社会科学院出版社，2003：287.

国"最有哲学思辨功夫而显扬儒家思想成就最高的"哲学家,并且认为"中国哲学的未来发展课题也就关涉到如何消化牟宗三的论著,如何超越牟宗三理路的艰巨任务"①。当然,在消化牟宗三哲学的同时,傅伟勋也看到了牟宗三哲学的不足。他认为,以牟宗三为代表的新儒家"急于打开一条合乎时代需求的儒家外王之道,但是对于传统的美化绰绰有余,经由严格的自我批评谋求传统与现代化之间的一种创造性的综合却大大不足"②。在傅伟勋看来,牟宗三的学问仍旧有着较大的理想性,在遭遇现实的过程中,"道德的理想主义"屡屡触礁。

  牟宗三"生命的学问"的骨架是"一心开二门"。他认为,人之生命,当有"真如门"一层,也有"生灭门"一层,这类似于康德所谓的"物自体"与"现象"的二分,但遗憾的是,康德并未能将此两者统合起来,中国哲学所认为的"智的直觉"能统合这两者从而保证生命走向"圆善"。牟宗三一方面评价康德哲学为西方哲学的巅峰,一方面又揭露康德哲学的局限以显扬中国哲学之"体"。他认为自己在康德的基础上转进一层,自己做的融合康德尚且做不到。傅伟勋认为,牟宗三"在未经新儒家本身的一番自我检讨而发现某些(包括伦理道德在内的)严重的自我缺陷之前,及在没有好好学习康德之前之后的西方哲学各家各派足以挑激中国哲学的种种长处优点之前,即以太过简易的处理方式一下子就扬弃了康德一家,而匆匆建立道德的理想主义优位立场,是否经得起比较哲学与后设哲学的严格考验呢?是否顾及问题设定上的齐全性,问题解决上的无瑕性,证立程序上的严密性,以及足以诉诸东西方共识共认(而非自我满足)的道理强制性呢?"③ 在傅伟勋看来,牟宗三陶醉于"道德的理想主义"而相对忽略了"道德的现实主义",他的"简易心态"及"自我封锁性"使他在处理问题时没有顾及问题的"整全性",比如,对负面人性的考察。为了弥补牟宗三的不足,傅伟勋认为,应该站在"整全(顾及全面)的多层远近观"上"一心开多门":如张载、程朱所谓的"气质之性"门,告子或科学的自然

---

① 李聪.傅伟勋哲学思想研究[M].长春:吉林人民出版社,2011:81.
② 傅伟勋.批判的继承与创造的发展[M].台北:台北东大图书公司,1986:5.
③ 傅伟勋.从西方哲学到禅佛教[M].北京:三联书店,1989:489.

主义者所谓的"生之谓性"门，佛教"无明"或耶教"原罪"所指的"心性沉没"门等，以便说明政治现实面乃至人生黑暗面等低层或负面的生命现象。

为了从本然、实然、应然的层面将生命全都展现出来，傅伟勋提出了"生命的十大层面及其价值取向"的模型：（1）身体活动层面；（2）心理活动层面；（3）政治社会层面；（4）历史文化层面；（5）知性探求层面；（6）美感经验层面；（7）人伦道德层面；（8）实存主体层面；（9）生死解脱层面；（10）终极存在层面。（1）与（2）合成最低限度的人的生命的存在，（3）到（7）等五大层面是人对生命的"意义探求"，（9）到（10）则是对生命的终极关怀①。傅伟勋强调，以上并不是唯一正确的划分，只是尽可能地考虑生命的整全性。有学者认为，傅伟勋的划分考虑到了生命最低要求和最高追求、向内向上与向外向下、个体性与社会性、正面与负面等，因而具有"辩证性、开放性、和多元性的整全意义"②。

以十大层面为例，傅伟勋提出了"足以决定一个文化传统健全与否"的三个基本条件：第一，生命十大层面的均衡性；第二，生命十大层面的关联性与互补性；第三，生命十大层面之间的主从性。按照这样的标准来看，牟宗三的"生命的学问"坚持"德性的优先性"立场，未能很好地处理人之德性生命与自然生命、道德与知识的均衡性、关联性、互补性。

傅伟勋很赞成牟宗三对人之德性生命重视的立场，也很欣赏他的"生命的学问"的提法，还认同牟宗三所谓的重道德性、主体性的中国哲学是"生命的学问"的观点，但是，傅伟勋认为，对人之生命的整全而言，这还不够，除"生命的学问"外，我们还需要"学问的生命"。借佛法与佛学的关系，傅伟勋认为，"生命的学问"是"真实生命的源头"而"学问的生命"是"真实生命随着时代进步与社会变迁而不断落实开展所不可或缺的学问血脉"③。借中国哲学与西方哲学的关系，傅伟勋认为，"生命的学问着眼于每一单独实存的本然性悟觉与涵养修为，因此'真人'（或儒家的仁人

---

① 傅伟勋.从西方哲学到禅佛教[M].北京：三联书店，1989：477.
② 李聪.傅伟勋哲学思想研究[M].长春：吉林人民出版社，2011：35.
③ 傅伟勋.佛教思想的现代探索[M].台北：台北东大图书公司，1995：2.

君子，佛家的菩萨大德）对于'真知'（哲理性思维及其表达）具有实践优位；'学问的生命'偏重纯知思维（以及超越纯知思维的高层次'思维'），单独实存的实践性悟觉功夫始终依附'思维'而存在"①。有学者详细阐释"生命的学问"与"学问的生命"的区别："'生命的学问'一辞，为学者牟宗三先生所创用……'生命的学问'特指人类实存主体性的生命体验与探索，及其哲理深化，重点摆在'生命'上面；而生命一旦有了哲理深化，自然形成'学问'。'生命的学问'若就修养成就而言，即为'内圣'。'学问的生命'为学者傅伟勋所创，指涉纯粹客观的学术探讨，焦点是在'学问'；不过'学问'毕竟是人类的知性、理性所创，自然有其'生命'的发展。而'学问的生命'就其社会功用而言，即为'外王'。"②

这里说得很清楚了。一般来说，对身心、社会、历史、自然等进行规律探索及形成的成果如心理学、经济学、生态学等，可归之于"学问的生命"，而对价值问题、终极问题的关注，则可视之为"生命的学问"。简单来说，"生命的学问"主要是德性之学，而"学问的生命"主要是智识之学。很显然，牟宗三重视了前者忽视了后者。在傅伟勋看来，中西文化中均有"生命的学问"和"学问的生命"，但是从主流来看，中国文化的核心是"生命的学问"，西方文化的核心是"学问的生命"，两者应该交流互补，他说："'学问的生命'与'生命的学问'之间，原无冲突对立可言，反有相辅相成之妙……我个人通过此一比较哲学的试探，深深感到整个世界哲学与宗教学的未来发展，必须依靠西方'学问的生命'与东方'生命的学问'的沟通融贯，才有获致丰硕成果的可能。"③ 傅伟勋一直自觉地保持着对中国哲学中"学问的生命"不足的警惕性，在他看来，牟宗三的"道德的形上学"加剧了这种不足。他回到"生命的十大层面及其价值取向"的模型中说："传统儒家的泛道德主义偏差，如用我的十大层面模型予以揭发，则不外是在混淆'知性探求'（第五层面）与'人伦道德'（第七层面），甚至以第七与泛道德化了（panmoralized）的第八、第九、第十等四个

---

① 傅伟勋.生命的学问 [M].杭州：浙江人民出版社，1996：65.
② 卢国庆.孙中山先生"内圣外王"思想的继承发展与汇通贯统 [M]，台北：台北扬智文化事业股份有限公司，1997：399.
③ 傅伟勋.生命的学问 [M].杭州：浙江人民出版社，1996：66

高层次面限制'知性探求'层面，使其无法自由自在地展现，有如缠足一般。我认为，解决儒家知识论此一难题的首要线索，端在重新虚心学习西方'知性探求'之长，把西方的科技资讯、哲学方法论、解释学、问题探索的功夫本领等等一一吸纳进来，而站在'中国本位的中西互为体用论'立场，以多元开放的思想胸襟谋求一种辩证的综合（a dialectical synthesis）。舍此以外，别无他途。"①

基于以上认识，傅伟勋才得出包括牟宗三在内的儒家传统"道德的理想性"有余而"道德的现实性"不足的结论。在傅伟勋看来，儒家伦理道德应该从过分标榜成圣成贤的内圣之道上俯下身段，正视一大半人既不愿也不会去做圣人的经验事实，注重调节好家庭本位的微小规模伦理与社会本位的巨大规模伦理、具体人格的仁爱伦理与抽象人格的公正伦理、修身本位的正名伦理与规则本位的职责伦理、动机主义的良知伦理与效果主义的功利伦理、尽善尽美的成圣伦理与最低限度的守法伦理之间的关系，以配合百姓日用和民族国家的现代化②。

对于傅伟勋的批评，李明辉有过反驳，认为牟宗三所谓的"学统"即是傅伟勋所谓的"学问的生命"；并且，牟宗三早年所研究的逻辑学，也是与"生命的学问"相去甚远的"学问的生命"；还有，一些人反对牟宗三借西方哲学把儒家思想学术化、哲学化（李明辉将之称为与"生命的学问"隔了一层的"知识化的儒学"），这表明，牟宗三也有过类似康德哲学思辨那样的工作，这种工作大抵是"学问的生命"；最后，牟宗三从不反对并且一直积极肯定知识的价值，这种真诚的态度即表明他对"学问的生命"的重视。李明辉说："牟宗三虽然提倡'生命的学问'，但其一生所为，主要还是哲学思辨的工作，亦即'学问的生命'之事。就此而言，其生命型态较类似西方的哲学家，如康德。这种思辨的工作虽然不直接属于'生命的学问'，甚至是耗损生命之事，但却是社会与时代所需要的。这其间隐含一种对生命的无奈与吊诡之深沉感慨。那些反对当代新儒家（尤其是牟宗三）将儒家思想哲学化，或批评他们对中国现代化无直接贡献的人，在此实宜

---

① 傅伟勋. 从西方哲学到禅佛教 [M]. 北京：三联书店，1989：445.
② 傅伟勋. 从创造的诠释学到大乘佛学 [M]. 台北：台北东大图书公司，1990：76.

有所省思。"① 在这里，李明辉提到了对牟宗三的两种批评，一是批评牟宗三搞的是"学问的生命"，将儒家哲学化了，一是批评牟宗三搞的是"生命的学问"，对现代化无直接贡献。李明辉认为，牟宗三面临着一种无奈：一方面，"生命的学问"是人之为人的核心所在，只要是生而为人，他对此就有呼唤；另一方面，"学问的生命"是人之存在的依靠，只要是人之发展，他对此就有要求。

李明辉所揭示的牟宗三的无奈，用熊十力的话来说即是"为学实难"。在我们看来，牟宗三一直在小心翼翼地平衡着"生命的学问"与"学问的生命"之间的关系。前面提到过牟宗三对同时代学人的评点，牟宗三认为熊十力、梁漱溟等有"真生命"，但是"真学问"仍显不足，这是因为他们的"学养"不够（因而熊十力的"量论"一直没有写出来）。牟宗三说："生命中的真性情、真智慧、真志气都要靠'学养'来充实才可以支撑得起来，而那一辈老先生正好都缺乏足够的学养……'学养'，实在的说，也就是对问题要做'客观的了解'，要有正确的知识，不误解，也不笼统。"② 为了说明什么是"学养"及什么是"客观的了解"，牟宗三举例说，比如像刘宗周那样，时局吃紧的时候还对崇祯皇帝说"陛下心安，则天下安矣"这样迂腐的话，这就表明他对政治之所以为政治无客观的了解，比如像自己一样，虽然讨厌总谈经济，但是还是去看《资本论》，去学习经济学，这就是"客观的了解"。依照牟宗三的上述论述和举例，我们可以大致明白，牟宗三所谓的"学养"及"客观的了解"即是对"学问的生命"的追求。但是，假如牟宗三一辈子把话语的重心放在这里，那么，牟宗三也就不是牟宗三了。在牟宗三看来，"客观的了解"需要"生命性情"的提携，否则，你还是一无所获。牟宗三说："所谓'客观的了解'，细言之，比如说读先秦儒家，就好好正视它如何形成，里面基本义理是什么？这种属于哲学义理的了解是很难的，了解要'相应'，'相应'不单单靠熟读文句，也不光靠'理解力'就行。文句通，能解释，不一定叫做了解。此中必须要

---

① 李明辉. 牟宗三与"生命的学问"[J]. 深圳大学学报（人文社会科学版），2015（2）.
② 牟宗三. 牟宗三先生晚期文集 [M]. 台北：联经出版社，2003：420.

有相应的生命性情，若不相应，最好去讲文学、历史、科学等。"① 在这段话中，牟宗三认为，能讲文学、历史、科学等学问，还算不上"客观的了解"，因为这些学问还没有接上"生命性情"，还与生命"不相应"，因而，"学问的生命"要进一层至"生命的学问"，正因为如此，"生命的学问"才成了牟宗三的话语重点。

　　大致来看，牟宗三认为"生命的学问"能抓住生命，而"学问的生命"能充实生命。一方面，没有"学问的生命"，生命便是浪费、辜负，中国历史所缺的即是"学问的生命"，牟宗三孜孜以求的就是想把这个缺陷补起来。作为一个哲学家，他在中国哲学之"学"上花了很多的功夫（因而有人批评他背离了儒家，李明辉也才说牟宗三一生所为其实是"学问的生命"之事），以自己的工作为例，他给世人昭示如何求得"学问的生命"。另一方面，没有"生命的学问"，生命便是堕落、疲软，现时代之危险便在这里，牟宗三念念不忘把这个根本立起来，作为一个哲学家，他对中国哲学之"哲"常加强调（故而有人批评牟宗三的学问对现代化无直接贡献），以自己的强调为例，他给世人昭示了如何理解"生命的学问"。"一心开二门"，对前后两者，牟宗三是同样重视的，在这个角度看，批评牟宗三不讲"学问的生命"，实欠公允，但"一心无二用"，牟宗三更为强调的，还是"生命的学问"，从这个角度看，批评牟宗三相对忽略了"学问的生命"，这也算是符合实际情况的。

## 第三节　牟宗三"生命的学问"的继承与发展

　　牟宗三之后，其学生形成一个"鹅湖学派"，从诠释辩护和批判推进两个方面继承了牟宗三的"生命的学问"。身处民主、科学得到极大进步的现时代，我们尤其需要牟宗三"生命的学问"的启示。我们认为，注意与马克思主义、自由主义的相互交流互动，注意伦理—经济—政治的相互渗透

---

① 牟宗三. 牟宗三先生晚期文集［M］. 台北：联经出版社，2003：429.

互动，是推动牟宗三"生命的学问"在新时代发展的关键所在。

## 一、对牟宗三"生命的学问"的继承

牟宗三享寿八十有六，著作等身，讲学不辍，产生了世界性的学术影响力。牟宗三逝世后，其弟子或私淑弟子继承他的问题意识，继续推动新儒学研究，形成了一个蔚为可观的"鹅湖学派"。"鹅湖学派"的代表人物主要有蔡仁厚、戴琏璋、王邦雄、李瑞全、王财贵、杨祖汉、李明辉、林安梧等。整体来看，"鹅湖学派"大致从左右两翼继承了牟宗三，林安梧称之为"护教的新儒学"与"批判的新儒学"。下面，我们简单来看"鹅湖学派"对牟宗三"生命的学问"的继承与发展。

"护教的新儒学"大多强调牟宗三"生命的学问"的价值性与正当性。前者即大力阐释牟宗三"生命的学问"乃至整个儒家学说的本质特征，加以对照现代人精神迷失的现状，以突显牟宗三"生命的学问"的正向价值。后者即对批评牟宗三"生命的学问"的各种观点进行反批判，以论证牟宗三"生命的学问"乃至整个儒家学说的正当性、合理性。

蔡仁厚高度赞同牟宗三"生命的学问"的内容与架构。他说："中国文化的智慧方向是'以人为本，以生命为中心'，而中国哲学（实以儒学为主）的基本特性则可以概括为三端：1. 本天道以立人道，立人德以合天德——这种'天道性命相贯通'的'天人合德'的哲学，可以使'人生与宇宙通而为一'，'道德与宗教通而为一'，这样的文化理想，应该最适合于提供全人类共同努力，以求其实现。2. 以仁为体，以智为用——仁通内外，智周外物。由仁的感通润滑，而成己、成人、成物；由智的明觉朗照，而知人明理、开物成务、利用厚生。这种仁智双彰的哲学模型，也是人类所可以共同采取的。3. 心知之上达与下开——心知上达，是通过良知明觉以上达天德，来完成德性生命的价值。心知下开，是良知心体自觉地转为知性，开出'主客对列'之局，以成就科学知识。在以往，中国哲学着重上达，今后应该同时致力于下开，以便中国文化和哲学，进到更为充实圆满的境地。"[①] 在这段话中，蔡仁厚认为，中国哲学的中心落在"生命"之

---

① 蔡仁厚. 儒家思想的现代意义 [M]. 台北：文津出版社，1987：35 – 36.

上,而生命以仁为本、以智为用,只有仁智双彰,才能实现德性生命与自然生命的充实圆满。蔡仁厚对中国文化智慧方向的概括与牟宗三的"生命的学问"具有高度的一致性。

"生命的学问"是仁智双彰、内外兼修的学问,但是,这并不是说内外同等重要,牟宗三坚持道德的价值优先性并认为这是"生命的学问"的核心。杨祖汉十分认可牟宗三的这一观点。他说:"我们以简单的话来规定儒家哲学的本质。儒家的学问是'成德之教'……所谓'成德之教'是什么呢?成德之教是以成圣,即成为有德者,作为生命历程追求中最后的目的这样的一种学问。"在儒家哲学这里,你可以有追求各种知识的兴趣与自由,但是"必须要有此德性的修养,而且也应成为有德者,作为生命实践的目的。儒家哲学的重点落在这个地方。"①

牟宗三说"生命的学问"包含德性修养之事和人文世界之事。蔡仁厚等认为,正因为高扬德性修养之事同时也不忽略人文世界之事,儒家思想对人类未来发展提供了多方面的贡献:第一,人的位分之确定。因为自利之心,现时代人"都被抛掷到第一线上赤膊上阵而你争我夺",人人有冲突,事事有冲突,这样,现代人既不自安亦不相安,进而容易否定人生意义,造成这样的局面乃是因为被"自我中心"意识侵蚀的现代人无伦无守,儒家的德性之学告诉我们成为个体人、家庭人、社会人、政治人、国家人、世界人、宇宙人、历史人、学术人、艺术人、企业人、时代人等各种角色的伦序,这样,人的位分甚为明确,人人克尽其分,便是和谐世界的成就,便是生命价值的完成。第二,新旧矛盾之化解。中国文化发展面临着传统与现代之间的矛盾,以牟宗三为代表的新儒家所宣扬的"返本开新",为我们提供了化解新旧矛盾的思路,另外,儒家的"时中"的智慧,也为我们如何处理"应变"与"守常"的关系提供了启发,中国现时代就是在不断求变中出了问题。第三,民生乐利之维护。儒家一向重视老百姓的安居乐业,重视"教"之基础的"富",推动"亚洲四小龙"高速发展的,尽管有来自欧美的技术、管理等方面的因素,但也不能否认来自儒家的精神文化的因素,如勤劳、敬业、互信、互助、和谐、合作等。第四,世界安和

---

① 杨祖汉. 儒学与康德的道德哲学 [M]. 台北:文津出版社,1987:161-162.

之实现。儒家思想以"仁"为体,而"仁"是感通而润物的,通过"恕"这一通道,我们从消极的"己所不欲,勿施于人"的一面和积极的"己立立人,己达达人"两个方面成就"仁",这样,勿伤他人且成人之美,世界便可以实现和谐和平①。总的来说,因为"生命的学问"重视人文世界之事,因而能引导我们去追逐正当利益,实现政治、经济等事业的发展,但是"生命的学问"更加重视个人修养之事,因而能把我们的逐利之心拉回到仁爱的大道上来,在自得利益的同时也想着成人之美,这样,人与人之间和谐相处,生命才得以最大的安乐,世界也得以最大的和平。

当然,牟宗三的"生命的学问"的价值性与他的"生命的学问"的正确性是紧密联系在一起的。对来自各方面的批评,"护教的新儒学"展开了反批评。按照上一节的思路,我们还是从道德的形上学、坎陷、圆善等三个方面来看"护教的新儒学"对牟宗三的辩护。

针对牟宗三的"道德的形上学"是否可能的问题,杨祖汉给予了明确答复:"道德的形上学"具有必然性。通过批判人的认知能力,康德认为,因对其缺少理性知识,那些古典的形而上学统统靠不住,但"世界上无论什么时候都要有形而上学;不仅如此,每人,尤其是每个善于思考的人,都要有形而上学"②,像在风雨中,夹着一把雨伞,脸上淌着不安的泪水的老仆人兰培那样的人更需要形而上学,因而通过"实践理性"的作用,即人在从事道德实践时,康德又肯定了"上帝""灵魂""意志自由"等理念之实在性。杨祖汉认为,康德的思考表明,惟有在"实践理性"中我们才可以通向形而上学,在此意义上看,重视德性生命的中国儒家即从道德实践上开出了"形上理境"。在康德对理论理性自身的限制性及对思辨的形上学不足的揭示的启发下,杨祖汉说:"由此可见新儒家以由道德实践而来的体悟为根据以说的实践之形上学,是优于以理论理性,以种种的哲学论证来建立的思辨之形上学……形上学而由实践以建立,可能是唯一能说形上学的路子,如此便见到儒(道释亦在内)家的形上学在世界哲学上应有的

---

① 蔡仁厚. 儒家思想的现代意义 [M]. 台北:文津出版社,1987:167-177.
② [德] 康德. 任何一种能够作为科学出现的未来形而上学导论 [M]. 庞景仁,译. 北京:商务印书馆,1982:163.

地位及其可能有之贡献。"① 简单说，如果依"认识心"则"道德的形上学"不可能，因为它不能被认知，但是如果依"道德心"则"道德的形上学"具有必然性，因为它是"道德心"的必然要求，是"道德心"所必进至的。

"实践上的必然性"也同样启发了李明辉为牟宗三"坎陷论"的辩护。一些人认为，内圣与外王分属不同的存在领域，并无逻辑上的必然性，因而坎陷开出说是站不住脚的。李明辉回应说，此种责难误解了牟宗三的意思，牟宗三所谓的开出，并不是逻辑关联上的开出，也不是因果关联上的开出，而是"实践的必然性"上的开出和"辩证的必然性"上的开出②。所谓"实践的必然性"上的开出，即民主、科学是道德主体之"实践"的要求，道德心要求民主、科学的实现，所谓"辩证的必然性"中的开出，即道德心不是马上、直接开出民主科学，它首先让开一步，将外物安排成对列之局，进而才促成民主、科学的出现。我们认为，李明辉的理解较为符合牟宗三的原意。在牟宗三看来，道德心的不断超越，需要民主、科学的支撑，否则它就"挂了空"，假如没有民主、科学，道德心便会干涩、枯萎。还有，牟宗三认为，民主、科学的开出，不是道德心"直通"而是"曲通"即"坎陷"的结果，坎陷是让开一步的意思，这需要一个过程，你意识到了，你做到了，民主、科学才能实现，而不是说，你闭着眼睛，等我说完坎陷后，你再睁眼一看，民主、科学就摆在那里供你去享受，牟宗三多次批评这种不努力、不老实促成民主、科学实现而只是等着享受现成成果的"懒汉"思想。

对"坎陷论"蕴含"泛道德主义"的批评，李明辉亦进行了反驳。他认为，牟宗三对外王诸事的开出，就表明了他不是打压而是促成外王的独立性，牟宗三讲以道统来"统摄"政统与学统，这种统摄并不是吞没，借用康德的术语，道统对政统与学统只起"规制的"作用而不起"构造的"作用，这样，通过三统并建并确立道统的统摄地位，牟宗三不仅避免了"泛道德主义"，还避开了价值相对主义。

---

① 杨祖汉. 儒学与当今世界 [M]. 台北：文津出版社，1994：160 - 161.
② 李明辉. 儒学与现代意识 [M]. 台北：文津出版社，2000：12.

第七章　牟宗三"生命的学问"的定位、批评与继承 | 229

内圣一面可以由良知推进至道德的形上学,外王一面可以由良知坎陷开出,将内外统合起来就是生命的圆善。牟宗三的"圆善论"也不断遭到批评。最常见的批评就是在德福一致的问题上,牟宗三谈人之德性幸福重于人之物质幸福,最终有"物随心转"而扼杀人之物质幸福之嫌,表现在牟宗三那里,即"真如门"有重于"生灭门"的倾向、"无执的存有论"有重于"执的存有论"的倾向。杨祖汉看到并且亦承认牟宗三理论所可能产生的流弊,但他说这是"人病"而非"法病",即这流弊并非理论本身有缺陷所致,而只是人依此理论实践时会顺"生命气质"而产生的流弊,有如王阳明的"致良知教"本身不必然导致情识之恣肆和虚荡,但后学依旧有人顺其走入了恣肆和虚荡①。在杨祖汉看来,牟宗三"圆教"的本义即是"无执的存有论"和"执着的存有论"相即不离,从其圆教与圆善中并不能得出轻忽现象界的结论,相反,天台宗讲"即九法界而成佛",胡五峰讲的"天理人欲同体而异用",都告诉我们,人对理想境界的追求,不能离开种种差别之现实,"存天理,去人欲"绝对不是"圆善"。

除了"护教的新儒学"外,还有"批判的新儒学",其主要代表者是林安梧。林安梧看到了牟宗三"生命的学问"的长处与不足。他认为,牟宗三的贡献在"形而上学的保存"。尤其是在价值迷失的现代化社会中,牟宗三高扬了人的主体性和道德性,有利于对治现代化以及现代化中人的异化的弊病。关于现代化带来的弊病,林安梧说:"'现代化'之为现代化乃是——十足的是——'人—理—神'为本的理体中心主义下的思维,在方法论上是——本质主义的,带有强烈专制色彩下的思维,在世界观上是以强势者为主导的思维,在伦理学上是浅薄的功利主义加上快乐主义,在生命的向度上,是截断过去与未来的现世主义。一般看起来,由于现代化所带来的强大,其实是一种资源的耗费,是一往而不复、巧取豪夺的浪费。就表象观之,极为进步,但底子里却是充满着残暴性、专制性,也因而造成了严重的异化。"②关于现代化中人的异化的弊病,林安梧说:"人的异化问

---

① 程志华. 台湾"鹅湖学派"研究 [M]. 北京:人民出版社,2015:281-282.
② 林安梧. 儒学革命:从"新儒学"到"后新儒学"[M]. 北京:商务印书馆,2011:66-67.

题不只是资本主义所带来的经济剥削问题,更是人内在离其自己,而失去了灵魂之乡的问题。现代人,一个失丧了灵魂安宅的工具性理性的存在,一个枯槁而苍白的被掏空的存在。在存在的迷失,形上的迷失下,人不得不面临意义的危机,但又萎蕨无力。"① 正是在这样的背景下,牟宗三思想才显重大意义:面对生命的危机,经由一"形而上的保存",稳定了道德主体,使人之生命寻得一"安宅"。

但是,林安梧也看到了牟宗三"生命的学问"之不足,那就是牟宗三的"道德的形上学"是逻辑的构造、理论的构造,重视了形式义、普遍义、超越义,而在"生命声息之真实感动处"说得少了些,对"人之病痛"视得太轻了些,对人之"有限性"太忽视了些,与"人间社会"太隔绝了些,这样,牟宗三的学问"不免失其生活脉络义"而"仅得其形而上之保存作用也"②。林安梧以为,牟宗三的学问太强调"心"的超显相,没有很好地将之落实到"气"上来,即落到"生活世界"上来。

因而,林安梧认为,牟宗三的"圆善"不是意味着"生命的学问"的完成,而是预示着"生命的学问"的新的发展方向:"我们当将牟宗三在形而上的居宅中,'结穴成丹'的'圆善'再度入于'干元性海',即用显体,承体达用,让他入于历史社会总体的生活世界之中,深耕易耨,发荣滋长。"③ 林安梧说:"批判的新儒学则以为'圆善'之观念当得及于社会之实践方得为'圆'也,如此之'圆',既为道德创生之圆,更为社会实践之圆也。"④ 在林安梧看来,继承牟宗三,当在"生活世界"或"社会实践"上更加用力,只有这样,才能做到薪火相传。在继承牟宗三"生命的学问"时,林安梧实际上给我们展示了发展牟宗三"生命的学问"的路向,关于这一点,我们接下来详细阐述。

---

① 林安梧. 从"新儒学"到"后新儒学"的发展:环绕台湾现代化进程的哲学反思[J]. 中山大学学报(社会科学版),2006(3).
② 林安梧. 儒学革命:从"新儒学"到"后新儒学"[M]. 北京:商务印书馆,2011:107-108.
③ 林安梧. 从"新儒学"到"后新儒学"的发展:环绕台湾现代化进程的哲学反思[J]. 中山大学学报(社会科学版),2006(3).
④ 林安梧. 儒学革命:从"新儒学"到"后新儒学"[M]. 北京:商务印书馆,2011:81.

## 二、牟宗三"生命的学问"的发展路向

我们或许可以把牟宗三与美国哲学家理查德·罗蒂作一对比研究。我们认为,两者在某些方面有着相同的认识:首先,牟宗三所谓的"生命的学问"的两个方面——个人修养之事与人文世界之事,与罗蒂所谓的人的两个义务——追求私人完美与共同体的团结、进步,有异曲同工之妙;其次,两人对生命的两个方面或两个义务均有单独强调,牟宗三重视人之德性生命,认为这是人之为人的根本,罗蒂重视个体的完美,通过揭示"反讽"概念的内涵,他告诉我们,生命应该以今日之新我否定昨日之旧我,常变常新,并且,无论是牟宗三还是罗蒂,都认为国家的现代化与进步有助于个体生命的完善;再次,无论是牟宗三还是罗蒂,都想把生命的两个方面或两个义务很好地联接起来,在牟宗三那里,这就是德福一致的圆善,在罗蒂那里,这就是"野兰花"与"托洛茨基"的统合。罗蒂认为人们对漫山遍野、妖娆夺目的"野兰花"的追求,代表着个体对其所认为的完美的追求,而人们对充满正义感的以解放全人类为旨趣的"托洛茨基"的思想的喜好,则代表着个体对促进社会团结、进步的追求。在少年时代,罗蒂的理想就是既要"野兰花",又要"托洛茨基"。他说:"我既想成为一个有思想有灵魂的势利小人(即抛开一切,追求个体完美——引者注),又想做一名追求正义的战士(即同样抛开一切,追求社会进步——引者注)——既想做一个与世无争的隐士,又想做一名追求正义的战士。"①

尽管有共同关心的问题,但是,牟宗三与罗蒂的结论大相径庭。在牟宗三看来,个人修养之事与人文世界之事在良知及其坎陷上可以完美地结合在一起。其实,儒家的"三纲八目"也是将"生命的学问"的两个方面连在一起说的,对儒家而言,"心安"与"天下安"是密不可分的,只是,这种紧密联系在传统儒家那里是"直通"而实现的,在牟宗三这里是"曲通"而实现的。罗蒂恐怕不能接受这样的结论。在罗蒂看来,私人完美("心安")是个人的事,共同体的团结、进步("天下安")是共同体的事,

---

① [美]理查德·罗蒂. 后形而上学希望[M]. 张国清,译. 上海:上海译文出版社,2003:395.

两者区分明显。要把这两个方面的故事讲好，需要不同的语词，譬如，以克尔凯郭尔为代表的一类作家所使用的语词和他们所讲的故事告诉我们的就是"心安"到底是怎么一回事，而以杜威为代表的一类作家所使用的语词和他们所讲的故事告诉我们的就是"天下安"到底是怎么一回事，两者基本上没有什么交集。罗蒂的结论是："这两派作家都言之成理，但是我们没有办法使他们说同一种语言。"故而，"我们无法在哲学或任何其他理论性的学科中完成这种统合"①。

理论上无法将"心安"与"天下安"统合在一起，但这种统合又是生命的需要，该怎么办呢？罗蒂给出了自己的见解：公私分家②。为什么要公私分家？除了前面所讲的，两者在理论上没有共同的语词（或者说公分母）外，还有一点，就是罗蒂看到了生活中残酷的普遍存在。在罗蒂看来，我们在追求私人完美的过程中，可能会有意无意残忍地伤害到别人，而共同体在追求进步的过程中，也可能会有意无意残忍地伤害到个体，因而，我们要严辨公私的界限，在自己的私人领域，我们可以毫无顾忌地追求完美，但是一旦进入了公共领域，我们就要注意他者的在场，注意你的毫无顾忌对他者可能的伤害。

我们可以借苏格拉底之死来进一步理解罗蒂。依罗蒂的看法去理解，在某种程度上，我们可以说苏格拉底之死是"罪有应得"。因为，他太沉迷于"关心自己的灵魂"，并且，他经常在广场中教诲青年"关心自己的灵魂"乃生命的首要之事，这势必会影响到青年对城邦之事的关心。很明显，苏格拉底"关心自己的灵魂"的教诲在某种程度上拆散而不是鼓励了雅典青年的"凝聚力"，这对强敌环伺的雅典城邦是一种伤害。这样，苏格拉底被判死的悲剧也就在所难免了。两千多年后，美国政治哲学家施特劳斯还在为苏格拉底的悲剧而哀叹。他认为苏格拉底面临一个难题：一方面，既要保证社会成员基于约定俗成和普遍同意之上的正常生活，确保政治共同体围绕习俗权威有效、有序地持久运行；另一方面，亦要保护智慧或哲学

---

① [美]理查德·罗蒂. 反讽、偶然与团结 [M]. 徐文瑞，译. 北京：商务印书馆，2003：导论 5.

② 通过甲乙分开，既保护甲，又保护乙，这就如同康德、维特根斯坦严分科学与与宗教一样，其目的就是为彼此的存在留个地盘。

对自然真知的自由探索,以为政治共同体提供正当根基和正义标准,葆有人类的理性品质和创造精神。为了化解这个"苏格拉底难题",施特劳斯提出了"显隐之教",即哲学家要区分开"显白教诲"与"隐微教诲",前者是基于共同体的稳定、团结、进步的目的而针对大众意见的公开言说,后者是基于个体完美的目的而不断地追求真理的一种隐匿思考。施特劳斯认为,"隐微教诲"的存在表明,一方面,追求真理、追求创造的哲学家可能得不到共同体的支持甚至是遭到共同体的迫害,另一方面,他也可能在追求真理的过程中伤害到共同体中的他者。施特劳斯认为,追求真理、追求创造的哲学活动需要正视来自政治的挑战,因而,我们应该确定"政治哲学"("显白之教")的优先性,"哲学必须成为政治的,必须在政治问题面前进行政治辩护与合理论证"①。

无独有偶,罗蒂也强调"民主先于哲学"。他的意思是,传统哲学认为,人类往往是在追求真理、追求创造的过程中达成私人完美的,而事实上,我们并不能为民主提供一个所谓是"真理"的基础,我们需要民主,并不是因为某个哲学上的真理的启示,而是"历史—社会学"的描述——我们祖先受奴役受压迫的历史故事以及我们现在的"富裕的北大西洋公民社会"里人人享有自由的事实——告诉我们,民主是个好东西,只有有了民主,我们才有追求真理、追求创造进而实现私人完美的可能。罗蒂说:"'应当'不可以用'由于道德的内在本性'来说明,也不可以用'因为选择能力乃是人的本质'来说明,而只能作这样的说明:'因为我们(宗教宽容和立宪政府传统的现代传人)认为自由先于完满。'"②

我们看到,无论是罗蒂还是施特劳斯,都强调了政治对哲学的优先性,这一态度与牟宗三是截然相反的。造成这种相反态度的原因是,西方哲学家更多地看到了人性的阴暗面及其有可能带来的残酷——张灏称之为"幽暗意识",而这一点,在牟宗三那里是较少涉及的。牟宗三忙着告诉我们,个人修养之事是如何重要、如何伟大,但他似乎忘记了个人修养之事是如

---

① 张敏. "隐微传统"与政治哲学的重建:解读列奥·施特劳斯的"苏格拉底问题"[J]. 武汉大学学报(哲学社会科学版),2015(5).
② [美]理查德·罗蒂. 后哲学文化[M]. 黄勇,译. 上海:上海译文出版社,2004:171-172.

何得以保障的。或许在罗蒂等西方哲学家看来，孔子所谓的"我欲仁，斯仁至矣"说得太轻松，因为成就私人完美不仅仅是下决心的事情，它还需要免除干扰和得到支持等条件。

进一步分析，为什么牟宗三相对较少涉及"幽暗意识"呢？事实上，包括牟宗三在内的许多儒家学者也经常谈人心惟危，曾国藩甚至还有"不为圣贤，便为禽兽"这样触动人心的生命警语，这些其实也就是儒家的"幽暗意识"。只是，牟宗三认为，我们不要过于纠缠在这里而耽误了继续赶路，我们要相信，在前面的某一点上——成圣、成仙、成佛，一切人性的弱点和阴暗都可以一笔勾销，到了那里，有如孔子说的"随心所欲不逾矩"，也有如罗近溪说的"解缆放船，顺风张棹，则巨浸汪洋，纵横任我，岂不一大快事也哉！"牟宗三认为，我们应该加快朝向"道德的形上学"这一生命的极点前进的步伐，并且，正如上文说的，"我欲仁，斯仁至矣"，只要我们去想去做，我们一定能达到生命的极点。张灏认为，在基督教那里，人的罪恶是根深蒂固的，因而幽暗意识永不可消除，而在儒家这里，幽暗意识被人走向至善的乐观淹没了①。

罗蒂绝对不相信人能走向至善，并且，通过"反讽"概念，他把人走向至善的梦幻击得粉碎。他认为，所谓私人完美，并不是一步登天走向至善这样的"最好"，而是"一天比一天好"这样的"更好"。罗蒂认为，这不是一个存有本质的世界而是一个充满偶然性的世界，前者意味着一切追求"本质"、追求"普遍"、追求"最好"的形而上学都是不可能的，后者意味着我们都有把自己变得更好的可能与期待。罗蒂认为，传统哲学所认可的生命的极致是我们突破时间、现象、个人意见的世界而进入另一个永恒真理的世界，而在"后形而上学时代"，生命的极致是正视存在的偶然性，利用偶然所内蕴的可能性"发现一个前人认为不可能的自我是存在的"②。换句话说，生命的极致是不断地对自我进行"再描述"以使自己不断地更新。在罗蒂看来，能支撑我们不断地更新自己的，不是种种华而不

---

① 张灏. 幽暗意识与民主传统 [M]. 北京：新星出版社，2006：40.
② [美] 理查德·罗蒂. 反讽、偶然与团结 [M]. 徐文瑞，译. 北京：商务印书馆，2003：45.

实的形而上学,而是实实在在的好的经济状况、好的教育程度、好的安全及休闲环境,因而我们要实现一种哲学——政治的互动,努力地"铸就我们的国家",努力地维护好"我们富裕的北大西洋民主社会",只有在这样的国家和社会,我们才有不断更新自己的可能,也才有更加愿意维护共同体的团结和进步的可能。

罗蒂的观点或许能得到林安梧的赞同。在林安梧看来,在"后牟宗三时代",儒家传统的"内圣—外王"的模式最好能转换成"外王—内圣"的模式。他说:"就实来说'心性修养'不必为'社会公义'的先决条件,反而是'社会公义'可能成为'心性修养'的基础;而且这样的基础将使得心性修养更为平坦自然,人人可致,是在一新的伦常日用间显现。"① 与传统的由"内圣"而"外王"的路径相反,林安梧认为,"外王"是"内圣"之所以可能的先决条件,具有发展上的优先性。

牟宗三高扬了"道德的理想主义",理想是一种"批判的武器",它对现实有着强烈的冲击力和矫正力。我们继承牟宗三"生命的学问",往深处说,其实是继承他对生命何以如此、时代何以如此、家国何以如此等问题的反思精神与批判精神。我们认为,有了这种反思和批判,人之生命才不会过分工具理性化、过分庸俗化。但是,我们也要意识到,包括牟宗三的"生命的学问"在内的儒家思想的作用是有边界的。我们强调这个边界,一方面是保护甘阳所谓的儒家"保守主义的作用",即保护儒家思想对现实的冲击力、批判力、调和力。甘阳反对儒家对现代社会的"献媚",比如,过于论证儒家与现代商业、市场经济、民主、科学等方面的"相一致精神"或对其的"俱进作用",认为这有损儒家对现实的批判、协调作用②。我们强调这个边界的另一方面,是避免余英时所谓的儒家的"良知的傲慢"。我们认为,不要以为有了道德理想便万事大吉、一了百了,毕竟在现代社会,道德理想不是全部,过于沉迷于道德理想甚至还有走向"以理杀人"的危险,再说,真实的理想终必会以某种方式融入现实之中,否则,高悬在上,不可能成为现代化思想的主流,久而久之,必会流入在博物馆供人展览的

---

① 林安梧."内圣"、"外王"之辩:一个"后新儒学"的反思[J]. 天府新论, 2013 (4).
② 甘阳. 儒学与社会主义[J]. 开放时代, 2016 (1).

命运。因而，继承与发展牟宗三"生命的学问"的一个关键问题是：理想与现实的分疏与结合。分疏以见儒学之价值，结合以补儒学之偏失。

在20世纪中国伦理思潮相互比较的视域中，我们能很明显地看到牟宗三"生命的学问"的地位与价值。当然，在与马克思主义和自由主义的激荡过程中，我们也能看到牟宗三"生命的学问"的不足。有时候，这种不足又恰恰是马克思主义、自由主义的优势所在。譬如，将对私人完美的追求放到共同体的政治、经济等方面的建设过程中完成，这即是马克思主义所重视的，也是比较符合中国现实情况所需的，这一点已经被历史所证实。我们认为，发展牟宗三的"生命的学问"，我们可以在两个方面着力，一是很好地与马克思主义、自由主义等进行互动，一是很好地与政治、经济等进行互动。事实上，这也是刘述先、杜维明等第三代新儒家所昭示出的继承与发展儒学的新动向。

之所以说要与马克思主义、自由主义互动，是因为在"后形而上学时代"，价值观念的多元已成为一个事实，只有在相互交流中，我们才能获得傅伟勋所谓的"整全（顾及全面）的多层远近观"，否则的话，我们会在狭小的空间自我窒息。在"无根基的时代"，我们不应该在静观中求本质以自得，而应注意到逻辑空间之外的其他的语言的召唤。海德格尔把这两者分别视为"视的艺术"和"听的艺术"。杜维明认为，视觉是有方向的性的，因而它必偏安一隅，听觉是无方向性的，因而它可以触及四面八方，无论是"观音"之"音"还是孔子"六十而耳顺"之"耳"，还是从耳从口的"聖人"之"聖"，都表明"听的艺术"对生命的重要性。杜维明注意到，五四以来的那些思想家，基本上很少有人有荀子所谓的"以学心听"的态度，他们不喜欢听而喜欢讲，激情澎湃、滔滔不绝，把别人当作教育、接纳、批判乃至斗争的对象。熊十力就是这样的学者。学生有把文章交给他看，他根本不看，斥之为"狗屁东西"并让学生去读圣贤的书，去读他自己的书。我们理解，这是熊十力的独特的教育方法。但是，我们注意到，熊十力的教诲让许多人受到震撼、得到益处的同时也让许多人望而却步，这样的不对等、不平和的交流，让熊十力也失去了听到一些真知灼见的机会。牟宗三曾认为其师对某个问题的了解不对，反被熊十力教训了一顿，对其师向来尊敬的牟宗三也说熊十力"有些偏见""没有人能说服他""读书时心不平、"不能落实贴体地了解对方"①。在某种意义上，我们理解，熊十力的这种"唯我独尊"的心态来自于他"见体"的自信，因而，他不再用心去听其他的声音。问题是，那独一无二的"体"为什么只为他一人所见呢？杜维明认为，儒学未来的健康发展，首要的就是要有一个好的"听的艺术"，他说："儒学在廿世纪是否有生命力，主要取决于它是否能够经过纽约、巴黎、东京，最后回到中国。"② 在杜维明看来，因为与不同的思想交流、倾听不同的声音，儒学的研究也会被"激活而变得蓬勃起来"，他举例说：加入文明起源的论争，儒学研究学会了人类、考古、民族等多学科结合的研究方法；通过检视轴心文化，儒学与解释学结合了起来；通过辨析韦伯的命题，儒学与现代化联系起来了；通过理解工业东亚的价值取向，儒学表明了其因应现实方面的生命力。我们认为，随着全球化的深入，儒家的"全球意识"会越来越强烈，在全球声音的刺激下，儒家的"寻根意识"也会更加主动，从而，儒家也会给世界文明贡献一种声音，这样，原本存有抵牾的普遍性与特殊性则会相得益彰，因之，儒家会展现更大的活力。

之所以说"生命的学问"要与政治、经济进行互动，是因为我们看到了"伦理精神的价值生态"。因为遭受严重的生态危机，人们的生态意识渐强，人类的生态文明渐成。为了生态和谐，我们接受并树立了关联性、有机性、整体性、互动性、自我生长性、具体性等生态思维。我们认为，这种生态思维不仅对处理人与自然的关系具有启迪作用，对其他同处一个系统中各因子和谐关系的建构也具有启迪作用。站在生态思维的角度，我们不再就伦理精神而谈伦理精神，而是"在历史和现实的立体坐标系中，在伦理与文化、经济、社会的有机生态中，建构和确证伦理精神的价值合理性"③。罗蒂总喜欢把文化、政治、哲学放在一起谈，乃是因为他亦看到了"伦理精神的价值生态"，他认为，某种哲学主张的合理，并不是它更接近本质，而是更符合"我们富裕文明的北大西洋公民社会"的实际。我们认

---

① 牟宗三. 牟宗三先生晚期文集［M］. 台北：联经出版社，2003：433.
② 杜维明. 杜维明新儒学论著辑要［M］. 北京：中国广播电视出版社，1992：65.
③ 樊浩. 伦理精神的价值生态［M］. 北京：中国社会科学出版社，2001：18.

为,建构"生命的学问",不应再以"先天如此"来立论,这是缺乏说服力的,正如林安梧所说:"'论'的出现必须回溯到人的生产力、生产关系、生产工具、生产者之间的互动关系来理解。"① 我们认为,无论是为"生命的学问"进行辩护,还是推动"生命的学问"的发展,都不应该离开政治的、经济的视角。政治、经济不仅为我们架构"生命的学问"提供条件支持,同时,也为我们所架构的"生命的学问"提供用武之地。

20世纪上半叶,面对中国积贫积弱的现状,马克思主义、自由主义、保守主义三大思潮皆开出了引领中国迈向现代化的思想方案,共同的话语目的和不同的话语智慧决定了三者可以互动并且也必须互动。当然,20世纪下半叶,马克思主义在中国思想界唱了"主角"。历史证明,只有以马克思主义为指导的中国共产党,通过革命与建设,才较好地解决了牟宗三所谓的中国人生命"挂空""失根"的问题。我们看到,新中国成立,使国家战乱不已、一穷二白的状况得到了根本改变,人们理想信念高涨,建设祖国的激情澎湃,作为中国人的自信心与自豪感也不断得以提升。尤其是改革开放后,经济的高速发展为中国民主事业、文化事业的进步提供了有力保障。上述事实证明了一个道理:发展是解决中国所有问题的关键。但我们也注意到,在发展过程中,这一认识往往被曲解为"经济发展就是一切",为了发展,我们甚至在一定程度上牺牲了民生民主、道德文化,因而付出了一定的政治代价、道德代价,这些反过来又影响了发展。中国共产党显然也意识到了这一问题。在全心全意实现"第二个百年"奋斗目标的今天,在确保经济基本面维持稳中向好局面的前提下,中国共产党更加注意社会主义民主政治建设和社会主义道德文化建设,提出了一些新理念、新思路、新举措。可以说,中国共产党治国理政的实践为我们昭示了如何实现马克思主义思潮与非马克思主义思潮的良性互动,如何实现政治—经济—文化的良性互动。关于这一点,我们在结语中再详细论及。

---

① 李翔海. 论后牟宗三时代新儒学的发展走势 [J],孔子研究 2002 (3).

# 结　语

在牟宗三那里,"生命"一词内涵丰富,整体来看,大致囊括以下四个方面的内容:自然生命、德性生命、民族生命、文化生命。自然生命与德性生命主要是就个体而谈的,而民族生命与文化生命主要是就民族而谈的,并且,必有生有灭的自然生命更多的是在形而下的角度讲的,可绵延不绝的德性生命与文化生命更多的是在形而上的角度讲的。事实上,区分这几个方面的内容并不难。人之存在,即有肉身面,亦有灵魂面,这就有了自然生命与德性生命的两分。再者,人不能是茕茕孑立、形影相吊的存在,它必属某一民族,其生命之发展与民族及民族文化之发展关联甚大,例如,可以说,正是中、日、美、俄之发展及其文化使得以上各国国人肉身与灵魂之安顿大相径庭。我们经常把民族国家视作个体的"母亲",因而,把个体之生命拓展到民族生命与民族文化生命中谈不仅符合事实,也方能谈得好。牟宗三向来批评那些把个体生命与民族生命之间的"脐带"割断的人,在他看来,那些认为民族之生死与自己之生死无关的人或那些认为自己之艰难与民族之艰难无关的人,是在"夹缝中生存"、在"飘荡中生存",是四无傍依的"游魂",而那些摩西、耶和华、弥赛亚等观念充塞心中而一丁点儿也不能通中华民族文化生命之源的人,也不免给人"二毛子"的印象。牟宗三强调,个人的、民族的"存在"与"精神"俱是生命上的事,俱应照应。

个体生命与民族生命往往"同频共振",一定程度上说,牟宗三所遭遇的漂泊无着即是由中华民族的动荡不已引起的。个人如此、家国如此的阵痛,激起了牟宗三对"生命的学问"的追寻。正视、化解个体肉身之劳顿苦累与民族国家之贫穷落后，这里面便有"知识"或"科学"可讲，比如医学药学、工程技术、政治经济等等。一般认为，倘若我们认识了个体肉身与民族国家存在与发展的"规律"的话——像埃尔温·薛定谔《生命是什么？——活细胞的物理学观》以及亚当·斯密《国富论》那样的著作所揭示的"规律"，我们就可以利用"规律"使肉身安乐、国家富强。但问题是，无论是个体肉身还是民族国家，它们都不安分于合于"规律"的"如其所是"，它们都折腾不已。生命的折腾及其带来的苦难感激起了牟宗三的无限悲情。牟宗三意识到："生命本身是极没把柄的，无保障，亦无定准。但它可以作孽，它自作孽，它自受苦，明知受苦而想转，但又转不过来……民族生命如此，个人生命亦如此……何以会如此？这不能只看生命本身，这须透到那润泽生命的德性，那表现德性或不表现德性的心灵，这里便有学问可讲。"① 于此段话中，我们注意到，牟宗三所讲的"生命的学问"主要是"表现德性心灵"的形而上的"学问"，这与讲"活细胞"那样的生命学问或讲"利润率"那样的经济学问是迥然相异的。

生命的起始源头、分子构成、运动规律、进化前景、消亡腐烂等等，这些揭示"生命自有的一套东西"，同时也是西方文化所擅长的科学知识，都不是牟宗三所根本关心的。当然，也不能说牟宗三从不去正视这些揭示"规律"的科学知识的存在与应用。对20世纪的中国人及中华民族而言，肉身安乐、国家富强也是顶急迫的事情，只有弄清了"生命自有的一套东西"或"经济自有的一套东西"，才能安身立国、富民强国。这方面的知识，中华传统文化相对有所忽略，牟宗三认为这是一个非常大的遗憾。他所积极倡导的"学统""政统"，就直面了如何开出这方面知识的问题。

不过，牟宗三并不停留于此。在他看来，弄懂了这些知识，最多还只是搞清"生命之如其为生命而平置之"的问题，关键是，个体生命也罢、民族生命也好，不能像一只狼或一个狼群那样仅是"平置"，它应走向立体、广大、悠久，而为了达至这样的生命层次，就要从有生有灭、如其所如的形而下走向亘古不绝、如其应如的形而上，具体说来，即由自然生命跃至德性生命、从民族生命跃至文化生命，由"学统""政统"走向"道

---

① 牟宗三. 五十自述 [M]. 台北：联经出版社，2003：79.

统"。可以这样理解,那些探讨"生命自有的一套东西"的知识最多只能"化解"生命的苦难却不能"引导"苦难生命"圆成于乐",只有不断地去反省个体与民族何以作孽受苦并且如何从这作孽受苦中转出来、升上去,折腾不已的生命才能得以贞定,才能实现创造。

因而,对生命而言,最为根本的还是要在"德性心灵"上下功夫。这种"德性心灵"即是"改过迁善"的心灵,它保证了个体生命、民族生命不只停留在"自然自在"的层次,而是迈向"日新又新"的层次。这是一个人、一个民族与一只狼、一个狼群最为根本的区别。

德性生命对自然生命有贞定、滋润、提斯之功——得到提斯,生命才不耽于平面而显现立体;得到滋润,生命才不干枯而迈向悠久;得到贞定,生命才不折腾,才能守得住而趋向广大。这是牟宗三在"离其自己"的生命悲苦中"体悟"出来的。经过"通体是仁心德慧"的孔子生命、"全幅是精神"的孟子生命的印证,牟宗三最终"彻悟"到生命之根本在精神、在德性。个体生命如此,民族生命也如此。中华民族历经几千年风雨沧桑而屹立不倒,就在于我们的民族文化生命的贞定、滋润、提斯,而重精神、重道德又恰是中华文化生命的特质。通过诠释传统,牟宗三花了相当大的力气去讲这个特质,他想让"与朱子在同一民族生命、文化生命中生长"的中华儿女都能很好地继承这个特质。

正视自然生命的悲苦,在"我何以如此"的不断追问中意识到德性生命这一根本,并且,将个体生命通至民族生命,认为民族生命的生机活力在于民族文化的畅达,因而,深入考察民族文化,复活其重主体性、重道德性的特质,同时,也注意其缺陷,提出"坎陷说""三统并建说"等畅通其弯曲,最后,在这自有的、畅达的民族文化中安身立命、民主建国,为个人生命的圆善及民族生命的现代化提供一种路径,这是牟宗三"生命的学问"的大致思路。与重客体而相对轻主体的西方生命学问相比,与重个体而相对轻社会的释道生命学问相比,牟宗三的生命学问在重个体德性、重民族文化上特点鲜明。

对近代中国人及中华民族的生命之苦,牟宗三谓之为"挂空"与"失根",解决之道,当是"补空"与"置根"。我们看到,强调"德性心灵"的牟宗三,最为关注的还是后者。他认为,只有人心收拾住了,我们才能全力"补空",也才能守得住"所补之空",否则,就像"辛亥革命"之后,即便推翻了帝制建立了民国,还是一片混战。牟宗三对人心的堕落、鄙俗、斫丧甚是痛心,因而与其师熊十力一样,他认为解决中国社会问题的关键是"在身心上做功夫"。

我们注意到,一个有意思的现象是,在谈"人心大坏"时,牟宗三主要指的是"学风士习"。他认为知识分子或埋首故纸堆,或卖弄小聪明,或争权夺利,或自私自利,或安于享乐,全没有道德理想、人生境界、民族文化前途的念想。可以说,牟宗三笔下的中国人的生命之苦,更多的是指知识分子丧失对生命价值的追寻之苦。《五十自述》中,牟宗三自己就是一个典型的例子——生命陷溺在智识之学的研究中,陷溺在党争及运动之中,陷溺在物欲酒色的追逐中而"离其自己",牟宗三对这种无根虚荡的生命状况有切肤之痛。与此相反的是,牟宗三倒是非常欣赏、赞美中国农民的生命,他认为他们的生命是充实丰富、有本有根的。《五十自述》中,牟宗三的父亲就是一个典型的例子——开一骡马店,扎实营生,不畏艰辛;营生之余,不追求时髦,不攀附组织,常读《曾文正公家书》;待人扑身弯腰,手脚落实,写字整齐不苟,墨润笔秀;不向任何人讨巧,也不投任何人的机;总之,从祖上及民族传统文化那里接受而来的而与治家谋生、自然地理、风俗习惯谐和为一的义理教训在他生命中生了根。将知识分子的生命与乡下农民的生命作一对比,牟宗三说:"我从我父亲身上,亲切地觉得这时代的浮薄,知识分子妄逞聪明,全不济事。没有一个是有根的,没有一个能对他自己的生命负责,对民族生命负责,对国家负责,对文化负责,来说几句有本有根的话。他们全是无守的,亦全是无坚定的生根的义理信念的,只是浮薄的投机取巧,互相耍着玩,来践踏斫丧民族的生命。"① 于这段话中,我们可以看出,牟宗三所谓的对个体生命负责,对民族生命负责,一个重要的衡量标准就是要坚守做人的"义理",坚守传统文化。

由上,知识分子的价值迷失之苦和中华传统文化的丧失之苦才是牟宗三的核心关切。这种核心关切使得他的"生命的学问"在坚守"道德的理

---

① 牟宗三.五十自述[M].台北:联经出版社,2003:33.

想主义"的立场上颇具特色,但是,这种核心关切又使得他的"生命的学问"在为民生国难的呐喊及细节谋划乃至具体行动上倾注较少。毕竟,在20世纪上半叶,对遭受"三座大山"压迫的最广大的中国人而言,个体生命之苦首先是衣食无着的生存之苦,对处于半殖民地半封建社会的中华民族而言,民族生命之苦首先是独立富强的存在之苦,须知,那是一个"要生存"压倒"要精神"、"救亡"压倒"启蒙"的时代。我们不否认德性生命的价值优先性,但是我们也要承认自然生命的存在基础性。生存都成问题,又怎能很好地去谈道德追求呢,同样地,中华民族的存亡都成了问题,又怎能很好地去谈民族文化呢?因此,我们经常会听到一个反问:牟宗三的"生命的学问"对普通大众又有多大的吸引力呢?

　　早年尽管也有颠沛流离之苦、衣食无着之忧,但牟宗三的生存尚不成问题,他经常得到一些知名人物的接济。在这些知名人物中,有的及时相助,"以诚相待"且无求谢之心,牟宗三"坦然受之"亦无矜持造作之意,他自谓"我生于天地之间,我有生存之权利"。有的反应拖延、稍有怠慢,有富贵骄人之嫌,牟宗三亦以自骄之心鄙视反击,他自谓"我决不为生存委屈自己之性情与好恶""我无任何事上的负担,我亦无屈辱以求伸之必要"①。在牟宗三笔下,生存只是个他人与自己做人"诚"与"不诚"的问题,"诚"则相互之间解衣推食、温情脉脉,"不诚"则相互之间无语而别、各奔前程。其时的中国,并不是每一个人都能心安理得、自然而然地享受牟宗三所谓的"生存之权利",生存亦不是温情脉脉互助或者自奔前程独闯之事。毛泽东做《寻乌调查》,揭露在旧社会"三座大山"的压迫下很多农民"没饭吃"的事实:"打禾了,债主挑了箩子走到农民的稻田里去,对农民说:'你的谷子还了我来!'农民无法,望着债主挑谷去。既交了租,又还了债,'禾头根下毛饭吃',就是指的这种情形。许多的农民在这种情况之下扯着袖子揩眼泪呢!"② 毛泽东还发现,一些走投无路的农民甚至要"卖儿鬻女"(寻乌方言叫"卖奶子")以求生存:"听见人家卖了儿子了,

---

① 牟宗三. 五十自述 [M]. 台北:联经出版社,2003:86-87.
② 毛泽东. 毛泽东文集:第一卷 [M]. 北京:人民出版社,1993:215.

债主就急急地到他家里去讨账。'卖了奶子还不还埃（我）吗！'债主很恶声地叫着。他为什么要这样子呢？因为这时候是他这笔债的生死关头，卖了奶子犹不还他，钱一用掉，永久没有还债的机会了，所以他就顾不得一切了。旧的社会关系，就是吃人关系！"① 旧中国百姓生活之艰难疾苦由此可见一斑。这里哪有牟宗三所谓的温情脉脉、互相帮衬？农民哪里又能够自我作主、自谋发展？可以说，更加关注知识分子"德之不修"的牟宗三，对老百姓在各种剥削势力压迫下的"命之不保"缺乏深入的调查了解。

对20世纪上半叶的中国人、中华民族而言，首要的任务还是生存与救亡，而不是牟宗三所谓的提振堕落与鄙俗的"学风士气"并替华族的文化生命"作主"。显然，牟宗三的德智双修的"生命的学问"并不能承载和完成中国人求生存、中华民族求独立的重任。历史最终选择了以马克思主义为指导思想的中国共产党。

不过，牟宗三对马克思主义、对中国共产党存在误读误解的情况。这一点尤要予以批判、澄清。比如牟宗三认为，马克思主义是"经济决定论"，自然就轻忽、抹杀了人之道德理想。很明显，这种认识是错误的。马克思主义重视"经济基础"，但不是庸俗的"经济决定论"，更不会不讲道德。事实上，真正的共产党人身上都有光辉的道德理想与道德情操，他们都可称得上是道德楷模。之所以重视经济基础，乃是马克思主义看到了经济基础对政治法律、文学艺术、宗教道德等上层建筑的"决定性作用"："人们首先必须吃、喝、住、穿，然后才能从事政治、科学、艺术、宗教等等；所以，直接的物质的生活资料的生产，从而一个民族或一个时代的一定的经济发展阶段，便构成基础，人们的国家制度、法的观点、艺术以至宗教观念，就是从这个基础上发展起来的，因而，也必须由这个基础来解释"② 恩格斯明确指出："人们自觉地或不自觉地，归根到底总是从他们阶级地位所依据的实际关系中——从他们进行生产和交换的经济关系中，获得自己的伦理观念。"③ 李大钊亦认为，道德不是超物质的东西，"（他的本

---

① 毛泽东. 毛泽东文集：第一卷［M］. 北京：人民出版社，1993：218.
② 中共中央编译局. 马克思恩格斯选集：第三卷［M］. 北京：人民出版社，1995：776.
③ 王磊. 马克思恩格斯论道德［M］. 北京：人民出版社，2011：241.

原)实在我们人间的动物的地上的生活之中。他的基础就是自然,就是物质,就是生活的要求。简单一句话,道德就是适应社会生活的要求之社会的本能"①。由此可知,马克思主义相当重视人的道德问题,并且,它认为只有站在唯物主义的立场,才能对人类的道德现象进行科学的分析。马克思主义不空谈道德,不像牟宗三那样,把道德讲到生天生地、大生广生的"道德的形上学"的神乎其神的境地,它反对普遍的、永恒的、至上的、神秘的道德——历史证明,统治阶级往往这样谈论道德并以之束缚人、压迫人。依马克思主义,并没有统治阶级宣扬的那种永恒的道德教条,也没有牟宗三所谓的那种"道德的形上学",道德决定于经济基础,随着经济基础的变化而变化;并且,道德也有自己的相对独立性和能动作用,个体良好的道德风貌与社会良好的道德水准,均有助于经济社会的发展。

牟宗三还认为,中国共产党以马克思主义为指导,这是对传统历史文化的否定。显然,这个认识陷入了非此即彼的简单对立,更是错误的。在自身的发展过程中,中国共产党特别注意"马克思主义中国化"的问题。早在抗战初期,毛泽东就告诫中国共产党人:"洋八股"必须废止,空洞的调头必须少唱,教条主义必须休息,要把马克思主义的普遍原理与中华民族的现实与历史相结合。他指出:"今天的中国是历史的中国的一个发展;我们是马克思主义的历史主义者,我们不应当割断历史。从孔夫子到孙中山,我们应当给以总结,承继这一份珍贵的遗产。这对于指导当前的伟大的运动,是有重要的帮助的。"② 正是重视了传统文化的土壤,马克思主义才能在中华大地生发开去。牟宗三或许忽略了一个事实:很多读书不多甚至根本就没读过马克思主义经典论著的工农大众,就是通过身上中华优秀传统文化的理念或中华传统美德的基因与马克思主义接榫上的。

而且,在以马克思主义为指导进行革命和建设的同时,中国共产党一直没有忘记文化建设,并且,其倡导的文化是民族的、科学的、大众的文化,凸显的是中国作风、中国气派。尤其是在中国社会整体实现了富裕后,

---

① 李大钊. 中国近代思想家文库:李大钊卷 [M]. 北京:中国人民大学出版社,2014:296.
② 毛泽东. 毛泽东选集:第二卷 [M]. 北京:人民出版社 1991:534.

中国共产党对传统文化的保护、继承更是用心尽力、积极作为。新时代以来，以习近平总书记为核心的党中央大力提倡中华优秀传统文化的"创造性转化，创新性发展"的工作，明确提出"把马克思主义基本原理同中国具体实际相结合、同中华优秀传统文化相结合"的重要观点。习近平总书记对中华优秀传统文化念兹在兹，他在文艺工作座谈会上强调："中华优秀传统文化是中华民族的精神命脉，是涵养社会主义核心价值观的重要源泉，也是我们在世界文化激荡中站稳脚跟的坚实根基。增强文化自觉和文化自信，是坚定道路自信、理论自信、制度自信的题中应有之义。如果'以洋为尊'、'以洋为美'、'唯洋是从'，把作品在国外获奖作为最高追求，跟在别人后面亦步亦趋、东施效颦，热衷于'去思想化'、'去价值化'、'去历史化'、'去中国化'、'去主流化'那一套，绝对是没有前途的！"① 可以说，新时代以来，中国共产党对中国优秀传统文化的重视、保护、传承、创新，达到了一个新的工作高度。

个体生命衣食无着、民族生命积贫积弱，是牟宗三所谓的生命之"挂空"问题。我们看到，中国共产党带领中国人民，通过艰苦卓绝的斗争，实现了人民民主专政，建成了小康社会，增强了综合国力，很好地解决了生命"挂空"的难题。个体价值的迷失、民族文化的毁坏，是牟宗三所谓的生命之"失根"问题。我们亦看到，继承弘扬中华传统美德的优良基因，"引导人们向往和追求讲道德、尊道德、守道德的生活，让13亿人的每一分子都成为传播中华美德、中华文化的主体"②，这样的良好局面是中国共产党所追求的，其目的就是使富裕起来的中国人提高精神文化素养，实现人的全面发展。中国共产党成功地领导中国特色社会主义事业不断前进、中华民族伟大复兴的理想不断实现。有产业或说有事业，生命就不空，有奔头或说有理想，生命就有根。可以说，只有中国共产党才能帮中国人实现牟宗三所谓的为生命"补空""置根"的愿望。

中国共产党的成功在于：不虚谈道德，把道德建设立于经济建设之上，

---

① 习近平. 在文艺工作座谈会上的讲话 [M]. 北京：人民出版社，2015：25.
② 习近平. 习近平谈治国理政：第一卷 [M]. 北京：外文出版社，2018：160-161.

并且,还努力地实现道德建设"正人心,促发展"的功能,让经济—道德、现实—理想有良好的互动。我们认为,这一点对牟宗三"生命的学问"有重要启发。"后牟宗三时代"的一些牟门弟子,像林安梧,其对牟宗三"生命的学问"的继承和发展,就是朝向与重经济、重现实的马克思主义对话这一方向而努力的。例如,他把牟宗三变"直通"为"曲通"的"内圣—外王"翻转为"外王—内圣",就是看到了"外王"是"内圣"所以可能的先决性条件或基础性作用。林安梧提倡"后新儒学",即是看到历史上的儒学乃至包括牟宗三思想在内的"新儒学"过于重视"道德的省察",对现实世界与现实生活"革命的实践"或"社会的批判"的力度不够,而后者正是马克思主义所倾注的。林安梧说:"我认为儒学是可以从'道德的省察'有一个翻转而转向'社会的批判',而马克思主义其实是从原来革命的实践,已经转成社会的批判。就'社会的批判'这一面,强调一个公平正义的社会,强调一个人性化的社会,强调一个回到人、回到事物本身或强调物各付物、人之为人这样一个社会,就此来讲,儒学与马克思主义是应该有可接头的地方,而且是一个重要的接榫点。"① 于这段话中,我们可以看出,儒家重视"道德的省察",认为这是"人之为人"的关键,但是,相对忽略了实现"人之为人"的经济、政治环境,而一个富裕的、公正的社会并不是一个人正心诚意就能达成的。与中国共产党所领导的轰轰烈烈的改造客观世界的事业及所取得的巨大成绩、赢得的广泛民心相比,牟宗三的"生命的学问"在这方面的光彩就黯淡了许多。

改革开放后,中国经济社会驶入高速发展的快车道,人民生活水平、民主权利保障水平和思想道德发展水平不断提高。但是,在发展过程中,我们仍存在一些问题。比如,在民主法治与民生建设方面,一些地方、部门不作为、乱作为,漠视、损害群众利益,贪污腐败、滥用职权、暴力拆迁、执法不公等现象时有发生,人民群众反映强烈。道德建设领域亟待解决的问题也不少。"在国际国内形势深刻变化、我国经济社会深刻变革的大

---

① 林安梧,陈占彪. 儒学与马克思主义应该有一个重要的接榫点:"后新儒学"建构者、台湾师范大学教授林安梧先生访谈[J],社会科学论坛,2008(9).

背景下，由于市场经济规则、政策法规、社会治理还不够健全，受不良思想文化侵蚀和网络有害信息影响，道德领域依然存在不少问题。一些地方、一些领域不同程度存在道德失范现象，拜金主义、享乐主义、极端个人主义仍然比较突出；一些社会成员道德观念模糊甚至缺失，是非、善恶、美丑不分，见利忘义、唯利是图，损人利己、损公肥私；造假欺诈、不讲信用的现象久治不绝，突破公序良俗底线、妨害人民幸福生活、伤害国家尊严和民族感情的事件时有发生。这些问题必须引起全党全社会高度重视，采取有力措施切实加以解决。"①

　　解决上述问题，必须要强化中国共产党的领导。同时，我们也可以听听来自自由主义、保守主义等非马克思主义的声音。尽管马克思主义在今日中国思想界占指导地位，但自由主义、保守主义仍然存在且占有一定的市场，没有人能回避和否认三大思潮在相当长时间内并存发展的格局。另外，自由主义与保守主义亦有自己看中国问题的视角和智慧，他们的某些见解值得我们反思、肯定、吸收。例如，20世纪90年代后，针对中国的政治、经济发展状况，自由主义思潮少了些过激的言论和激烈的批评，多了些温和的、理性的考察与建议，其中不少言说暴露了问题之所在，有助于中国共产党有针对性地进行反思与改革。我们注意到，市场经济、个人权利、产权保护、民主法治等等这些自由主义所强调的价值观念，"不仅成为今天中国领导人思想的重要内容，也开始逐渐化为了宪法和法律的重要内容"②。同样地，重视精神文化因子的保守主义思潮对当代中国的道德困境亦多有言说和启迪。现实表明，牟宗三所谓的个体生命"失根"、民族生命"失根"的情况在一部分人、一定程度上显现。在物质生活日渐富裕，温饱问题业已解决的今天，如何意识到精神生活的重要性、如何让优秀传统文化滋养我们的精神生活、如何提高人们的"幸福指数"，是摆在中国人面前的新问题。在这些问题上，牟宗三所高扬的"道德理想主义"至少能给我们如下启发：第一，道德可以让我们从物欲的泥淖中跃起来，或者说，有

---

① 中共中央，国务院. 新时代公民道德建设实施纲要 [M]. 北京：人民出版社，2019：2-3.
② 常士闾. 20世纪中国马克思主义与自由主义的互动与走向 [J]. 学术界，2013 (9).

了道德，我们就不会紧紧地贴在物欲上，就会去追求比"苟且偷安"更为重要的"诗意栖居"；第二，即便是创造物质财富，我们也能看到道德的助力作用，所谓"义以生利"，并且，我们还能意识到，所创造的物质财富只有在道德的罩护下才能保聚得住，所谓善有余庆、恶遭余殃；第三，道德是"圆善"人生至为关键的一环，作为一种心理感受，幸福就是"物随心转"；第四，重主体、重道德的民族文化传统是我们"心灵的港湾"，它能够把我们过于向外向下用力的心灵往内往上召唤，有助于我们去认识生命本有的丰富与快乐。

面对新问题、新考验，以习近平总书记为核心的党中央在治国理政上提出了一些新理念、新思路、新举措，在确保经济基本面维持稳中向好局面的同时，大力推进民主建设与道德建设。在民主建设上，我们看到，在推进制度现代化、实现良法善治、发展社会主义协商民主、根治权力腐败等领域，中国共产党高屋建瓴而又脚踏实地地将中国特色社会主义民主不断推向前进。民主、自由、平等、公正、法治等价值理念现已成为社会主义核心价值观的重要内容。在道德建设上，我们看到，中国共产党适应社会主要矛盾变化，满足人民对美好生活向往的迫切需要，总结提炼中国特色社会主义现代化建设实践和人们的道德生活实践经验，在以人民为中心、理想信念、社会主义核心价值观、中华传统美德、革命精神和革命道德、民族精神和时代精神、公民道德建设等方面提出一系列新思想、新观点、新论断，极大丰富和发展了马克思主义的伦理思想，不仅为推进新时代中国特色社会主义精神文明建设提供了根本遵循和行动指南，还为中国人民创业创造和追求美好生活提供了基本遵循。

与20世纪尤其是20世纪的上半叶相比，求生存、求独立已不是今天的中国人、中华民族最为忧虑的事情。今日中国，我们面对的最大课题是实现中华民族的伟大复兴。实现这一"中国梦"，需要高水平的全面小康，也需要持续的改革开放，还需要高度的文化自信，这就需要我们有一种气魄去促进马克思主义、自由主义及传统文化的有效互动和融合。当然，如何处理这三者的关系，中国共产党的成功实践已经给我们提供了答案："坚持马克思主义在意识形态领域的指导地位，坚持中国文化的民族主体性，同时坚持对外开放的方针，学习借鉴其他民族一切优秀文化成果为我所用，力图把三者有机结合、统一起来。"① 相信在一个有比较发达的生产能力、对人类一切文明成果有较强的接纳能力和再生能力、最大限度地激发全民族的自信力、想象力、创造力的社会，我们必将获得与牟宗三不一样的生命体验。

---

① 方克立．"马魂、中体、西用"是习近平文化思想的宗纲［J］．思想理论教育导刊，2015(5)．

# 参考文献

[1] 中共中央文献研究室. 习近平关于社会主义文化建设论述摘编 [M]. 北京：中央文献出版社，2017.

[2] 牟宗三. 牟宗三先生全集 [M]. 台北：联经出版社，2003.

[3] 牟宗三. 牟宗三先生文集 [M]. 长春：吉林出版集团，2015.

[4] 牟宗三. 生命的学问 [M]. 桂林：广西师范大学出版社，2005.

[5] 牟宗三. 寂寞中的独体 [M]. 北京：新星出版社，2005.

[6] 陈拱，等. 牟宗三先生的哲学与著作 [C]. 台北：学生书局，1978.

[7] 李山. 牟宗三传 [M]. 北京：中央民族大学出版社，2002.

[8] 林瑞生. 牟宗三评传 [M]. 济南：齐鲁书社，2009.

[9] 颜炳罡. 牟宗三学术思想评传 [M]. 北京：北京图书馆出版社，1998.

[10] 颜炳罡. 整合与重铸：牟宗三哲学思想研究 [M]. 北京：北京大学出版社，2012.

[11] 颜炳罡. 生命的底色 [M]. 济南. 山东友谊出版社，2005.

[12] 杨泽波. 贡献与终结：牟宗三儒学思想研究 [M]. 上海：上海人民出版社，2014.

[13] 程志华. 道德的形上学之可能：牟宗三哲学研究 [M]. 北京：人民出版社，2009.

[14] 樊志辉. 牟宗三思想研究 [M]. 哈尔滨：黑龙江大学出版社，2012.

[15] 王兴国. 契接中西哲学之主流：牟宗三哲学思想渊源研究 [M]. 北京：光明日报出版社，2006.

[16] 王兴国. 牟宗三哲学思想研究: 从逻辑思辨到哲学架构 [M]. 北京: 人民出版社, 2007.

[17] 唐文明. 隐蔽的颠覆: 牟宗三、康德与原始儒家 [M]. 北京: 三联书店, 2012.

[18] 刘爱军. "认知"与"智知": 牟宗三知识论思想研究 [M]. 北京: 人民出版社, 2008.

[19] 陈迎年. 智的直觉与审美直觉: 牟宗三美学批判 [M]. 上海: 上海人民出版社, 2012.

[20] 陈迎年. 感应与心物: 牟宗三哲学批判 [M]. 上海: 三联书店, 2005.

[21] 周恩荣. 牟宗三的政治哲学思想与治理智慧 [M]. 北京: 社会科学文献出版社, 2018.

[22] 闵仕君. 牟宗三"道德的形而上学"研究 [M]. 成都: 巴蜀书社, 2005.

[23] 严家凤. 牟宗三圆善论思想研究 [M]. 桂林: 丽江出版社, 2014.

[24] 殷小勇. 道德思想之根: 牟宗三对康德智性直观的中国化阐释研究 [M]. 上海: 复旦大学出版社, 2007.

[25] 盛志德. 牟宗三与康德关于"智的直觉"问题的比较研究 [M]. 桂林: 广西师范大学出版社, 2010.

[26] 李泽厚. 中国现代思想史论 [M]. 天津: 天津社会科学院出版社, 2003.

[27] 方克立. 现代新儒学与中国现代化 [M]. 天津: 天津人民出版社, 1997.

[28] 程志华. 中国近现代儒学史 [M]. 北京: 人民出版社, 2010.

[29] 唐凯麟, 王泽应. 20世纪中国伦理思潮 [M]. 北京: 高等教育出版社, 2003.

[30] 郭齐勇. 存斋论学集: 熊十力生平与学术 [M]. 北京: 三联书店, 2008.

[31] 徐嘉. 现代新儒家与佛学 [M]. 北京: 宗教文化出版社, 2007.

[32] 李明辉. 当代儒学的自我转化 [M]. 北京: 中国社会科学出版

社，2001．

[33] 吴光．当代儒学的发展方向：当代儒学国际学术研讨会论文集［C］．上海：汉语大词典出版社，2005．

[34] 蒋庆．政治儒学：当代儒学的转向、特质与发展［M］．北京：三联书店，2003．

[35] 林安梧．儒学革命：从"新儒学"到"后新儒学"［M］．北京：商务印书馆，2011．

[36] 傅伟勋．生命的学问［M］．杭州：浙江人民出版社，1996．

[37] 程志华．台湾"鹅湖学派"研究［M］．北京：人民出版社，2015．

[38] 康德．康德著作全集［M］．李秋零，译．北京：中国人民大学出版社，2013．

[39] 克尔凯郭尔．克尔凯郭尔文集［M］．汤晨溪，等译．北京：中国社会科学出版社，2009．

[40] 理查德·罗蒂．罗蒂自选集［M］．黄宗英，等译．上海：上海译文出版社，2009．

[41] 杨泽波．论牟宗三儒学思想方法的缺陷［J］．哲学研究，2015（1）．

[42] 张程业．道体与道德：道体学内外的牟宗三［J］．哲学研究，2022（5）．

[43] 程志华．周文疲弊与诸子起源：论牟宗三的诸子起源说［J］．社会科学战线，2022（4）．

[44] 郭齐勇．牟宗三的"三统并建"说［J］．孔子研究，2016（1）．

[45] 邓晓芒．牟宗三对康德之误读举要［J］．山东大学学报（哲学社会科学版），2006（5）．

[46] 彭国翔．牟宗三对唯物辩证法和唯物史观的批判［J］．思想与文化，2012（1）．

[47] 李明辉．牟宗三与"生命的学问"［J］．深圳大学学报（人文社会科学版），2015（2）．

[48] 蔡家和，Jason T. Clowers．牟宗三先生论"生命的学问"［J］．孔学堂，2018（2）．

# 后 记

小时候，因为身体羸弱，我总是受小伙伴们欺负。没有"气力"还击，我只能在"语言"上下功夫：我要证明（"说出"）别人的"不正当"和自己的"正当"所在。海德格尔认为，不是"人说话"而是"话说人"。此观点于我心有戚戚。我理解，你是怎样的一个人，全赖于你以怎样的"语言"说出来，就像小孩子用各种彩笔把自己的爸爸妈妈画得至善至美一样。于是，我拼命地去学习那些有力量的"名人名言"。借着他们的词汇（当然，词不达意的时候，我亦会尝试运用自创的新词汇），我渴望把自己"说"成一个正义、善良、完美的人。在这个过程中，我能获得一种安全感、自信感、快乐感。

这是一种"证成自己"的生命欲望。于较羸弱而又不自信的我而言，这种欲望极为强烈，它必须满足。在相当一段时期内，我以克尔凯郭尔为自己的人生导师。我认为，他"做一个真正的基督徒"的志业与我"做一个真正的人"或"一个有力量的人"的志向相投。克尔凯郭尔引我一路驰骋，哪怕抛弃一切亦在所不惜。但对"与朱子在同一民族生命、文化生命中生长"（牟宗三语）的我而言，不可能像克尔凯郭尔那般最终奔向上帝。并且，在这时候，理查德·罗蒂对克尔凯郭尔为成就"个体的人"而事实上对"共同体"有所伤害的揭示亦警醒了我。我意识到：一、"证成自己"有可能伤害到他人，这不道德；二、"证成自己"得不到他人的支持，这不现实；三、"证成自己"惠泽不到他人，这不完美。

面对外界的打击，只有全心全意地在精神上"证成自己"，生命才能有本有根。"置了根"的生命让人自信、令人坚强、催人奋进。但是，抛开外界一切人事、得不到外界任何支持的"证成自己"，生命难免酷冷、干涩、寂寞、疲软，这样的生命无依靠、无润泽，便是"蹈了空"。如何让夹在精神—物质、人—我—家—国之间而难受而折腾的生命得到舒展、走向圆融，这是我苦苦思索的问题。直到读牟宗三的《五十自述》，我才发现，我与牟宗三有着相似的生命悲苦之感。

生命有悲苦就需要纾解，这个过程能够"逼"出些人生学问来。作为一代大哲，牟宗三通过"证苦证悲证觉"而形成了独具特色的"生命的学问"。这种能挠生命痛痒的学问很是诱人。我渴望走进牟宗三的"生命的学问"，于是便将其当作我的博士学位论文选题。对于我的选题，导师王泽应教授极为肯定。他认为，研究牟宗三的"生命的学问"，可以帮我弥补中国哲学素养的欠缺，对我而言，是一个很好的学术锻炼。在研读《牟宗三全集》的过程中，王老师指导我如何"走进去"而又如何"走出来"。牟宗三经常忆及其师熊十力"为人不易，为学实难"的感慨。王老师亦多次告诫我要挺立"真生命"，做好"真学问"。王老师的谆谆教诲，坚定了我的为人为学的方向，让我终身受益。

在博士论文写作过程中，湖南师范大学道德文化研究院为我提供了一流的学习环境。唐凯麟教授对我的学业关怀，向玉乔教授对我的学术鼓励，刘湘溶教授、张怀承教授、李培超教授、李伦教授、邓名瑛教授、彭定光教授、李桂梅教授、刘霞副教授、文贤庆副教授、余露副教授、刘永春老师等对我的知识传授，皆让我感激不尽。正是在上述诸位老师的帮助下，我才以学为乐、砥砺前行。

博士论文完成后，五位校外匿名评审专家不吝啬他们的表扬，同时也不掩饰他们的批评，让我在学术探索上自知轻重深浅。2017年6月，我参加博士论文答辩。就论文中存在的问题，清华大学的万俊人教授、浙江师范大学的李建华教授、中国人民大学的葛晨虹教授等校外专家进行了现场提问和指导，他们的慧见让我受益匪浅。"是块做学问的料！"万俊人教授在答辩会上的这句肯定性评价，让我倍增自我雕琢以成人成材的动力与渴望。在这里对以上专家再次致谢。

毕业后我留校工作。博士论文获评湖南省优秀博士论文。同时，我以博士论文选题申报教育部人文社科基金项目并成功获批。本书是我在博士论文的基础上修改完善并深化研究的成果。书中汲取了很多学者的观点，业师王泽应教授所赐序言令本书增色不少，让本书增色的还有湖南师范大学出版社黄林、刘苏华、莫华等领导和老师的编校工作，在此一并谨致谢忱。当然，作为我个人独自出版的第一本学术性专著，稚嫩与错误之处难免，期待聆听批评意见。

在伦理学的学习、研究上，华南师范大学的江雪莲教授对我有接引之功、知遇之恩。江老师知道我"生命的底色"，立基于此，她因材施教、关怀提携。我深知，没有江老师的教导，我的生命、我的学问便黯然失色。致谢恩师！

最后，还要感谢我的父母妻儿。我知道，在"证成自己"的过程中，我对他们有所伤害，当然，更多的是得到了他们的理解与支持。是他们帮我的生命"补了空"。因为有了他们，我才能踏实地过好每一天。

2022 年 5 月 10 日

岳麓山下景德楼